# 国際経済学を学ぶ

石黒 馨

[著]

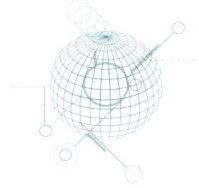

ミネルヴァ書房

# はしがき

　本書は，大学の経済学部で最初に学ぶ国際経済学のテキストです。国際経済学の初学者でも理解できるように，なるべく数式を使わないように，図解と数値例によって学ぶことができるように工夫しました。

　本書の内容は，初歩的なミクロ経済学やマクロ経済学の応用になっています。したがって，本書の学習においては，入門的なミクロ経済学やマクロ経済学をすでに学習しているか，あるいは並行して学習すると，内容の理解が深まります。

　本書は頁数の関係で，国際経済学の理論と政策が中心になっています。これらの理論や政策を学習する際に，具体的な事例に関する文献や新聞記事を並行して読むことを薦めます。21世紀に入り，EU・NAFTA・TPPのような地域経済連携の進展やリーマン・ショック後の世界金融危機および欧州の債務危機など，国際経済をめぐる環境も大きく変動しています。日々の国際経済の出来事を本書の理論や政策を用いて考えてみることも，国際経済学の理解を深めることになるでしょう。

　本書の構成は，第Ⅰ部国際貿易理論，第Ⅱ部国際貿易政策，第Ⅲ部国際マクロ経済理論，第Ⅳ部国際マクロ経済政策の4部構成になっています。第Ⅰ部は，比較優位，規模の経済と貿易，資本と労働の国際移動，第Ⅱ部は，関税政策と非関税障壁，不完全競争と貿易政策，戦略的貿易政策，市場統合と貿易自由化，第Ⅲ部は，為替レートの決定，経常収支の決定，開放経済と国民所得，第Ⅳ部は，為替制度とマクロ経済政策，相互依存とマクロ政策協調，為替制度の選択，債務危機と通貨危機という内容です。

　各章末には，Question & Answer が付けられています。本文は図解や簡単な数式によって説明が行われています。Question & Answer は，このような

本文の内容を図や数値例によってさらに理解を深めるためのものです。講義や学習の目安としては，ここまで進むことが望ましいと思います。

また各章末には，文献案内も付けられています。本書では十分に説明することができなかった国際貿易や国際マクロ経済に関する具体的な事例については，この文献案内を参考に議論を深めて下さい。文献案内で示されたものは，比較的入手可能なもので基本的な文献です。これらを参考に理論や政策の理解をいっそう深めてください。

最後に，本書の作成ではいろいろな方々にお世話になりました。本書の構想段階では石黒靖子教授（兵庫県立大学経済学部）に有益なアドバイスを頂きました。また本書の Question & Answer は山本勝造講師（関東学院大学経済学部）の作成によるものです。本書の各章の内容については，初稿の段階で神戸大学大学院経済学研究科院生の章鐘牧君，牟敬剛君，姜中躍さんに読んで頂きました。これらの方々に深く感謝致します。

2012年4月

桜咲く六甲台にて　　石黒　馨

国際経済学を学ぶ
目　次

はしがき

序章　国際経済学で何を学ぶか ………………………………………… 1

　0.1　国際経済関係 ……………………………………………………… 1
　　　0.1.1　国際収支統計　1　　0.1.2　日本の国際収支動向　2

　0.2　国際経済学の特徴と課題 ………………………………………… 5
　　　0.2.1　国際経済学の特徴　5　　0.2.2　国際経済学の課題　5

　**Question & Answer 0.1**　国際経済関係　9
　**Quetion & Answer 0.2**　国際経済学の特徴と課題　11

―――――――― 第 I 部　国際貿易理論 ――――――――

第1章　比較優位 ………………………………………………………… 15

　1.1　リカード・モデル ………………………………………………… 15
　　　1.1.1　リカードの基本モデル　15　　1.1.2　貿易パターンと相対価格　19

　1.2　ヘクシャー＝オリーン・モデル ………………………………… 22
　　　1.2.1　HO の基本モデル　22　　1.2.2　HO の 4 つの定理　24

　**Question & Answer 1.1**　リカード・モデル　30
　**Quetion & Answer 1.2**　ヘクシャー＝オリーン・モデル　32

第2章　規模の経済と貿易 ……………………………………………… 35

　2.1　不完全競争と規模の経済性 ……………………………………… 35
　　　2.1.1　独占的競争――内部的な規模の経済　35　　2.1.2　規模の経済性と国際貿易　39

　2.2　外部経済と空間経済学 …………………………………………… 41
　　　2.2.1　外部経済　41　　2.2.2　空間経済学　45

Quetion & Answer 2.1　不完全競争と規模の経済性　48

　　Quetion & Answer 2.2　外部経済と空間経済学　49

# 第3章　資本と労働の国際移動 ……………………………………… 53

## 3.1　国際資本移動と直接投資 ……………………………………… 53

　　3.1.1　直接投資　54　　3.1.2　直接投資と貿易効果　58
　　3.1.3　プロダクト・サイクル論　59　　3.1.4　国際資本移動の所得効果　60

## 3.2　国際労働移動 ………………………………………………… 62

　　3.2.1　国際労働移動の要因　62　　3.2.2　国際労働移動の経済効果　64

　　Quetion & Answer 3.1　国際資本移動　67

　　Quetion & Answer 3.2　国際労働移動　68

---

## 第II部　国際貿易政策

---

# 第4章　関税政策と非関税障壁 ……………………………………… 73

## 4.1　関税政策 ……………………………………………………… 73

　　4.1.1　小国の関税政策　74　　4.1.2　大国の関税政策　75
　　4.1.3　輸出税　77

## 4.2　非関税障壁 …………………………………………………… 79

　　4.2.1　輸入割当　79　　4.2.2　生産補助金　80　　4.2.3　消費税　82
　　4.2.4　輸出補助金　83

　　Quetion & Answer 4.1　関税政策　84

　　Quetion & Answer 4.2　非関税障壁　86

# 第5章　不完全競争と貿易政策 ……………………………………… 89

## 5.1　独占と貿易政策 ……………………………………………… 89

　　5.1.1　独占と関税・輸入割当　90　　5.1.2　外国の独占への輸入関税　94

5.2 規模の経済と貿易政策 ……………………………………… 96
　　5.2.1 幼稚産業保護政策　96　　5.2.2 幼稚産業保護政策の問題　99

**Quetion & Answer 5.1**　独占と貿易政策　101
**Quetion & Answer 5.2**　規模の経済と貿易政策　103

## 第6章　戦略的貿易政策 ……………………………………… 105

6.1 数量競争と戦略的貿易政策 …………………………………… 105
　　6.1.1 クールノー競争　105　　6.1.2 補助金政策　109
　　6.1.3 関税政策　111

6.2 価格競争と戦略的貿易政策 …………………………………… 113
　　6.2.1 ベルトラン競争　113　　6.2.2 補助金政策　115
　　6.2.3 関税政策　117　　6.2.4 戦略的代替性と戦略的補完性　118

**Quetion & Answer 6.1**　数量競争と戦略的貿易政策　119
**Quetion & Answer 6.2**　価格競争と戦略的貿易政策　121

## 第7章　市場統合と貿易自由化 ……………………………… 125

7.1 市場統合 ……………………………………………………… 125
　　7.1.1 地域貿易協定　126　　7.1.2 市場統合の経済効果　127

7.2 自由貿易か保護貿易か ………………………………………… 130
　　7.2.1 自由貿易擁護論　130　　7.2.2 保護貿易擁護論　132
　　7.2.3 国際交渉と貿易政策　136

**Quetion & Answer 7.1**　市場統合　139
**Quetion & Answer 7.2**　自由貿易か保護貿易か　140

目　次

## 第Ⅲ部　国際マクロ経済理論

### 第8章　為替レートの決定 …………………………………… 145

#### 8.1　短期の為替レート決定 …………………………………… 145
8.1.1　金利平価説　146　　8.1.2　アセット・アプローチ　150

#### 8.2　長期の為替レート決定 …………………………………… 152
8.2.1　購買力平価説　152　　8.2.2　マネタリー・アプローチ　154
8.2.3　短期と長期の為替レートの決定　155

**Quetion & Answer 8.1**　短期の為替レート決定　158
**Quetion & Answer 8.2**　長期の為替レート決定　159

### 第9章　経常収支の決定 ……………………………………… 163

#### 9.1　弾力性アプローチとアブソープション・アプローチ ……… 163
9.1.1　弾力性アプローチ　163　　9.1.2　アブソープション・アプローチ　166

#### 9.2　マネタリー・アプローチと異時点間モデル ……………… 169
9.2.1　マネタリー・アプローチ　169　　9.2.2　消費と投資の異時点間モデル　173

**Quetion & Answer 9.1**　弾力性・アブソープション・アプローチ　174
**Quetion & Answer 9.2**　マネタリー・アプローチ　176

### 第10章　開放経済の国民所得 ………………………………… 179

#### 10.1　国民所得の決定 ………………………………………… 179
10.1.1　国民所得と貿易乗数　179　　10.1.2　2国ケインズ・モデル　182

#### 10.2　国内均衡と対外均衡 …………………………………… 184
10.2.1　スワン・ダイアグラム　184　　10.2.2　IS/LM 分析　190

Quetion & Answer 10.1　国民所得の決定　193
Quetion & Answer 10.2　国内均衡と対外均衡　194

---

## 第Ⅳ部　国際マクロ経済政策

---

### 第11章　為替制度とマクロ経済政策 …………………… 201

#### 11.1　固定為替レート制と財政・金融政策 …………………… 201
11.1.1　固定為替レート制とマンデル＝フレミング・モデル　201
11.1.2　財政政策　203　　11.1.3　金融政策　206

#### 11.2　変動為替レート制と財政・金融政策 …………………… 207
11.2.1　変動為替レート制とマンデル＝フレミング・モデル　207
11.2.2　財政政策　208　　11.2.3　金融政策　210　　11.2.4　完全資本移動とマクロ経済政策　212

Quetion & Answer 11.1　固定為替レート制と財政・金融政策　214
Quetion & Answer 11.2　変動為替レート制と財政・金融政策　216

### 第12章　相互依存とマクロ政策協調 …………………… 219

#### 12.1　マクロ経済の相互依存 …………………… 219
12.1.1　2国マンデル＝フレミング・モデル　219　　12.1.2　財政政策　221　　12.1.3　金融政策　222　　12.1.4　為替変動による貿易収支以外の相互依存　224

#### 12.2　マクロ経済政策の国際協調 …………………… 226
12.2.1　政策協調のゲーム　226　　12.2.2　政策協調の課題　229

Quetion & Answer 12.1　マクロ経済の相互依存　232
Quetion & Answer 12.2　マクロ政策の国際協調　233

### 第13章　為替制度の選択 …………………… 237

#### 13.1　変動為替レート制と固定為替レート制 …………………… 237

13.1.1 金融政策のトリレンマと多様な為替制度　237　　13.1.2 変動為替レート制　240　　13.1.3 固定為替レート制　242

## 13.2 中間的な為替レート制度　247

13.2.1 ターゲットゾーン　247　　13.2.2 バスケット・ペッグ　250
13.2.3 クローリング・ペッグとアジャスタブル・ペッグ　251

**Quetion & Answer 13.1**　変動為替レート制と固定為替レート制　252
**Quetion & Answer 13.2**　中間的な為替レート制度　254

# 第14章　債務危機と通貨危機　257

## 14.1 債務危機　257

14.1.1 債務危機の3つの問題　257　　14.1.2 債務問題の解決策　260

## 14.2 通貨危機　263

14.2.1 ファンダメンタルズ・モデル　263　　14.2.2 自己実現的モデル　266　　14.2.3 通貨危機への対応策　269

**Question & Answer 14.1**　債務危機　270
**Question & Answer 14.2**　通貨危機　271

索　引　275

**Question & Answer** 作成　　山本勝造（関東学院大学経済学部講師）

序　章

# 国際経済学で何を学ぶか

---
**この章で学ぶこと**

　この章では，国際経済学の対象・特徴・課題について学ぶ。国際経済学は，国と国との経済関係を対象にする経済学の一分野である。国際経済学の対象である国際経済関係は国際収支表によって表すことができる。国際経済学の特徴は，主権国家間における経済取引を分析の対象にしている点である。国際経済関係は国際貿易分野と国際マクロ経済（国際金融）分野に分けられる。それぞれの分野の研究は理論と政策から構成される。国際経済学の課題は，国際貿易理論，国際貿易政策，国際マクロ経済（国際金融）理論，国際マクロ経済（国際金融）政策のなかで検討される。

**キーワード**

　国際収支統計　経常収支　貿易収支　サービス収支　所得収支　経常移転収支　資本収支　投資収支　直接投資　証券投資　外貨準備増減　誤差脱漏　国際貿易理論　国際貿易政策　国際マクロ経済（国際金融）理論　国際マクロ経済（国際金融）政策

---

## 0.1　国際経済関係

### 0.1.1　国際収支統計

　各国の国際経済関係は国際収支統計によって把握することができる。国際収支統計とは，ある国が外国との間で行った財・サービス・金融などの取引とそれによって生じた決済資金の流れを一定の期間に区切って記録した統計表である。表 0-1は2010年の日本の国際収支を表したものである。

　国際収支統計表は大別すれば，①経常収支，②資本収支，③外貨準備増減，④誤差脱漏の4項目からなっている。①**経常収支**は，さらに貿易収支（輸出と

表 0-1　国際収支統計

| 項目 | 2010年/億円 |
|---|---:|
| ①経常収支 | 171,706 |
| 　貿易・サービス収支 | 65,646 |
| 　　貿易収支 | 79,789 |
| 　　　輸　出 | 639,218 |
| 　　　輸　入 | 559,429 |
| 　　サービス収支 | −14,143 |
| 　所得収支 | 116,977 |
| 　経常移転収支 | −10,917 |
| ②資本収支 | −119,977 |
| 　投資収支 | −115,636 |
| 　その他資本収支 | −4,341 |
| ③外貨準備増減 | −37,925 |
| ④誤差脱漏 | −13,805 |

（出所）　財務省国際収支統計。

輸入），サービス収支，所得収支，経常移転収支からなる。**貿易収支**は自動車や天然資源のような財貨の国際間の取引を計上する。**サービス収支**は旅行や輸送のようなサービスの国際間の取引を表す。**所得収支**は対外金融債権債務の利子・配当などの受け払いを示す。**経常移転収支**は国連機関の分担金や贈与・寄付などを計上する。

②**資本収支**は，投資収支とその他資本収支からなる。**投資収支**は，直接投資，証券投資，その他投資に分けられる。**直接投資**には居住者による対外直接投資（子会社の設立や不動産投資など）や非居住者による対内直接投資が計上される。**証券投資**には居住者による外国の証券や債券の購入や非居住者による国内証券や債券の購入などがある。**その他投資**は国内の銀行と海外支店との資金の貸し借りを表す。

③**外貨準備増減**とは，通貨当局（政府や中央銀行）の管理下にある対外資産の増減を計上する。④**誤差脱漏**は統計上の誤差を計上する項目である。

### 0.1.2　日本の国際収支動向

**経常収支**：図 0-1は1985年以降の日本の経常収支動向を表す。日本の経常収

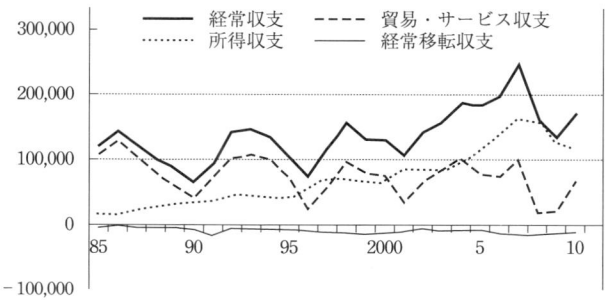

**図 0-1** 日本の経常収支動向
（出所）財務省国際収支統計，単位は億円。

支は，1990年代終わりまでは拡大・縮小の循環を繰り返した。2000年以降は拡大基調であったが，2008年のリーマン・ショック後の世界経済危機によって縮小に転じた。経常収支の変動は貿易収支の変動によって大きな影響を受けるが，2005年以降，経常収支に占める所得収支の比重が貿易収支を上回り，所得収支の影響が大きくなっている。

　1980年代前半，ドル高・円安と日米の内需成長率の相違によって，日本の純輸出が増大し，貿易収支や経常収支の黒字が拡大した。このような経常収支の黒字の背景には日本の貯蓄超過がある。これと対照的に，米国では財政赤字が拡大し，経常収支の赤字が増大した。米国ではこの双子の赤字（＝財政赤字と経常収支赤字）が問題になった。

　日米の経常収支不均衡（日本の黒字，米国の赤字）は世界経済の不安定要因となり，1985年に国際政策協調が行われた。同年9月にG5（五カ国蔵相・中央銀行総裁会議）でプラザ合意が行われ，ドル高是正のために外国為替市場への協調介入が行われた。この協調介入と同時に，日本では内需拡大，米国では財政赤字の削減が合意された。1985年以降は，ドル安・円高と共に，日本の経常収支の黒字は縮小に向かった。

　1990年代になると，日本の景気後退が長引くと共に，米国の景気が回復し，日本の経常収支黒字は再び拡大した。1997年のアジア通貨危機まではアジア諸国への輸出が伸び，経常収支の黒字が維持された。2000年以降も経常収支の黒

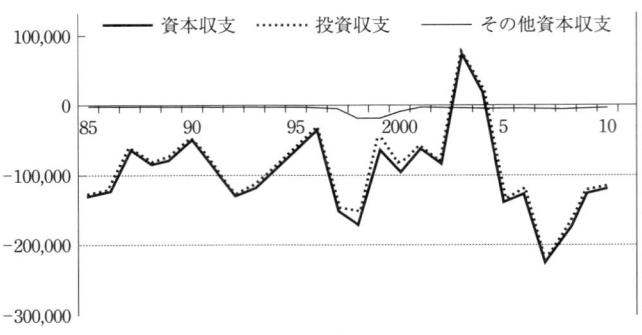

図 0-2 日本の資本収支動向
（出所）　財務省国際収支統計，単位は億円。

字は拡大したが，2008年の世界的な経済危機によって輸出が減少し，経常収支の黒字も縮小した。さらに2011年には，東日本大震災や円高の影響で，31年ぶりに貿易収支が赤字になった。

　2005年以降の日本の経常収支の大きな特徴は，貿易収支の黒字よりも所得収支の黒字の方が上回ったことである。所得収支の黒字は海外投資収益の増大によるものである。所得収支の黒字の拡大は，国際収支の発展段階説の「成熟した債権国」（所得収支で経常収支の黒字をもたらす国）への一歩と言われている。

　**資本収支**：図 0-2は1985年以降の日本の資本収支動向を表す。日本の資本収支は，2003年と04年を除き，経常収支黒字の運用によって基本的には赤字である。日本の対外投資は，米国向けの証券投資と東アジア向けの直接投資によって構成されている。特に，2001年の中国のWTO加盟以降，中国への直接投資が増大している。

　2003-04年，日本の景気回復期待の高まりから，外国人投資家の日本株式の保有が増大し，投資収支が大幅な黒字になった。しかし，2005年以降は，対外直接投資の増大や日本の金利の相対的低下などによって，資本流出が増大し，資本収支の赤字が拡大した。2008年以降の世界経済危機は，この傾向を反転させ，資本収支の赤字幅は縮小した。

## 0.2 国際経済学の特徴と課題

### 0.2.1 国際経済学の特徴

国際経済学は，国と国との経済関係を対象にする経済学の一分野である。国際経済学の分析手法は他の経済学の分野と基本的に同じである。国内経済でも国際経済でも，個人や企業および政府の行動の動機は同じであるからである。ただし，国際経済学の分析対象である国際経済取引には国内経済取引とは異なる特徴がある。

国際経済が国内経済と異なるのは，主権国家間において経済取引が行われるという点である。主権国家間の経済取引は，各国の対外経済政策や為替レート変動の影響を受けることになる。国際経済取引はそれぞれの主権国家の国内ルール，例えば貿易政策や金融政策によって規制される場合がある。また国際経済取引は，ユーロ圏のような場合を除き，一般的には各国が異なる国民通貨を使用しているので，為替レート変動の影響を受ける。

### 0.2.2 国際経済学の課題

国際経済関係は実物取引を対象にする国際貿易分野と金融取引を対象にする国際マクロ経済（国際金融）分野に分けられる。それぞれの分野の研究は理論（事実の説明）と政策からなり，国際経済学の体系は，国際貿易理論，国際貿易政策，国際マクロ経済（国際金融）理論，国際マクロ経済（国際金融）政策によって構成される。本書の対象はこのような理論研究や政策分析であるが，理論研究や政策分析の前提には実証研究がある。

**国際貿易理論** 国際貿易理論の課題は貿易パターンと貿易利益を説明することである。各国は何を生産し（国際分業），何を輸出し何を輸入するのであろうか（貿易パターン）。各国は貿易によって利益を得ることができるだろうか。

第1章では，伝統的な貿易理論であるリカード・モデルとヘクシャー＝オリ

ーン（HO）・モデルについて学び，貿易パターンと貿易利益について検討する。貿易は比較優位によって行われる。比較優位は，生産性格差によって生じる場合と，要素賦存の相違によって生じる場合がある。リカード・モデルは，生産性格差によって貿易が行われることを明らかにする。HOモデルは，要素賦存の相違によって貿易が行われることを説明する。

　第2章では，新しい貿易理論について学ぶ。リカードやヘクシャー＝オリーンのような伝統的貿易理論は，比較優位によって産業間の貿易パターンを説明する。これに対して，新しい貿易理論は，規模の経済性によって産業内貿易を検討する。規模の経済性には，内部的な規模の経済と外部的な規模の経済（外部経済）がある。内部的な規模の経済の場合には，生産コストが企業の生産規模に依存する。外部的な規模の経済の場合には，生産コストは産業の規模に依存するが，企業の規模には依存しない。

　第3章では，国家間の資本移動や労働移動について学ぶ。資本の国際移動は直接投資と間接投資に分けられる。ここでの対象は直接投資である。直接投資の形態（①グリーンフィールド投資，②M&A投資），直接投資のタイプ（①市場志向型，②オフショア型，③資源志向型），直接投資の決定要因（①企業の優位性，②立地の優位性，③内部化の優位性），直接投資の貿易効果（①輸出代替効果，②輸出転換効果，③輸出誘発効果）について検討する。

**国際貿易政策**　国際貿易政策論の課題は，関税政策や非関税障壁のような貿易政策の経済効果を明らかにすることである。このような貿易政策は完全競争の場合と不完全競争の場合では経済効果が異なる。

　第4章では，完全競争下の貿易政策の経済効果について学ぶ。各国は，自由貿易を行うべきか保護貿易を行うべきか。これは貿易政策のもっとも重要な問題である。この問題の解答は，自由貿易と保護貿易の経済厚生を比較することによって得ることができる。貿易政策は関税政策と非関税障壁に分けられる。非関税障壁には，輸入割当，生産補助金，消費税，輸出補助金などがある。

　第5章では，不完全競争下の貿易政策について学ぶ。不完全競争市場には多様な形態があるが，ここでは独占が存在する場合をとりあげ，小国と大国に分

けて関税や輸入割当の効果について検討する。規模の経済が存在すると，不完全競争になる可能性がある。規模の経済が存在する場合の貿易政策についても検討する。動学的な規模の経済が存在する際には，幼稚産業保護政策が正当化される場合がある。

　第6章では，複占競争下における政府の戦略的貿易政策について学ぶ。戦略的貿易政策とは，企業間に戦略的な関係がある市場に対して行われる政府の貿易政策である。政府の貿易政策は複占競争に大きな影響を与える。複占競争には，数量を戦略変数とするクールノー競争と価格を戦略変数とするベルトラン競争がある。クールノー競争における補助金政策や関税政策，ベルトラン競争における補助金政策や関税政策について検討する。

　第7章では，地域貿易協定による市場統合や，自由貿易か保護貿易かに関する議論について学ぶ。FTA/EPAや関税同盟のような地域貿易協定には，貿易自由化の側面と保護貿易の側面がある。自由貿易か保護貿易かに関する議論は，経済厚生の改善が期待される貿易自由化が，現実には必ずしも順調に進まない理由について検討する。自由貿易擁護論は資源配分の効率性を強調するが，保護貿易擁護論は市場の失敗，規模の経済，取引費用，集合行為論などによって保護貿易が行われる理由を説明する。

**国際マクロ経済（国際金融）理論**　国際マクロ経済（国際金融）理論の課題は，為替レートの決定や経常収支の決定および開放経済下の国民所得の決定などについて検討することである。

　第8章では，為替レートの決定について学ぶ。為替レートとは自国通貨と外国通貨の交換比率である。為替レートの決定理論には短期理論と長期理論がある。短期の為替レート決定理論は，外国為替市場や金融資産市場の分析によって為替レートの決定を検討する。短期理論には，①金利平価説や②アセット・アプローチがある。長期の為替レート決定理論は，財市場や貨幣市場の分析によって為替レートの決定を検討する。長期理論には，③購買力平価説や④マネタリー・アプローチがある。

　第9章では，経常収支の決定について学ぶ。経常収支の決定理論には，①弾

力性アプローチ，②アブソープション・アプローチ，③マネタリー・アプローチなどがある。弾力性アプローチは為替レートの変化が貿易収支に及ぼす影響について検討する。アブソープション・アプローチは経常収支の不均衡を国内不均衡との関係から説明する。マネタリー・アプローチは，国際収支の不均衡を貨幣市場の不均衡によって説明する。

第10章では，ケインズ的な開放マクロ経済モデルにおいて，国民所得の決定について学ぶ。ケインズ的な世界では，生産物価格は所与と仮定され，需要と供給の不一致は数量調整によって是正される。数量調整は不完全雇用と余剰生産能力によって可能になる。このようなケインズ的な開放経済モデルにおいて，国民所得の決定，$IS$-$LM$ 分析，金融政策・財政政策・支出転換政策の効果などについて学ぶ。

**国際マクロ経済（国際金融）政策**　国際マクロ経済（国際金融）政策の課題は，開放経済下のマクロ経済政策の効果，経済的相互依存下の国際政策協調，為替制度の選択，債務危機や通貨危機などについて検討することである。

第11章では，開放経済におけるマクロ経済政策の効果について学ぶ。為替制度の相違はマクロ経済政策の効果に影響を及ぼす。開放経済下の基本モデルはマンデル＝フレミング・モデルである。このようなモデルを構成し，為替制度の相違や資本移動の程度の相違によって，財政政策や金融政策が国民所得や国際収支に及ぼす効果がどのように異なるかについて検討する。

第12章では，変動為替レート制における各国の経済的相互依存とマクロ経済政策の国際協調について学ぶ。2国間のマンデル＝フレミング・モデルを構成し，財政政策や金融政策が各国の経済に及ぼす影響について検討する。各国間の経済的相互依存の進展はマクロ経済政策の国際協調の必要性を高める。しかし，政策協調は囚人のジレンマになる可能性がある。政策協調を行う上での課題についても検討する。

第13章では，多様な為替制度について学ぶ。為替制度には，大きく分けると変動為替レート制，固定為替レート制，これらの中間の制度の3つがある。変動為替レート制は，為替レートの決定を外国為替市場の需要と供給に委ねる制

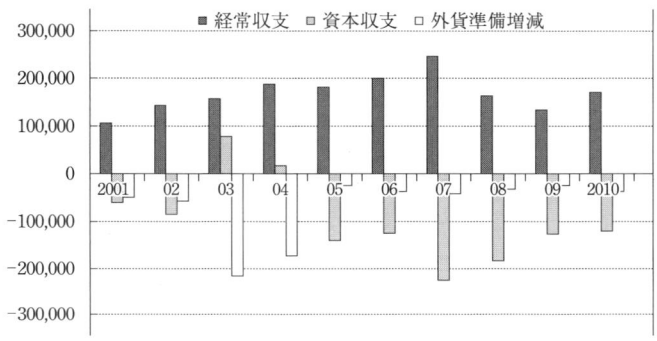

図 0-3 日本の国際収支表

（出所）　日本銀行国際収支統計，単位は億円。

度である。固定為替レート制は，通貨当局が公定平価を決め，必要に応じて外国為替市場に介入する制度である。中間的な制度には，①ターゲット・ゾーン，②バスケット・ペッグ，③クローリング・ペッグ，④アジャスタブル・ペッグなどがある。

　第14章では，債務危機や通貨危機について学ぶ。債務危機は，債務国が債務の返済ができなくなることである。債務危機には，①流動性の問題，②返済能力の問題，③返済意思の問題という3つの問題がある。通貨危機は，外貨準備が急激に減少し，平価を変更せざるを得なくなることである。通貨危機の理論には，①ファンダメンタルズ・モデルや②自己実現的モデルがある。

## Question 0.1　国際経済関係

　図0-3は，2001年から2010年までの日本の国際収支の動向を表したものである（ただし，誤差脱漏は除いてある）。景気の動向に注意しながら，以下の問いに答えなさい。

**問題(1)**　経常収支は，「（　）収支」「サービス収支」「所得収支」「経常移転収支」の4項目によって構成される。（　）にあてはまる語句を答えなさい。

**問題(2)**　2001年から2007年まで，経常収支の黒字幅が拡大しているのはなぜか。また，2007年から2008年にかけて，経常収支の黒字幅が縮小したのはなぜか。

問題(3) 日本の国際収支は，経常収支が黒字で資本収支が赤字という状態になっている。このことから，日本は対外的にどのような国であると考えられるか。

問題(4) 通常，経常収支が黒字の場合，資本収支は赤字になると考えられるが，2003年に関しては経常収支と資本収支がともに黒字となっている。その理由を考えなさい。

## Answer 0.1

解答(1) 貿易収支。経常収支の中心は貿易収支である。ただし，近年の日本では経常収支に占める所得収支の比重が高まってきている。

解答(2) 2001年から2007年まで経常収支の黒字幅が拡大したのは，世界的な景気拡大や円安傾向に伴い，特に米国・中国向けの輸出が拡大したからである。また，2007年から2008年にかけて経常収支の黒字幅が縮小したのは，サブプライムローン問題が顕在化した結果，米国向けを中心に輸出が減少したからである。

解答(3) 国際収支と対外債権・債務の間には，一般的に以下の関係が成立する。

① 経常収支黒字＋資本収支赤字 → 対外純資産の増加
② 経常収支赤字＋資本収支黒字 → 対外純資産の減少

日本は経常収支黒字，資本収支赤字が長年にわたって続いた結果，対外純資産が世界一であり，世界最大の債権国となっている。

解答(4) 政府や通貨当局によって為替介入が行われると，外貨準備が以下のように変動する（為替介入については第13章で学ぶ）。

① 自国通貨を増価させるために，為替介入として「外貨売却＋自国通貨購入」を行う。その結果，外貨準備が減少し，外貨準備増減は黒字化する。
② 自国通貨を減価させるために，為替介入として「外貨購入＋自国通貨売却」を行う。その結果，外貨準備が増加し，外貨準備増減は赤字化する。

日本では2003-04年にかけて，総額で35兆円もの円売り介入が行われた（この時期に外貨準備増減の赤字が拡大している）。また，日本の景気回復期待の高ま

りから外国人投資家の日本株式の保有が増大した。その結果，外国から資本流入が増加し，1969年以来となる資本収支の黒字に繋がった。

## Question 0.2　国際経済学の特徴と課題

問題(1)　国際経済取引が国内経済取引と異なる点について述べなさい。

問題(2)　国際経済取引に影響を与える主な要因を2つあげなさい。

問題(3)　国際経済学の研究対象をまとめた下表の空欄を埋めなさい。

表0-2　国際経済学の研究対象

|  | 理論研究 | 政策分析 |
|---|---|---|
| 国際（　①　）分野：<br>国際的な実物取引を対象とする。 | 国際（　①　）理論<br>本書の第Ⅰ部で扱う | 国際（　①　）政策<br>本書の第Ⅱ部で扱う |
| 国際（　②　）分野：<br>国際的な金融取引を対象とする。 | 国際（　②　）理論<br>本書の第Ⅲ部で扱う | 国際（　②　）政策<br>本書の第Ⅳ部で扱う |

## Answer 0.2

解答(1)　主権国家間での経済取引である点が異なる。主権国家は排他的領域性を持ち，領域内の実行支配権と対外的決定権を持っている。

解答(2)　①各主権国家の対外経済政策，②為替レートの変動。

解答(3)　①貿易，②マクロ経済（金融）。

## 文献案内

Krugman, Paul and Maurice Obstfeld (2008) *International Economics: Theory and Policy* 8th ed., Upper Saddle River: Pearson Education（山本章子訳『クルーグマンの国際経済学――理論と政策 上下』ピアソン，2010/11年）.

＊国内外で広く読まれている国際経済学の基本的なテキスト。

Caves, Richard, Frankel, Jeffrey and Ronald Jones (2001) *World Trade and Payments: An Introduction* 9th ed., Upper Saddle River: Pearson

Education(伊藤隆敏監訳『国際経済学入門ⅠⅡ』日本経済新聞社,2003年).
＊上と同様に国内外で広く読まれている国際経済学の基本的なテキスト。

# 第Ⅰ部　国際貿易理論

# 第 1 章

# 比較優位

―― この章で学ぶこと ――

　この章では，伝統的な貿易理論であるリカード・モデルとヘクシャー＝オリーン（HO）・モデルについて学ぶ。これらのモデルでは，貿易は比較優位によって行われる。比較優位は，生産性格差によって生じる場合と，要素賦存の相違によって生じる場合がある。リカード・モデルは生産性格差によって貿易が行われることを示す。HOモデルは要素賦存の相違によって貿易が行われることを明らかにする。HOモデルには，①リプチンスキー定理，②ヘクシャー＝オリーン定理，③ストルパー＝サミュエルソン定理，④要素価格均等化定理という4つの定理がある。

**キーワード**

　リカード・モデル　労働投入係数　労働生産性　生産可能性フロンティア　限界変形率　機会費用　絶対優位　比較優位　貿易パターン　貿易利益　貿易三角形　要素賦存比率　ヘクシャー＝オリーン（HO）・モデル　リプチンスキー定理　ヘクシャー＝オリーン定理　ストルパー＝サミュエルソン定理　要素価格均等化定理

## 1.1　リカード・モデル

　リカード・モデルは，労働生産性の相違が各国の比較優位を決定し，国際分業を決定することを明らかにする。リカード・モデルについて説明しよう。

### 1.1.1　リカードの基本モデル

**生産技術**　　リカード・モデルは，2国2財1生産要素によって表される。ここで，2国を日本と米国，2財をコンピュータと自動車，生産要

第I部　国際貿易理論

表1-1　リカード・モデルの数値例

| | 総労働量 | コンピュータ労働投入係数 | 自動車労働投入係数 | コンピュータ機会費用 | 自動車機会費用 | 比較優位 |
|---|---|---|---|---|---|---|
| 日　本 | 1,200人 | 6 | 3 | 2 | 1/2 | 自動車 |
| 米　国 | 3,600人 | 9 | 18 | 1/2 | 2 | コンピュータ |

素を労働力としよう。日本でも米国でもコンピュータと自動車の生産部門がある。それぞれの財は労働者によって生産される。労働者は，日本に1,200人，米国に3,600人おり，完全雇用されている。労働者は国内の生産部門間を自由に移動できるが，国際移動はできないとする。

**労働投入係数**：表1-1は，日本と米国の総労働量や生産技術などを表す。財1単位の生産に必要な労働量を**労働投入係数**という。日本では，自動車1台の生産に3人の労働者が必要であり，自動車部門の労働投入係数は3（人/単位）である。コンピュータ1単位の生産に必要な労働者は6人であり，コンピュータ部門の労働投入係数は6（人/単位）である。労働者1人の生産効率を表す**労働生産性**という点からみると，自動車部門の労働生産性は1/3（単位/人）であり，コンピュータ部門の労働生産性は1/6（単位/人）である。

米国では，自動車部門の労働投入係数が18（人/単位）であり，コンピュータ部門の労働投入係数は9（人/単位）である。労働生産性は，自動車部門が1/18（単位/人）であり，コンピュータ部門は1/9（単位/人）である。労働生産性を比較すると，コンピュータも自動車も日本の方が生産性は高く，日本は両財の生産において**絶対優位**にある。他方，米国は両財の生産において**絶対劣位**にある。

**生産可能性フロンティア**：生産可能性フロンティアとは，総労働力と生産技術を用いて生産可能な最大限の財の組み合わせを表したものである。日本の総労働量は1,200人であり，米国の総労働量は3,600人である。コンピュータの生産量を $X$，自動車の生産量を $Y$ とする。米国の生産量はアステリスク（*）をつけて，$X^*$ と $Y^*$ で表す。表1-1の労働投入係数を用いると，各国の完全雇用条件は以下のようになる。

第1章 比較優位

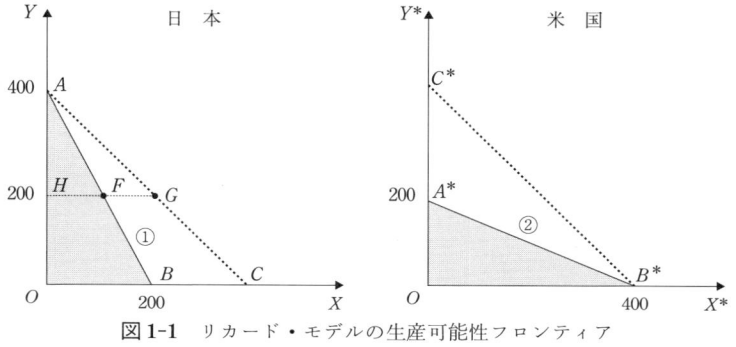

図 1-1 リカード・モデルの生産可能性フロンティア

日本　$6X+3Y=1{,}200$　　　　　　　　　　　　　①
米国　$9X^{*}+18Y^{*}=3{,}600$　　　　　　　　　　②

　図1-1は，日本と米国の完全雇用条件を満たす自動車とコンピュータの生産量の組み合わせを表す。$\triangle AOB$（$\triangle A^{*}OB^{*}$）の境界とその内側は，日本（米国）の生産可能性集合を表す。各国の生産可能性フロンティアは直線 $AB$（日本）と直線 $A^{*}B^{*}$（米国）で表される。直線 $AB$ の傾きは$-2$であり，直線 $A^{*}B^{*}$ の傾きは$-1/2$である。

　生産可能性フロンティアの傾きの絶対値を限界変形率という。**限界変形率**は，ある財を1単位生産するために犠牲にしなければならない**機会費用**であり，ここでは，コンピュータを1単位生産するために犠牲にしなければならない自動車の数量である。日本では，コンピュータを1単位増産するためには6人の労働者が必要になる。完全雇用のもとで，この6人の労働者を調達するためには，自動車の生産を2台減らさなければならない。したがって，コンピュータ1単位の増産のために自動車2台の減産（機会費用）が必要になる。米国では，コンピュータを1単位増産するために9人の労働者が必要であり，その労働者を調達するために自動車を1/2台減産しなければならない。したがって，コンピュータ1単位生産の機会費用は自動車1/2台である。

　**生産構造**：生産可能性フロンティアのどの点で生産が行われるかは，コンピ

17

ュータと自動車の相対価格に依存する。日本のコンピュータの価格を $P_{com}$, 自動車の価格を $P_{car}$, コンピュータ部門の1人当たり賃金を $W_{com}$, 自動車部門の1人当たり賃金を $W_{car}$ と表す。米国の価格と賃金についてはアステリスク（*）をつけて表す。完全競争下で生産要素は労働力だけである。このとき，日本の両財の価格は以下のようになる。

$$P_{com} = 6 W_{com}$$
$$P_{car} = 3 W_{car}$$

これを書き換えると，各部門の賃金は以下のように表される。

$$W_{com} = (1/6) P_{com}$$
$$W_{car} = (1/3) P_{car}$$

労働者は両部門の賃金を比較しながら就労する部門を選択するだろう。労働者は，コンピュータ部門の賃金が高ければ（$W_{com} > W_{car}$），コンピュータ部門に移動し，自動車部門の賃金が高ければ（$W_{com} < W_{car}$），自動車部門に移動する。上の式を用いてこれを書き換えれば，$(1/6)P_{com} > (1/3)P_{car}$ すなわち $P_{com}/P_{car} > 2$ ならば，労働者はコンピュータ部門にすべて移動し，コンピュータの生産だけが行われる。$P_{com}/P_{car} < 2$ ならば，労働者は自動車部門にすべて移動し，自動車の生産だけが行われる。$P_{com}/P_{car} = 2$ の場合には，両財が生産される。

以上の結果から，日本の生産構造はつぎのようになる。コンピュータの自動車に対する相対価格（$P_{com}/P_{car}$）がコンピュータの機会費用2より大きい場合には，日本はコンピュータの生産に特化する。反対に，その相対価格が機会費用2より小さい場合には，自動車の生産に特化する。相対価格が機会費用と等しい場合には，両財を生産する。

同様にして，米国の生産構造については，コンピュータの自動車に対する相対価格（$P^*_{com}/P^*_{car}$）がコンピュータの機会費用1/2より大きい場合には，米国はコンピュータの生産に特化する。反対に，その相対価格が機会費用1/2より

小さい場合には，自動車の生産に特化する。相対価格が機会費用と等しい場合には，両財を生産する。

**比較優位**　絶対優位や絶対劣位は各財の労働生産性の比較によって決まる。これに対して，**比較優位**や**比較劣位**は各財の機会費用の比較によって決まる。自動車を1単位生産する場合の機会費用は，日本の方が米国より小さい（1/2＜2）。これは，自動車を1単位生産するために犠牲にしなければならないコンピュータの数量が米国（2台）より日本（1/2台）の方が少ないということである。このとき，自動車の生産に日本は比較優位を持ち，米国は比較劣位にあるという。

コンピュータを生産する場合には，機会費用は米国の方が日本より小さい（1/2＜2）。したがって，コンピュータの生産は，米国が比較優位を持ち，日本は比較劣位にある。米国は，両財の生産において日本より労働生産性が低く絶対劣位にあるが，コンピュータの生産では，日本より機会費用が低く比較優位を持つ。日本のコンピュータの生産は，絶対優位にあるが，自動車との生産では比較劣位にある。このように，2国2財モデルでは，両財において絶対劣位（絶対優位）にある国でも，必ず比較優位（比較劣位）財がある。

## 1.1.2　貿易パターンと相対価格

**貿易パターン**　両国間の貿易パターンはどのようにして決まるのであろうか。ここでは，各国が比較優位財を輸出し，比較劣位財を輸入することを明らかにしよう。

表1-2は，国際市場の相対価格と各国の生産構造を表したものである。表の中の $P^w$ は，国際市場の相対価格 $P^w = P^w_{com}/P^w_{car}$ である。国際市場の相対価格（$P^w_{com}/P^w_{car}$）の大きさによって日本と米国の生産構造や貿易構造が決定される。$P^w_{com}/P^w_{car} < 1/2$ の場合には，両国とも自動車の生産に特化し，貿易は行われない。$P^w_{com}/P^w_{car} > 2$ の場合には，両国ともコンピュータの生産に特化し，この場合も貿易は行われない。貿易が行われるのは，$1/2 \leq P^w_{com}/P^w_{car} \leq 2$ の場合である。特に，$1/2 < P^w_{com}/P^w_{car} < 2$ の場合には，日本は自動車の生産に特化

表 1-2 相対価格と各国の生産構造

|  | $P^w<1/2$ | $P^w=1/2$ | $1/2<P^w<2$ | $P^w=2$ | $P^w>2$ |
|---|---|---|---|---|---|
| 日本 | 自動車に特化 $X=0$ | 自動車に特化 $X=0$ | 自動車に特化 $X=0$ | 両財に不完全特化 $0\leq X\leq 200$ | コンピュータに特化 $X=200$ |
| 米国 | 自動車に特化 $X^*=0$ | 両財に不完全特化 $0\leq X^*\leq 400$ | コンピュータに特化 $X^*=400$ | コンピュータに特化 $X^*=400$ | コンピュータに特化 $X^*=400$ |

し，自動車を輸出する。他方，米国はコンピュータの生産に特化し，コンピュータを輸出する。

**貿易利益**　各国は比較優位財の生産に特化し，その財を輸出し，比較劣位財を輸入することによって，貿易利益（＝国際分業の利益）を得ることができる。貿易前と貿易後の日本の消費を比較することによって貿易利益を確認しよう。ここでは，コンピュータ消費の増大によって貿易利益を表す。

図1-1において，貿易前の日本では，点 $F$ で生産＝消費しているとしよう。点 $F$ では，100単位のコンピュータと200単位の自動車が生産＝消費されている。国際市場における相対価格を $P^w_{com}/P^w_{car}=1$ とする。直線 $AC$ は，貿易によって消費が可能になる日本の**消費可能フロンティア**である。同様に，直線 $C^*B^*$ は米国の消費可能フロンティアである。

このとき，日本は自動車の生産に比較優位があるので，貿易前に生産点を点 $F$ から点 $A$ に移動するとしよう。点 $A$ では，自動車が400単位生産され，コンピュータは生産されていない。400単位の自動車のうち200単位（$AH$）を米国に輸出すると，国際市場では $P^w_{com}/P^w_{car}=1$ であるので，200単位のコンピュータ（$HG$）を輸入することができる。こうして，生産を比較優位財の自動車に特化し，それを輸出することによって，点 $G$ で消費が可能になる。$\triangle AHG$ を**貿易三角形**という。

点 $G$ では，200単位の自動車と200単位のコンピュータが消費できる。貿易前の点 $F$ と貿易後の点 $G$ を比較すると，自動車の消費量は200単位で変わらないが，コンピュータの消費は100単位から200単位に増加している。このコンピュータの消費の増大100単位が貿易利益を表す。米国についても同様に貿易

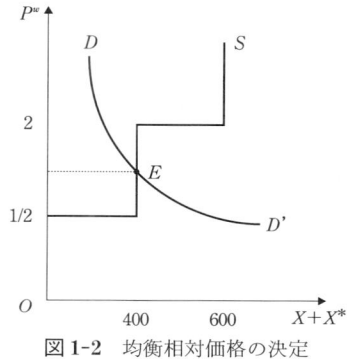

図 1-2　均衡相対価格の決定

利益を表すことができる。

**均衡相対価格**　国際市場の相対価格（$P^w = P^w_{com}/P^w_{car}$）はここまでは外生的に与えられていた。均衡相対価格は国際市場の需給均衡によって決定される。図 1-2 は，横軸に世界全体のコンピュータの供給量 $X+X^*$ をとり，縦軸にコンピュータの国際市場の相対価格 $P^w$ をとる。右下がりの曲線 $DD'$ は世界全体のコンピュータの需要曲線を表す。

世界全体のコンピュータの供給曲線は右上がりの階段状の曲線 $OES$ になる。この供給曲線は以下のように求められる。表 1-2 から，相対価格 $P^w$ が 1/2 以下の場合には，日本も米国もコンピュータを生産しない（$X+X^*=0$）。相対価格 $P^w$ が 1/2 に等しい場合には，日本の生産は $X=0$ であるが，米国の生産は $0 \leq X^* \leq 400$ である（$0 \leq X+X^* \leq 400$）。相対価格が $1/2 < P^w < 2$ の場合には，日本の生産は $X=0$ であるが，米国の生産は $X^*=400$ である（$X+X^*=400$）。相対価格 $P^w$ が 2 に等しい場合には，日本の生産は $0 \leq X \leq 200$ であるが，米国の生産は $X^*=400$ である（$400 \leq X+X^* \leq 600$）。相対価格が $P^w>2$ の場合には，日本の生産は $X=200$ であるが，米国の生産は $X^*=400$ である（$X+X^*=600$）。

均衡相対価格は需要曲線と供給曲線の交点 $E$ で決定される。図 1-2 では，均衡相対価格は $1/2 < P^w < 2$ にあり，両国の国内相対価格の間にある。このとき，各国は比較優位財に特化する。日本は自動車の生産に特化し，米国はコン

表 1-3　HO モデルの数値例

| | | 要素賦存 | 要素賦存比率 | コンピュータ投入係数 | 自動車投入係数 |
|---|---|---|---|---|---|
| 日本 | 資本 | 18,000台 | 3 | 4 | 3 |
| | 労働力 | 6,000人 | | 1 | 2 |
| 米国 | 資本 | 18,000台 | 2 | 4 | 3 |
| | 労働力 | 9,000人 | | 1 | 2 |

ピュータの生産に特化する。均衡相対価格は，各国の貿易利益の大きさや貿易利益の分配を決める。

## 1.2　ヘクシャー＝オリーン・モデル

ヘクシャー＝オリーン（HO）・モデルは，生産技術が同じでも，各国の要素賦存に相違があれば，比較優位が生じることを明らかにする。また，リカード・モデルでは分析できなかった不完全特化の場合や所得分配の問題を扱うことができる。

### 1.2.1　HO の基本モデル

表 1-3 は HO モデルの数値例を表す。HO モデルは 2 国 2 財 2 生産要素によって表される。2 国は日本と米国，2 財はコンピュータと自動車，2 生産要素は労働力と資本である。両国は同一の生産技術によって 2 財を生産する。両国の相違は生産要素の賦存比率である。

**要素賦存比率**：両国の要素賦存比率は異なる。日本には，資本（機械）18,000 台，労働力 6,000 人が存在し，米国には資本 18,000 台，労働力 9,000 人が存在する。資本と労働力の比率は，日本では労働者 1 人当たり資本 3 台であり，米国では労働者 1 人当たり資本 2 台である。したがって，日本は米国に比べ，資本が豊富であり（3>2），労働力が希少である。米国は日本に比べ，労働力が豊富であり（1/2>1/3），資本が希少である。

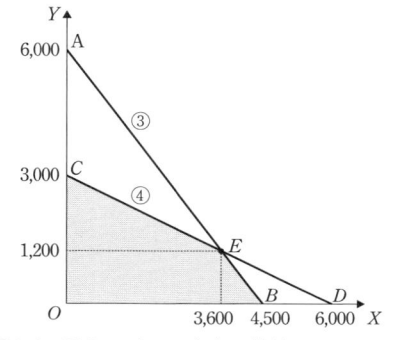

**図1-3** HOモデルの生産可能性フロンティア

**生産技術**：両国の生産技術は，資本と労働力の投入係数で表され同じである。両国とも，コンピュータ1単位の生産に資本4台と労働力1人を必要とする。自動車1単位の生産には，資本3台と労働力2人を必要とする。各財の生産に必要な**資本労働比率**（労働力1単位当たりの資本量）は，コンピュータが4であり，自動車は3/2である。コンピュータは，自動車よりも労働力1単位当たり必要な資本量が多い（4＞3/2）。このとき，コンピュータの生産は**資本集約的**であるという。これに対して，自動車の生産は，資本1単位当たり必要な労働力が多いので（1/4＜2/3），**労働集約的**であるという。

**生産可能性フロンティア**：日本の生産可能性フロンティアを表そう。日本の総資本量は18,000台であり，総労働量は6,000人である。コンピュータの生産量を $X$，自動車の生産量を $Y$ とする。表1-3の資本と労働力の投入係数を用いると，資本と労働力の完全利用・雇用条件は以下のようになる。

資本　　$4X+3Y=18,000$　　　　　　　　　　③
労働力　$X+2Y=6,000$　　　　　　　　　　④

図1-3は縦軸に自動車 $Y$，横軸にコンピュータ $X$ をとる。直線 $AB$ は資本の完全利用条件（③），直線 $CD$ は労働力の完全雇用条件（④）を表す。△ $AOB$ の内側の領域は，資本の利用制約を満たすコンピュータと自動車の生産

第 I 部　国際貿易理論

の組み合わせを表す．△$COD$ の内側の領域は，労働力の雇用条件を満たすコンピュータと自動車の生産の組み合わせを表す．直線 $AB$ と直線 $CD$ の交点 $E$ は資本と労働力が共に完全に利用される生産の組み合わせである．

　コンピュータと自動車の生産の組み合わせは，このような資本と労働力の制約をうける．資本と労働力の利用・雇用条件を満たすのは△$AOB$ と△$COD$ の共通部分である□$OCEB$ であり，これが生産可能性集合となる．生産可能性フロンティアは屈折曲線 $CEB$ である．ただし，点 $E$ を除く直線 $CE$ 上では，労働力は完全雇用されているが，資本は不完全利用である．他方，点 $E$ を除く直線 $EB$ 上では，資本は完全利用されているが，労働力は不完全雇用である．点 $E$ は，資本も労働力も完全に利用される生産の組み合わせである．

### 1.2.2　HO の 4 つの定理

　HO モデルによって，①リプチンスキー定理，②ヘクシャー＝オリーン定理，③ストルパー＝サミュエルソン定理，④要素価格均等化定理という 4 つの定理について説明しよう．

**リプチンスキー定理**　リプチンスキー定理とは，HO の基本モデルにおいて，ある生産要素の増大が，その生産要素を集約的に利用する財の生産を増大させ，他方の財の生産を減少させるというものである．

　図 1-4 は，労働力の賦存量は一定の状況で，例えば外国の直接投資によって，資本の賦存量が 500 台増大した場合を表す．資本の増大によって，直線 $AB$ は直線 $A'B'$ のように外側にシフトする．この結果，生産可能性フロンティアは屈折曲線 $CE'B'$ になる．資本と労働が完全に利用される生産の組み合わせも，点 $E$ から点 $E'$ に移動する．点 $E$ と点 $E'$ を比較すると，資本の増大によって，資本集約的なコンピュータの生産は増大するが，労働集約的な自動車の生産は減少する．これがリプチンスキー定理である．

　資本と労働力はつねに完全利用・雇用されるとしよう．このとき，資本が増大すると，資本を完全に利用するためには，資本集約財の生産を増大させなければならない．しかし，資本集約財の生産のためには，資本だけではなく労働

第1章 比較優位

図1-4 リブチンスキー定理

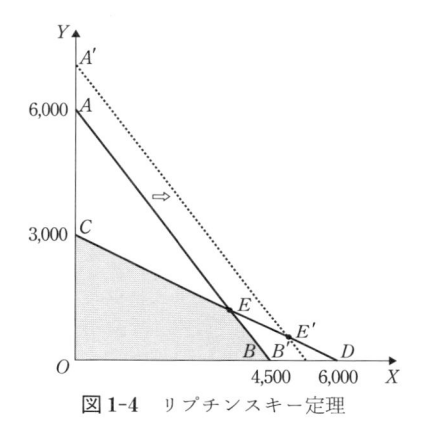

力も必要になる。その労働力を調達するためには，完全雇用の条件下では，労働集約財の生産を縮小し，それによって余った労働力を利用することになる。こうして，資本集約的なコンピュータ部門は，増大した資本と，自動車部門の減産によって生じた資本と労働力を使用して生産を増大させる。

**ヘクシャー＝オリーン定理**　ヘクシャー＝オリーン定理とは，各国は相対的に豊富に存在する生産要素を集約的に用いて生産する財に比較優位を持つというものである。資本豊富国は資本集約財に比較優位を持ち，労働豊富国は労働集約財に比較優位を持つ。

表1-3のように，要素賦存比率（資本/労働力）は，日本は3であり，米国は2である。したがって，日本は資本豊富国であり，米国は労働豊富国である。表1-3の資本と労働力の投入係数を用いると，米国の資本と労働力の完全利用・雇用条件は以下のようになる。

資本　　$4X^* + 3Y^* = 18{,}000$　　　　　　　　　　⑤

労働力　$X^* + 2Y^* = 9{,}000$　　　　　　　　　　　⑥

図1-5は日本と米国の生産可能性フロンティアを表す。日本の生産は点 $E$ で行われ，コンピュータが3,600単位と自動車が1,200単位生産される。米国の生産は点 $E^*$ で行われ，コンピュータが1,800単位と自動車が3,600単位生産さ

25

第Ⅰ部　国際貿易理論

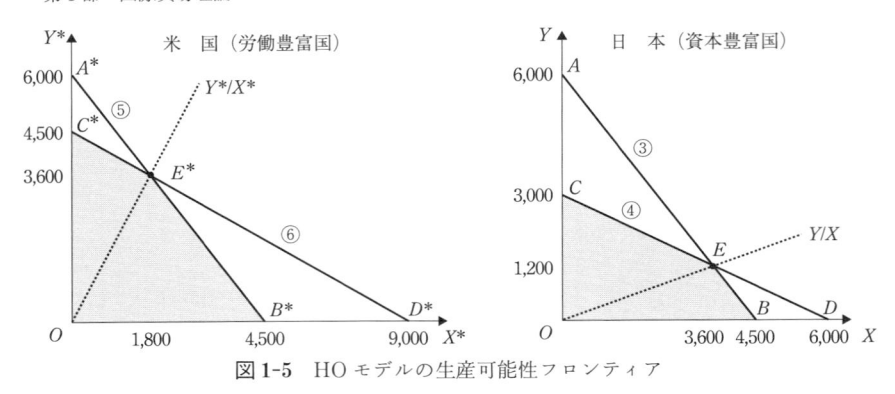

**図1-5　HOモデルの生産可能性フロンティア**

れる。直線 $Y/X=1/3$ と $Y^*/X^*=2$ は日本と米国の自動車とコンピュータの生産比率を表し，$Y^*/X^*>Y/X$ の関係がある。資本豊富国の日本は資本集約的なコンピュータの生産比率が大きく，労働豊富国の米国は労働集約的な自動車の生産比率が大きいことがわかる。

図1-6は閉鎖経済と自由貿易の均衡を表す。閉鎖経済下の均衡は，生産可能性フロンティアと無差別曲線との接点で決定される。ここで，効用関数は両国で同一であり，所得消費曲線が原点を通り直線となるようなホモセティックな効用関数を想定する。

点 $E$ は閉鎖経済下の日本の均衡を表す。点 $E$ で日本の生産と消費が等しくなる。資本と労働力は完全利用・雇用されており，消費者は効用を最大化している。日本の均衡相対価格は，点 $E$ における無差別曲線の接線の傾きの絶対値 $P_{com}/P_{car}=3/4$ である。点 $E^*$ は閉鎖経済下の米国の均衡を表す。この点で，米国の生産と消費が等しくなる。資本と労働力は完全利用・雇用され，消費者は効用を最大化している。米国の均衡相対価格は，点 $E^*$ における無差別曲線の接線の傾きの絶対値 $P_{com}^*/P_{car}^*=6/5$ である。

日本と米国の比較優位について検討しよう。日本の相対価格は $P_{com}/P_{car}=3/4$ であり，米国の相対価格は $P_{com}^*/P_{car}^*=6/5$ である。3/4＜6/5であるので，日本では資本集約的なコンピュータの価格が米国より安い。反対に，米国では労働集約的な自動車の価格が安い。日本は資本豊富国であり，資本集約的なコ

図 1-6 ヘクシャー＝オリーン定理

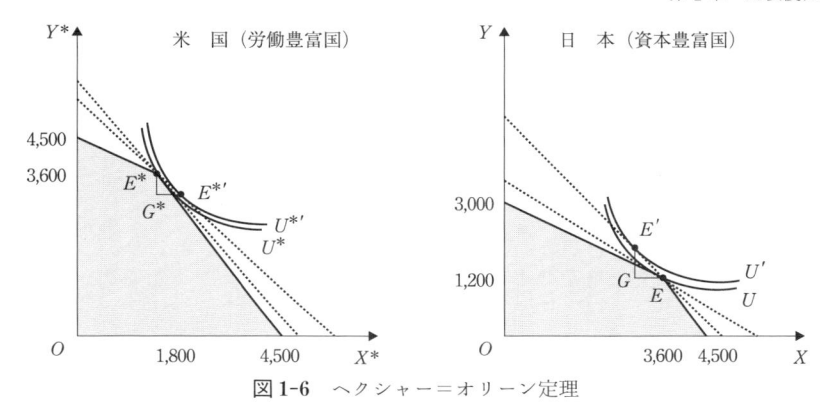

ンピュータの生産が多く，コンピュータの相対価格が安くなる。米国は反対に，労働豊富国であり，労働集約的な自動車の価格が安くなる。貿易自由化が行われれば，日本は資本集約的なコンピュータに比較優位を持ち，米国は労働集約的な自動車に比較優位を持つことになる。これが HO 定理である。

　図 1-6 は，各国が貿易を行った場合の自由貿易均衡についても示している。日本は比較優位財のコンピュータを輸出し，自動車を輸入する。米国は比較優位財の自動車を輸出し，コンピュータを輸入する。貿易自由化によって，日本ではコンピュータの相対価格が上昇し，米国では自動車の相対価格が上昇する。自由貿易均衡では，コンピュータの相対価格は，両国の国内の相対価格の間に決まる。すなわち，$(P_{com}/P_{car}) < (P_{com}^w/P_{car}^w) < (P_{com}^*/P_{car}^*)$ であり，図 1-6 では均衡相対価格を 1 としている。

　自由貿易均衡下で，日本の生産点は点 $E$，消費点は点 $E'$，輸出はコンピュータ $EG$，輸入は自動車 $GE'$ である。$\triangle GEE'$ は日本の貿易三角形を表す。米国の生産点は点 $E^*$，消費点は点 $E^{*\prime}$，輸出は自動車 $E^*G^*$，輸入はコンピュータ $G^*E^{*\prime}$ である。$\triangle G^*E^*E^{*\prime}$ は米国の貿易三角形を表す。ここで国際市場の均衡条件から，$GE = G^*E^{*\prime}$ であり，$GE' = G^*E^*$ である。日本の経済厚生は，無差別曲線の $U$ から $U'$ への移動によって改善することがわかる。同様に，米国の経済厚生も，無差別曲線の $U^*$ から $U^{*\prime}$ への移動によって改

第Ⅰ部 国際貿易理論

図1-7 ストルパー＝サミュエルソン定理

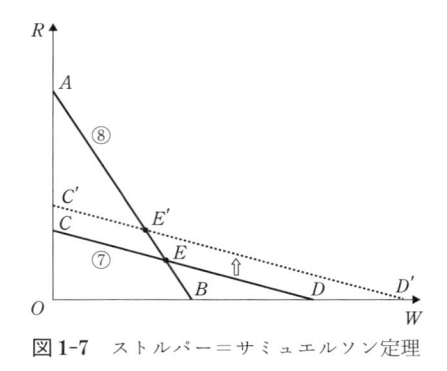

善する。両国とも，貿易利益を得ることがわかる。

**ストルパー＝サミュエルソンの定理** 　ストルパー＝サミュエルソンの定理とは，ある財の価格が上昇するとき，その財の生産に集約的に用いられる生産要素の価格は上昇するが，財価格が変化しなかった財の生産に集約的に用いられる生産要素の価格は低下する，というものである。

貿易自由化によって，日本のコンピュータの相対価格は上昇し，自動車の相対価格は低下する。このような財の相対価格の変化は，生産要素価格や所得分配にどのような影響を及ぼすのであろうか。日本のコンピュータと自動車の1人当たり賃金率を $W$，コンピュータと自動車の1単位当たり資本レンタル率を $R$ と表す。完全競争のもとで賃金率 $W$ や資本レンタル率 $R$ は部門間で同一になる。両財の価格は，完全競争下で利潤ゼロ条件を満たし，表1-3の投入係数を用いると以下のようになる。

$$P_{com} = W + 4R$$
$$P_{car} = 2W + 3R$$

上の式は右辺の平均費用が財価格に等しいことを表す。これを書き換えると，次式を得る。

$$R = -(1/4)W + (1/4)P_{com} \qquad ⑦$$
$$R = -(2/3)W + (1/3)P_{car} \qquad ⑧$$

　図1-7は，横軸に賃金率 $W$，縦軸に資本レンタル率 $R$ をとり，財価格と生産要素価格の関係を表す2つの式を表す。直線 $AB$ は自動車の価格と要素価格の関係（⑧）を表し，直線 $CD$ はコンピュータの価格と要素価格との関係（⑦）を表す。資本集約的なコンピュータの直線 $CD$ の方が自動車の直線 $AB$ よりも傾きが緩やかになっている。2つの財が生産される場合には，2つの利潤ゼロ条件が同時に満たされなければならない。したがって，賃金率 $W$ と資本レンタル率 $R$ は2つの直線の交点 $E$ で決定される。

　資本集約的なコンピュータの価格 $P_{com}$ が上昇するとしよう。この価格上昇によって，直線 $CD$ は直線 $C'D'$ のように上方にシフトする。新しい均衡点は点 $E'$ に移動し，資本レンタル率 $R$ は上昇し，賃金率 $W$ は低下する。もし労働集約的な自動車の価格 $P_{car}$ が上昇すれば，賃金率 $W$ が上昇し資本レンタル率 $R$ は低下する。

　ストルパー＝サミュエルソンの定理とは，この場合，コンピュータの価格が上昇するとき，その財の生産に集約的に用いられる資本の価格を上昇させるが，価格が変化しなかった自動車の生産に集約的に用いられる労働力の価格を低下させる，というものである。

　このような財価格の上昇が関税などの保護政策によって生じる場合には，その産業で集約的に利用されている生産要素の価格を上昇させ，もう一方の財で集約的に利用される生産要素の価格を低下させる。したがって，ストルパー＝サミュエルソンの定理によって，保護貿易の所得分配効果を検討することができる。

**要素価格均等化定理**　要素価格均等化定理とは，両国において生産技術が同一の場合，貿易によって財価格が均等化すると，生産要素の価格も均等化するというものである。この定理は，生産要素が国際的に移動しなくても，各国の生産要素価格が均等化するという点で注目を集めた。

コンピュータと自動車の価格は以下のように与えられる。

$$P_{com} = W + 4R$$
$$P_{car} = 2W + 3R$$

両国の生産技術が同一であるので，ここでは投入係数が両国で等しくなる。また，貿易によって両国の2財の価格 $P_{com}$ と $P_{car}$ が等しくなるとしよう。このとき，この2式によって賃金率 $W$ と資本レンタル率 $R$ が決定されることになる。こうして決定される賃金率 $W$ と資本レンタル率 $R$ は，両国で等しくなる。これが要素価格均等化である。

現実の世界では，要素価格の均等化は難しい。したがって，この定理については，貿易によって財価格が均等化すれば，生産要素価格も均等化する傾向があるというように理解するのが適切であろう。

### Question 1.1 リカード・モデル

$A$ 国では，テレビ1台の生産に労働者が30人，小麦1トンの生産に労働者が15人必要である。$B$ 国では，テレビ1台の生産に労働者が20人，小麦1トンの生産に労働者が5人必要である。$A$ 国には労働者が900人，$B$ 国には労働者が500人いる。市場は完全競争であり，両国間で労働移動はないとする。このとき，以下の問いに答えなさい。

**問題(1)** $A$ 国と $B$ 国の各財1単位あたりの機会費用を求め，比較優位を検討しなさい。

**問題(2)** テレビの生産量を $X$，小麦の生産量を $Y$ とし，各国の生産可能性フロンティアを図示しなさい。

**問題(3)** 両国間で貿易が行われるのは，テレビの小麦に対する相対価格がどのような値をとるときか。また，リカードの比較優位説に従う場合，両国間の生産構造と貿易パターンがどのようになるか説明しなさい。

## Answer 1.1

**解答(1)** 各国の機会費用と比較優位構造は，以下のようになる。

表1-4 リカード・モデルの数値例

| | 労働者数 | 労働投入係数 | | 機会費用 | | 比較優位 |
| --- | --- | --- | --- | --- | --- | --- |
| | | テレビ | 小麦 | テレビ1台 | 小麦1トン | |
| $A$ 国 | 900 | 30 | 15 | 30÷15＝小麦2トン | 15÷30＝テレビ1/2台 | テレビ |
| $B$ 国 | 500 | 20 | 5 | 20÷5＝小麦4トン | 5÷20＝テレビ1/4台 | 小麦 |

**解答(2)** 各国の完全雇用条件は以下のように表される。

$$A国：30X+15Y=900 \quad \Leftrightarrow \quad Y=-2X+60 \qquad ①$$

$$B国：20X+5Y=500 \quad \Leftrightarrow \quad Y=-4X+100 \qquad ②$$

①②式より，各国の生産可能性フロンティアは以下のように図示される。

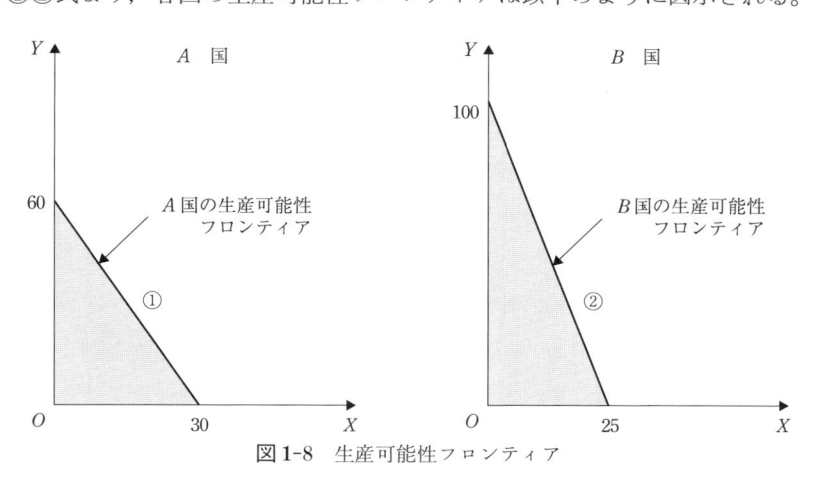

図1-8 生産可能性フロンティア

**解答(3)** テレビの小麦に対する相対価格 $P^w$ と各国の生産構造の関係は以下のようになる。

第Ⅰ部　国際貿易理論

表1-5　相対価格と生産構造

|   | $P^w<2$ | $P^w=2$ | $2<P^w<4$ | $P^w=4$ | $P^w>4$ |
|---|---|---|---|---|---|
| $A$ 国 | 小麦に特化 | 不完全特化 | テレビに特化 | テレビに特化 | テレビに特化 |
| $B$ 国 | 小麦に特化 | 小麦に特化 | 小麦に特化 | 不完全特化 | テレビに特化 |

両国間で貿易が行われるのは，各国が別々の財の生産に特化する$2<P^w<4$の場合である。このとき，$A$国はテレビの生産に特化し，テレビを$B$国に輸出する。$B$国は小麦の生産に特化し，小麦を$A$国に輸出することになる。

## Question 1.2　ヘクシャー＝オリーン・モデル

$A$国には労働者が20,000人，資本が20,000台存在している。$B$国には労働者が10,000人，資本が5,000台存在している。$A$国と$B$国の生産技術は同一で，テレビ1台の生産に労働者が50人，資本が100台必要であり，小麦1トンの生産に労働者が25人，資本が10台必要であるとする。市場は完全競争であり，消費者の効用関数は本文中と同様のものを想定し，両国間で生産要素の移動はないとする。このとき，以下の問いに答えなさい。

**問題(1)**　テレビの生産量を$X$，小麦の生産量を$Y$とし，各国の生産可能性フロンティアと閉鎖経済における均衡点を図示しなさい。

**問題(2)**　ヘクシャー＝オリーン定理に従うと，両国間の生産構造と貿易パターンはどのようになるか説明しなさい。

**問題(3)**　$A$国の労働者が30,000人，$B$国の資本が15,000台に増加したとき，ヘクシャー＝オリーン定理に従うと，両国間の生産構造と貿易パターンはどのようになるか説明しなさい。

## Answer 1.2

**解答(1)**　各国の生産要素の完全雇用・利用の条件は以下のように表される。

$$A\text{国の労働力}：50X+25Y=20{,}000 \Leftrightarrow Y=-2X+800 \quad ①$$

$$A\text{国の資本}：\quad 100X+10Y=20{,}000 \Leftrightarrow Y=-10X+2{,}000 \quad ②$$

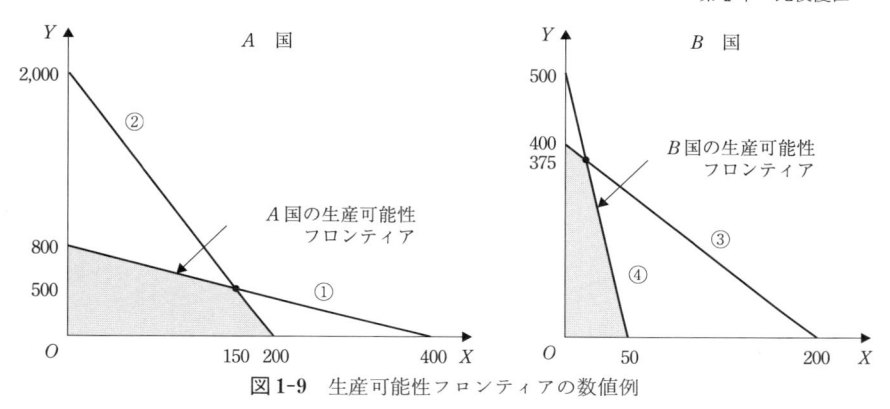

第1章　比較優位

**図1-9** 生産可能性フロンティアの数値例

$$B \text{国の労働力}：50X+25Y=10{,}000 \Leftrightarrow Y=-2X+400 \quad ③$$
$$B \text{国の資本：}\quad 100X+10Y=5{,}000 \Leftrightarrow Y=-10X+500 \quad ④$$

$A$国の生産可能性フロンティアは①②式に囲まれた領域であり，①②式の交点が閉鎖経済の均衡である。$B$国の生産可能性フロンティアは③④式に囲まれた領域であり，③④式の交点が閉鎖経済の均衡である。

**解答(2)**　各国の要素賦存比率と各財の資本労働比率は表1-6の通りである。

**表1-6**　要素賦存比率と資本労働比率

| | 資本1単位あたり労働賦存量 | 労働1単位あたり資本賦存量 | | 資本労働比率 |
|---|---|---|---|---|
| $A$ 国 | $20{,}000 \div 20{,}000 = 1$ | $20{,}000 \div 20{,}000 = 1$ | テレビ | $100 \div 50 = 2$ |
| $B$ 国 | $10{,}000 \div 5{,}000 = 2$ | $5{,}000 \div 10{,}000 = 0.5$ | 小　麦 | $10 \div 25 = 0.4$ |

相対的な資本豊富国である$A$国は，資本集約財であるテレビを$B$国に輸出する。相対的な労働豊富国である$B$国は，労働集約財である小麦を$A$国に輸出する。

**解答(3)**　$A$国の労働者と$B$国の資本が増加した結果，$A$国が相対的な労働豊富国，$B$国が相対的な資本豊富国となる（資本労働比率：$A$国2/3，$B$国3，労働資本比率：$A$国3/2，$B$国：1/3）。その結果，$A$国は労働集約財である小麦を$B$国に輸出し，$B$国は資本集約財であるテレビを$A$国に輸出するようにな

第Ⅰ部　国際貿易理論

る。

**文献案内**

Markusen, James（1995）*International Trade: Theory and Evidence,* Columbus: MaGraw-Hill（松村敦子訳『国際貿易——理論と実証上下』多賀出版，1999/2000年）．
　　＊図解による初級の国際貿易論のテキスト。

Wong, Kar-yiu（1995）*International Trade in Goods and Factor Mobility,* Cambridge: MIT Press（下村耕嗣ほか訳『現代国際貿易論ⅠⅡ』多賀出版，1999年）．
　　＊厳密な数式を用いた上級の国際貿易論のテキスト。

伊藤元重・大山道広（1985）『国際貿易』岩波書店。
　　＊長く読まれている評判のある国際貿易論のテキスト。

# 第2章

# 規模の経済と貿易

---

**― この章で学ぶこと ―**

　この章では，新しい貿易理論について学ぶ。リカードやヘクシャー＝オリーンのような伝統的貿易理論は，比較優位によって産業間の貿易パターンを検討した。新しい貿易理論は，規模の経済性によって産業内貿易を説明する。

　規模の経済性には，内部的な規模の経済と外部的な規模の経済（外部経済）がある。内部的な規模の経済の場合には，生産コストが企業の生産規模に依存する。この場合には，大企業ほど費用上の優位性を発揮するので，市場構造は不完全競争になる。外部的な規模の経済の場合には，生産コストは産業の規模に依存するが，企業の規模には依存しない。この場合には，中小企業が存在することができるので，市場構造は完全競争と矛盾しない。外部的な規模の経済がある場合の貿易は空間経済学によって分析される。

**キーワード**

　産業内貿易　規模の経済性　内部的な規模の経済　不完全競争　独占的競争　消費の多様性　外部的な規模の経済（外部経済）　産業集積　歴史的偶然　知識の集積　動学的収穫逓増　学習曲線　幼稚産業保護論　空間経済学　企業の立地選択　期待　集積の利益　分散の利益

---

## 2.1 不完全競争と規模の経済性

### 2.1.1 独占的競争――内部的な規模の経済

　内部的な規模の経済が存在する典型的な市場構造は独占的競争である。**独占的競争**とは，特定の財を生産する企業が唯一という意味では独占であるが，そ

の財の需要が同一産業の他の企業が生産する類似の財の価格に依存するという意味で競争的である。独占的競争と国際貿易のモデルは，規模の経済が国際貿易において果たす役割を理解するために有益である。独占的競争モデルの貿易への応用で重要な点は，貿易が市場規模を拡大するということである。

**独占的競争のモデル** 独占的競争のモデル（Krugman & Obstfeld（2008）の第6章）を構成しよう。以下のモデルでは，企業間の相互依存関係によって生じる問題を回避するために2つの仮定をおく。第1に，企業は製品差別化によって財の価格支配力を持つ。これによって，企業は産業内で独占的な行動をとることができる。第2に，ライバル企業の価格を所与とする。これは，独占的競争企業の設定する価格が他の企業の価格に及ぼす影響を無視することである。

独占的競争企業の需要関数を次式のように想定しよう。

$$X = S[(1/n) - b(P - P')] \qquad ①$$

ここで，$X$ は企業の販売量（生産量），$S$ は産業全体の販売量，$n$ は産業内の企業数，$P$ は企業が設定する価格，$P'$ はライバル企業が設定する価格の平均値，$b$ は販売量の価格反応度を表す。産業全体の販売量 $S$ は市場規模を表し，この産業の平均価格 $P'$ には依存しない。ここでは，所与の販売量 $S$ を企業間で奪い合うという企業間競争に焦点を当てる。

企業の販売量 $X$ は，産業全体の需要量 $S$ が増大したり，ライバル企業の価格設定 $P'$ が上昇したりすると増大する。他方，産業内の企業数 $n$ が増大したり，その企業が設定する価格 $P$ が上昇したりすると，企業の販売量 $X$ は減少する。企業の価格設定 $P$ と販売量 $X$ の関係については，ライバル企業と同じ価格（$P=P'$）を設定すると，販売シェアは$1/n$ となる。ライバル企業の価格以上の価格（$P>P'$）をつけると販売シェアは$1/n$ 以下に減少し，それ以下の価格（$P<P'$）をつけると販売シェアは$1/n$ 以上に増大する。

規模の経済性は，平均費用が生産量の増大によって低下することによって表すことができる。独占的競争企業の費用関数 $C$ を以下のように表す。

$$C = F + cX$$

$F$ は固定費用，$c$ は限界費用である。固定費用の存在は規模の経済性を生み出す。この式から，企業の平均費用 $AC$ が次式のように得られる。

$$AC = F/X + c \qquad ②$$

固定費用 $F$ の存在によって，生産量 $X$ が増大すると，平均費用 $AC$ は低下する。

**市場均衡**　企業は同一の費用関数と需要関数を持っているという意味で対称的であるとする。

**企業数 $n$ と平均費用 $AC$ の関係**：企業数 $n$ と平均費用 $AC$ との間にはどのような関係があるのだろうか。ここでは，企業数 $n$ が増大すると，1企業当たりの生産量が減少し，単位当たりの費用が上昇することを示す。

すべての企業は対称的であるので，均衡ではすべての企業が同じ価格（$P=P'$）を設定する。このとき，①式から，各企業の販売量 X は，$X=S/n$ になる。これを，②式に代入すると，③式を得る。

$$AC = nF/S + c \qquad ③$$

この式から，企業数 $n$ の増大は平均費用 $AC$ を上昇させることがわかる。これは企業数 $n$ が増加すると，1企業当たりの生産量が減少し，単位当たり費用が増大するからである。この関係は，図2-1の曲線 $CC'$ で表される。

**企業数 $n$ と価格 $P$ の関係**：つぎに，企業数 $n$ が増大すると，企業間の競争が激化し，その結果，各企業が設定する価格が低下することを示す。この関係を得るために，企業の利潤最大化条件を検討しよう。利潤最大化の条件は，限界収入 $MR$ と限界費用 $c$ が等しいことである。企業の収入は $R=PX$ であり，限界収入 $MR$ は以下のようになる。

$$MR = \Delta R/\Delta X = (\Delta P/\Delta X)X + P$$

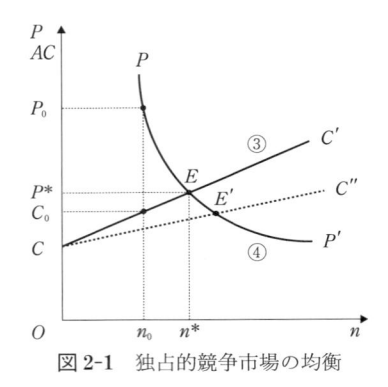

図 2-1 独占的競争市場の均衡

$\Delta$ は変化分を表す。ここで①式から次式を得る。

$$\Delta P/\Delta X = -(1/Sb)$$

これを先の式に代入すると，限界収入 $MR$ は以下のように得られる。

$$MR = P - (1/Sb)X$$

企業の利潤最大化条件 $P-(1/Sb)X=c$ と均衡における販売量 $X=S/n$ から，企業の価格設定は以下のようになる。

$$P = c + (1/nb) \qquad ④$$

④式から，産業内の企業数 $n$ が増加すると，独占的企業の価格 $P$ は低下することがわかる。これは図 2-1 の右下がりの曲線 $PP'$ によって表される。企業数 $n$ が増大すると，各企業の生産量 $X$ が減少し，限界収入 $MR$ が上昇する。限界費用 $c$ 一定の下で，企業は限界収入と限界費用を一致させるために，価格 $P$ を低下させる。

**均衡企業数**：均衡企業数 $n^*$ は平均費用曲線 $CC'$ と価格線 $PP'$ の交点 $E$ で決定される。曲線 $PP'$ は，産業の企業数が増加すると，各企業の設定する価格 $P$ が低下することを表す。曲線 $CC'$ は，企業数 $n$ が増加すると，企業の平均費用が上昇することを表す。均衡点 $E$ において，均衡企業数は $n^*$，均衡価

格は $P^*$ である。均衡価格 $P^*$ は平均費用に等しく，企業利潤はゼロになる。企業数が均衡 $n^*$ より少ない場合，例えば $n_0$ の場合には，価格 $P_0$ は平均費用 $C_0$ より高くなり，独占利潤が存在する。このとき，この利潤を求めて企業が参入し，企業数が増大することになる。企業数が均衡より多い場合には，企業利潤は赤字になり，企業が退出し，企業数が減少する。

### 2.1.2 規模の経済性と国際貿易

**独占的競争と貿易利益**　独占的競争下において貿易が自由化されると，市場規模が拡大することによって，一方では規模の経済性が働き，生産コストが低下し，価格が低下する。他方では，貿易によって各国の消費者は自国では生産されていない財の消費が可能になり，**消費の多様性**を高めることができる。このように，規模の経済性がある場合には，要素賦存や生産技術が同一であっても，貿易は各国に利益をもたらすことができる。国際貿易は，生産規模と消費の多様性とのトレードオフを改善する。

**市場規模拡大の効果**：貿易による市場規模拡大の効果について検討しよう。図2-1の曲線 $CC'(AC=nF/S+c)$ は，企業数 $n$ と平均費用 $AC$ との関係を表す。企業数が一定の場合に，貿易によって販売量 $S$ が増大すると，企業1社当たりの販売量が増大し，規模の経済が働き，平均費用は低下する。市場規模 $S$ の拡大は，曲線 $CC'$ を曲線 $CC''$ のように移動させる。他方，企業数 $n$ と企業の価格 $P$ との関係を表す曲線 $PP'(P=c+(1/nb))$ は市場規模の影響を受けない。したがって，市場規模が拡大すると，均衡点は点 $E$ から点 $E'$ に移動する。均衡企業数 $n^*$ は増加し，均衡価格 $P^*$ は低下する。

**数値例**：家電産業における独占的競争と国際貿易の効果について，数値例を用いて検討しよう。企業の価格線は $P=c+(1/nb)$ であり，企業の費用曲線は $AC=nF/S+c$ である。ここで，市場シェアの価格反応度 $b=1/200$，固定費用 $F=10{,}000$，限界費用 $c=50$，自国の家電販売量 $S_h=450$ 単位，外国の家電販売量 $S_f=800$ 単位としよう。両国の費用関数は等しいとする。

このとき，自国の平均費用 $AC$ と価格 $P_h$ は次式のように表される。

表 2-1　市場統合による貿易利益

|  | 貿易前の自国市場 | 貿易前の外国市場 | 貿易後の統合市場 |
|---|---|---|---|
| 家電製品の販売量 | 450 | 800 | 1250 |
| 企業数（財の数） | 3 | 4 | 5 |
| 1社当たりの販売量 | 150 | 200 | 250 |
| 平均費用 | 116.7 | 100 | 90 |
| 価格 | 116.7 | 100 | 90 |

$$AC = (200/9)n + 50$$
$$P_h = 200(1/n) + 50$$

貿易がない場合には，この2式から自国の企業数は $n_h=3$，家電価格は $P_h=116.7$ となる。外国についても同様に計算すると，外国の企業数は $n_f=4$，家電価格は $P_f=100$ となる。

貿易自由化によって自国と外国が相互に家電製品を輸出するとしよう。この結果，1250単位の家電の統合市場が形成され，家電製品の平均費用と価格は以下のようになる。

$$AC = 8n + 50$$
$$P = 200(1/n) + 50$$

統合市場の企業数は $n=5$，家電価格は $P=90$ である。

表2-1は貿易自由化後の統合市場の状況を貿易前と比較したものである。貿易自由化（市場統合）によって，消費者は，選択の幅が広がり（自国では財の数が3から5へ），家電価格も低下し（自国では116.7から90へ），利益を得る。これが規模の経済性による貿易利益である。

**規模の経済と比較優位**　規模の経済と比較優位との関係について検討しよう。2国2財（工業製品と農産物）モデルで，工業製品は資本集約財，農産物は労働集約財，自国は資本豊富国，外国は労働豊富国とする。規模の経済がなければ，比較優位にしたがって資本豊富国の自国は工業製品を輸出し，労働豊富国の外国は農産物を輸出する。

工業部門に規模の経済が存在し，この産業が独占的競争産業としよう。このとき，資本豊富国の自国は工業製品を輸出し，農産物を輸入するという工業と農業の産業間貿易が行われると同時に，外国も自国とは異なる工業製品を輸出するという工業製品と工業製品の産業内貿易が行われる。ここで，両国間の貿易パターンにはいくつか注意すべき点がある。

①産業間貿易：工業と農業の産業間貿易は比較優位によって行われる。資本豊富国の自国は，資本集約的な工業製品の輸出国になり，労働集約的な農産物の輸入国になる。

②産業内貿易：工業製品と工業製品の貿易は，比較優位ではなく，規模の経済性による。自国も外国も差別化された財を生産し，相手国の消費者の需要によって貿易が行われる。

③産業内貿易のパターン：工業製品と工業製品の貿易は，どちらが何を輸出し何を輸入するかは予測不可能であり，貿易パターンは決定できない。貿易パターンは歴史的事情や偶然の出来事によって決定される可能性がある。

④産業間貿易と産業内貿易：各国の産業間貿易と産業内貿易の割合は各国間の要素賦存の類似性によって決定される。各国の要素賦存が同じ場合には，規模の経済により産業内貿易が行われる。要素賦存が異なる場合には，比較優位により産業間貿易が行われる。

## 2.2 外部経済と空間経済学

### 2.2.1 外部経済

外部経済が存在する場合の国際貿易について検討しよう。**外部経済**（外部的な規模の経済）とは，ある産業の生産が一カ所に集中すること（**産業集積**）によって産業内の各企業の規模は小さくても，産業の費用が低下することである。

自動車・電子産業のような加工組立型産業は，産業集積した多くの下請けメーカーや部品メーカーによって支えられている。このような加工組立型産業では，産業の生産規模が拡大するにつれ，下請けや部品メーカーのネットワーク

が整備され，分業によるスケール・メリットが働き，産業全体の平均費用が低下する。産業集積の例としては，シリコンバレーや台湾の半導体産業やニューヨークの金融業およびスイスの時計産業などがある。

外部経済がある場合には，以下のような特徴が見られる。①産業レベルで規模の経済が働いても，規模の小さい企業も存続することができるので，必ずしも不完全競争にはならない。②貿易パターンは比較優位と矛盾することがある。③経済厚生への効果は不確定であり，低下する場合もある。④貿易によってすべての国が利益を得るとは限らない。

**外部経済と貿易パターン** 外部経済と貿易パターンの関係について検討しよう。何らかの事情によって外部経済がある国は，生産費用が低く，既存の貿易パターンを強化する傾向がある。潜在的に生産費用がより低い国が存在したとしても，この傾向は維持される可能性がある。

台湾とインドの2国が半導体の生産をしているとしよう。両国とも十分な供給能力を持っているとする。図2-2の横軸は半導体の生産量 $X$，縦軸は半導体の平均費用 $AC$ と価格 $P$ を表す。$AC_{TAIW}$ は台湾の平均費用曲線，$AC_{IND}$ はインドの平均費用曲線，曲線 $D_{WORLD}$ は世界全体の半導体の需要曲線を表す。各国の半導体産業は，企業レベルでは規模の経済は存在せず，多くの完全競争企業からなるとする。このとき，半導体の価格は平均費用まで下がる。

インドの半導体の生産費用が台湾よりも低いにもかかわらず，台湾が半導体の生産を行う可能性がある場合について検討しよう。図2-2のようにインドの費用曲線は台湾の費用曲線より低いと仮定しよう。何らかの歴史的な事情によって，台湾が最初に半導体産業を確立したとする。このとき，半導体の世界市場の均衡は点 $E$ になり，台湾の生産量は $X^*$，半導体価格は $P^*$ になる。この状態で，インドが半導体産業に参入しようとするとしよう。インドが世界市場で需要を獲得できれば，均衡点は点 $E'$ に移動する。しかし，インドで生産が行われていなければ，インドの半導体の生産費用は $AC_0$ になる。この費用はすでに確立している台湾の半導体価格よりも高い。したがって，インドは台湾よりも潜在的には安く半導体を生産する能力があるが，実際にはインドは半

図 2-2　外部経済と特化

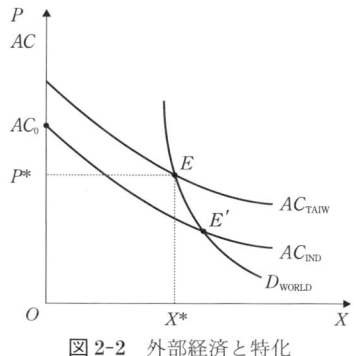

導体産業を興すことはできない。

　外部経済のために貿易パターンは**歴史的偶然**によって決定される可能性がある。すでに確立された貿易パターンは，比較優位と矛盾したとしても変更するのは難しく，持続する可能性がある。

**外部経済・貿易・経済厚生**　　外部経済がある場合の経済厚生の効果は必ずしも明確ではない。規模の経済によって経済厚生が上昇する場合もあるが，貿易によって生産国が変わり，経済厚生が低下する場合もある。

　図 2-3 は貿易の開始によってインドの経済厚生が悪化する場合について表す。インドは台湾よりも低い生産費用で半導体を生産できるが，台湾の方が最初に生産を開始したとしよう。曲線 $D_{WORLD}$ は半導体の世界需要，曲線 $D_{IND}$ はインドの半導体需要を表す。世界市場で台湾が生産しているとき，均衡は点 $E$ で表される。

　開放経済下でインドが半導体生産を始めても，インドの生産費用は $AC_0$ であり，台湾の価格よりも高く競争力はない。ここで，インドが半導体産業を世界市場から隔離し保護政策を行うとしよう。このとき，インドの均衡は点 $E'$ で表される。インドの国内価格は世界市場の台湾の価格より低くなる。貿易によって閉鎖経済よりも半導体価格が上昇するので，インドの経済厚生は悪化する。このように，貿易は経済厚生を悪化させる場合がある。

第Ⅰ部　国際貿易理論

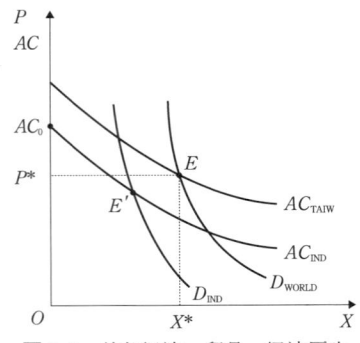

図2-3　外部経済・貿易・経済厚生

**動学的収穫逓増**　　ある企業が新しい生産技術の開発や従来の技術の改善を行うと，他の企業がその技術を模倣し，その技術から利益を得る場合がある。こうした技術・知識の模倣やスピルオーバーやさらに産業全体の技術や知識の蓄積は，企業の生産費用を低下させる。このような**知識の蓄積**による外部経済の効果について検討しよう。

知識の蓄積による外部経済は，その産業の現在までの累積生産量によって影響される。例えば，半導体の生産費用はそれまでその国で生産された半導体の総量の減少関数になると考えられる。このような生産費用と累積生産量との関係を表すものを**学習曲線**と呼び，学習曲線が観察されるとき，**動学的収穫逓増**があるという。

図2-2を用いて動学的収穫逓増がある場合の生産国の決定について検討しよう。$AC_{TAIW}$を台湾の学習曲線，$AC_{IND}$をインドの学習曲線とする。台湾は半導体産業の先駆者であり，累積生産量が多い。インドは，学習曲線は低いが，新規参入者であり生産量が少ない。

インドの学習曲線は台湾の学習曲線よりも低い。しかし，台湾は，累積生産量が多く，インドよりも単位費用が低い。台湾の生産量が$X^*$であり，価格＝費用が$P^*$であるとしよう。このとき，インドが新規にこの産業に参入しようとしても，インドの新規の生産費用は$AC_0$になる。この生産費用では，$AC_0 > P^*$であり，インドは半導体産業に参入できない。

動学的規模の経済の存在は保護主義を正当化する場合がある。現時点では経験や蓄積がないために，その産業に競争力がないとしよう。しかし，その産業が自立できるまで，補助金によって生産を奨励したり，外国との競争から保護したりすることによって，長期的には経済厚生を高めることができるかもしれない。このように，一時的にある産業を保護する議論を**幼稚産業保護論**という。

### 2.2.2 空間経済学

空間経済学によれば，貿易は国境を越える空間上の異なる地点の間の取引である。空間経済学は，経済活動がなぜ集積するのか，どこに集積するのかについて検討する。

経済活動の集積はなぜ起きるのか。経済活動が集積するのは集積の利益が集積の費用を上回るからである。集積の利益には，①連関効果の存在，②熟練労働市場の存在，③知識のスピルオーバーなどがある。それでは，経済活動はどこに集積するのであろうか。経済活動の集積の問題は，個々の企業からすれば，立地選択の問題である。複数の選択肢がある場合に，特定の地域が選ばれる理由には，歴史的偶然や**期待**の役割がある。

企業の立地選択について検討しよう。日系企業が東南アジアへの進出を計画しており，タイかベトナムのどちらかに工場を設立するとしよう。ここでは，企業の立地選択において，規模の経済性をもたらす固定費用 $F$ と輸送費 $t$ という2つの要因に注目する。固定費用の増加は**集積の利益**をもたらし，輸送費の増加は**分散の利益**をもたらす。

**企業の立地選択**　図2-4のクルーグマンのモデル（Krugman & Obstfeld 第3版（1994）の第8章）を用いてタイとベトナムへの日系企業の立地選択について検討しよう。両国人口の60%は純粋な消費者であり，残りの40%は労働者とする。消費者は両国に均等に分布し，タイに30%，ベトナムに30%いる。労働者は工場がある場所に居住する。両国に工場がある場合には，労働者は20%ずつとする。企業は10単位の財を生産し，6単位を消費者（タイに3単位，ベトナムに3単位）に，4単位を既存企業の労働者に販売する。

第Ⅰ部　国際貿易理論

図2-4　企業の立地選択

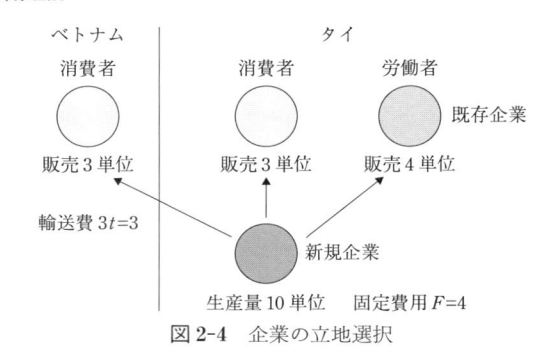

表2-2　新規企業の費用（$F=4$, $t=1$の場合）

| | | 新規企業の立地選択 | | |
|---|---|---|---|---|
| | | タ　イ | 両　方 | ベトナム |
| 既存企業の<br>立地選択 | タ　イ | $F+3t=7$* | $2F=8$ | $F+7t=11$ |
| | 両　方 | $F+5t=9$ | $2F=8$* | $F+5t=9$ |
| | ベトナム | $F+7t=11$ | $2F=8$ | $F+3t=7$* |

（注）＊は最小費用を表す。

　企業は固定費用 $F$ と輸送費 $t$ を負担する。輸送費は国内では0であるが，国外の場合には単位当たり $t$ の費用がかかる。企業は費用を最小化するように生産立地を選択する。この立地選択は，他の企業がどこに立地しているかによって異なる。

　表2-2は，固定費用が $F=4$，輸送費が $t=1$ の場合について表す。既存企業がタイに立地している場合に，新規企業がタイに立地する場合の費用は以下のようになる。10単位の財のうち，3単位はタイの消費者に，3単位はベトナムの消費者に，4単位はタイの労働者に販売される。このうち，タイの国内の7単位には輸送費はかからないが，ベトナムの消費者への3単位には単位当たり1の輸送費がかかる（$3t=3$）。総費用は，輸送費3と固定費用 $F=4$ の合計7になる。

　既存企業がタイに立地し，新規企業がベトナムに立地する場合には，タイに居住する消費者に3単位と労働者に4単位を輸送し，輸送費用が7かかる。このとき，総費用は輸送費7と固定費用 $F=4$ の合計11になる。既存企業がタイ

表 2-3　新規企業の費用（$F=4$, $t=0.1$の場合）

|  |  | 新規企業の立地選択 | | |
| --- | --- | --- | --- | --- |
|  |  | タ　イ | 両　方 | ベトナム |
| 既存企業の<br>立地選択 | タ　イ<br>両　方<br>ベトナム | $F+3t=4.3$*<br>$F+5t=4.5$*<br>$F+7t=4.7$ | $2F=8$<br>$2F=8$<br>$2F=8$ | $F+7t=4.7$<br>$F+5t=4.5$*<br>$F+3t=4.3$* |

（注）　*は最小費用を表す．

に立地し，新規企業が両国に立地する場合には，タイに居住する消費者と労働者への7単位は，タイに立地し供給するので輸送費はかからないが，固定費用 $F=4$ が必要になる．ベトナムに居住する消費者にもベトナムに立地し供給するので，輸送費はかからないが，固定費用 $F=4$ が必要になる．このように，両方に立地する場合には輸送費はかからないが，固定費用が2倍になる．

　新規企業の立地は，既存企業がどこに立地しているかによって影響を受ける．既存企業がタイ（ベトナム）に立地している場合には，新規企業もタイ（ベトナム）に立地する．既存企業が両国に立地する場合には，新規企業も両国に立地する．このように，企業の最適な立地の選択は，既存企業の選択に依存する．初期に，何らかの**歴史的偶然**によってどちらかに産業集積があると，集積の利益が働き，産業集積が固定化されることになる．

**輸送費や固定費用の影響**　輸送費や固定費用の相違が立地選択に及ぼす影響について検討しよう．

　表2-3は，固定費用 $F=4$ は同じで，輸送費が小さい場合（$t=0.1$）について表す．この場合には，既存企業が両国に立地していたとしても，新規企業はどちらかの国に立地することになる．輸送費が小さくなると，固定費用の影響が大きくなり，集積の利益が働く．初期に両国に分散して立地していたとしても，立地の集中化がおきる．これが一方の地域の発展と，他方の地域の衰退につながり，中心・周辺構造が形成される．

　AFTA域内では，関税削減（輸送費の低下）によって，固定費の影響が大きくなり，生産立地の集積が起きている．例えば，エアコンの生産はタイ・マレーシアに集中し，自動車の生産はタイ・インドネシアに集中している．

第Ⅰ部　国際貿易理論

## Question 2.1　不完全競争と規模の経済性

独占的競争市場において，企業の生産する財の需要関数を以下のように想定しよう。

$$X = S[(1/n) - b(P - P')]$$

ただし，$P$ は価格，$X$ は生産量，$S$ は市場規模，$n$ は企業数，$P'$ はライバル企業が設定する価格の平均値を表す。販売量の価格反応度 $b=1$ とする。また，企業の費用関数は $TC = 10 + 3X$ であり，すべての企業は対称的であるとする。このとき，以下の問いに答えなさい。

**問題(1)**　閉鎖経済の市場規模を250とする。このときの均衡企業数と価格を求めなさい。

**問題(2)**　貿易によって市場規模 $S$ が1,000に拡大したとする。このときの均衡企業数と価格を求めなさい。

## Answer 2.1

すべての企業が対称であるので，均衡において $P = P'$ が成立する。これを需要曲線の式に代入すると，均衡における生産量 $X$ がつぎのように得られる。

$$X = S/n \qquad\qquad ①$$

企業の利潤最大化条件から価格線を求めよう。企業の限界収入 $MR = (\varDelta P/\varDelta X)X + P = -(1/S)X + P$ および限界費用$=3$ であるので，企業の利潤最大化条件は，$-(1/S)X + P = 3$ のようになる。この式に①式を代入すると，閉鎖経済下の均衡価格 $P$ が得られる。

$$P = (1/n) + 3 \qquad\qquad ②$$

つぎに，企業の平均費用曲線を求めよう。①式を利用すると，平均費用はつぎのように表すことができる。

$$AC = (10/X) + 3 = (10/S)n + 3 \qquad ③$$

②③式の交点が独占的競争市場の均衡であり，この均衡ではゼロ利潤条件が成立する。したがって，つぎのような関係が得られる。

$$(1/n) + 3 = (10/S)n + 3 \quad \Leftrightarrow \quad n^2 = (1/10)S \qquad ④$$

**解答(1)** ④式に $S=250$ を代入すると，均衡企業数 $n=5$，①式より生産量 $X=50$，②式より価格 $P=3.2$ が得られる。

**解答(2)** ④式に市場規模 $S=1,000$ を代入すると，均衡企業数 $n=10$，①式より生産量 $X=100$，②式より価格 $P=3.1$ が得られる。

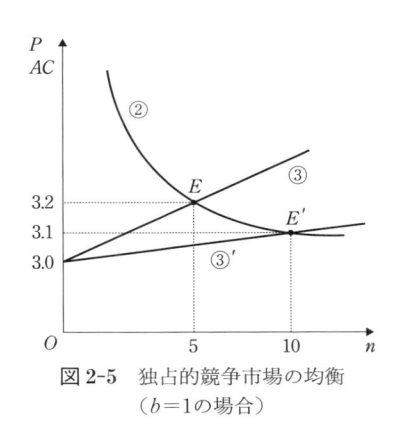

図 2-5 独占的競争市場の均衡
（$b=1$ の場合）

## Question 2.2 外部経済と空間経済学

図 2-4 の企業の立地選択モデルにおいて，新規企業の立地選択が以下のようになるための条件を導き，それぞれの条件について説明しなさい。

**問題(1)** 既存企業の立地選択に関わらず，新規企業はタイとベトナムの両国に立地する。

**問題(2)** 既存企業がタイかベトナムのいずれかに立地している場合には，新規企業は既存企業と同じ場所に立地するが，既存企業が両国に立地している場合には，新規企業も両国に立地する。

第Ⅰ部　国際貿易理論

**問題(3)** 既存企業がタイかベトナムのいずれかに立地している場合には，新規企業は既存企業と同じ場所に立地するが，既存企業が両国に立地している場合には，新規企業はタイとベトナムのどちらか一国にのみ立地する。

## Answer 2.2

新規企業の費用は以下の表2-4のようになる。新規企業は費用が最小になる場所に立地選択するので，立地選択に関する条件を以下のように求めることができる。

表2-4　新規企業の費用

| | | 新規企業の立地選択 | | |
|---|---|---|---|---|
| | | タイ | 両方 | ベトナム |
| 既存企業の立地選択 | タイ | $F+3t$ | $2F$ | $F+7t$ |
| | 両方 | $F+5t$ | $2F$ | $F+5t$ |
| | ベトナム | $F+7t$ | $2F$ | $F+3t$ |

**解答(1)**　既存企業の立地選択に関わらず，新規企業が両方に立地するためには，両国に立地したときの費用 $2F$ が，タイもしくはベトナムに立地したときの最小費用である $F+3t$ を下回っていなければならない。したがって，この場合の新規企業の立地選択の条件は，$F<3t$ であり，固定費用が輸送費用より十分に低いことである。

**解答(2)**　既存企業がタイかベトナムのいずれかに立地しているとき，新規企業が既存企業と同じ国に立地するためには，既存企業と同じ国に立地したときの費用 $F+3t$ が，両国に立地したときの費用 $2F$ を下回っていなければならない（$F+3t<2F$）。また，既存企業が両国に立地しているとき，新規企業も両国に立地するためには，両国に立地したときの費用 $2F$ が，タイかベトナムのいずれか一方にのみ立地したときの費用 $F+5t$ を下回っていなければならない（$2F<F+5t$）。したがって，この場合の新規企業の立地選択の条件は，$3t<F<5t$ であり，固定費用と輸送費用がある程度近いことである。

**解答(3)**　既存企業がタイかベトナムのいずれかに立地しているとき，新規企業

が既存企業と同じ国に立地するためには，既存企業と同じ国に立地したときの費用 $F+3t$ が，両国に立地したときの費用 $2F$ を下回っていなければならない（$F>3t$）。また，既存企業が両国に立地しているとき，新規企業がタイかベトナムの一国にのみ立地するためには，どちらかの国に立地したときの費用 $F+5t$ が，両国に立地したときの費用 $2F$ を下回っていなければならない（$F>5t$）。したがって，この場合に新規企業の立地選択の条件は $F>5t$ であり，固定費用が輸送費用より十分に大きいことである。

## 文献案内

Krugman, Paul and Maurice Obstfeld（2008）*International Economics: Theory and Policy* 8th ed., Upper Saddle River: Pearson Education（山本章子訳『クルーグマンの国際経済学——理論と政策 上下』ピアソン，2010/11年）.
　＊この章で取り上げた規模の経済と貿易に関するモデルが紹介されている。ただし，企業の立地選択は8版にはなく3版（1994年）による。

Krugman, Paul（1991）*Geography and Trade,* Cambridge: MIT Press（北村行伸ほか訳『脱「国境」の経済学——産業立地と貿易の理論』東洋経済新報社，1994年）.
　＊産業立地に関するクルーグマンの文献。

佐藤泰裕・田淵隆俊・山本和博（2011）『空間経済学』有斐閣。
　＊空間経済学の最近の研究成果がまとめられている。

# 第3章

# 資本と労働の国際移動

―― この章で学ぶこと ――

　この章では，国家間の資本移動や労働移動について学ぶ。資本の国際移動は直接投資と間接投資に分けられる。ここでの対象は直接投資である。直接投資の形態（①グリーンフィールド投資，②M&A投資），直接投資のタイプ（①市場志向型，②オフショア型，③資源志向型），直接投資の決定要因（①企業の優位性，②立地の優位性，③内部化の優位性），直接投資の貿易効果（①輸出代替効果，②輸出転換効果，③輸出誘発効果）について検討する。労働の国際移動はプッシュ・プル理論や資本移動誘因論によって説明される。資本や労働の国際移動の経済効果についてはマクドゥーガル・モデルを用いて検討する。

**キーワード**

　国際資本移動　直接投資　市場志向型　オフショア型　資源志向型　水平的直接投資　垂直的直接投資　企業の優位性　立地の優位性　内部化の優位性　輸出代替効果　輸出転換効果　輸出誘発効果　プロダクト・サイクル論　マクドゥーガル・モデル　国際労働移動　プッシュ・プル理論　資本移動誘因論　リスク回避論　移民の丘

## 3.1　国際資本移動と直接投資

　国際資本移動には直接投資と間接投資がある。**直接投資**は，外国で子会社を設立したり，外国企業の株式を取得したりすることによって，経営に直接参加するような投資である。直接投資では，生産技術や経営ノウハウが外国に移転され，経営権や所有権が重要になる。**間接投資**は，外国での経営に直接参加せず，外国の株式や債権を取得することによって利子や配当およびキャピタルゲインなどを得ることを目的にするものである。

海外投資が経営の支配を目的としているかどうかを判断することは実際には難しい。したがって，統計上は，外国企業の発行済み株式総数の10％以上の取得がある場合には直接投資として分類する。UNCTADの統計では，2007年，直接投資をしている企業は79,000社，その子会社や関連企業は79万社，投資残高15兆ドル，雇用者8,000万人である。

### 3.1.1 直接投資

**直接投資の形態**　　直接投資は，大きく分類するとグリーンフィールド投資とM&A投資に分けられる。

**グリーンフィールド投資**は100％の出資をして外国に法人を設立する投資である。このような投資では，現地法人は完全子会社であり，本国の親企業は現地企業の干渉を受けることなく経営の自由を確保することができる。しかし，このような投資は，現地の言語・文化・制度・慣習などに習熟していないと，投資リスクも大きくなる。

**M&A投資**は外国の既存企業を吸収・合併・買収するような投資である。このような投資の場合には，比較的少ない投資資金で海外進出することが可能になり，投資先企業の技術・経営ノウハウ・販売経路などの経営資源を利用することもできる。しかし，投資先企業の経営慣習に制約され，自由な企業戦略を展開できない場合もある。現在，対外直接投資の8割から9割がM&A投資によって行われている。

**直接投資のタイプ**　　企業が直接投資を行う目的には，貿易障壁の回避，販売拠点の設立，生産コストの削減，天然資源の確保などがある。直接投資はその目的に応じて，①市場指向型（摩擦回避・販売拠点設立），②オフショア型，③資源指向型の3つのタイプに分けられる。

**市場志向型直接投資**：このタイプの直接投資は，①貿易障壁回避型と②販売拠点設立型の2つに分けられる。第1のタイプは外国の貿易障壁の回避のために行われる直接投資である。輸出市場が高い関税や輸入規制によって保護されている場合に，そのような貿易障壁を回避するために，現地に生産拠点が設立

される。貿易障壁回避型の直接投資は，国内と同じ製品を生産するための投資であり，**水平的直接投資**と呼ばれる。水平的直接投資は，非効率的な生産拠点を現地に設けるものであり，比較優位の生産パターンを歪める可能性がある。

1980年代の日米自動車摩擦の際に，日本は輸出自主規制を実施した。このとき，日本の自動車企業は米国に現地生産拠点を設立し，輸出規制を回避しようとした。また発展途上国の場合には，自動車・電気・鉄鋼などの基幹産業を保護育成するために高い関税を設定している。このような場合に，関税障壁を回避する手段として直接投資が行われる。

市場志向型直接投資の第2のタイプは，製品開発・販売拠点設立のための直接投資である。外国市場において現地の貿易業者や販売業者を介して製品を販売する場合には，現地の需要動向や消費者のニーズを十分に把握できない可能性がある。そのような場合に，外国の消費者や企業のニーズに合った製品開発や，メンテナンスやアフターサービスなどの販売促進を行うために，企業は製品開発・販売拠点を外国に設立する。

**オフショア型直接投資**：これは生産コスト削減のための直接投資である。賃金の安い労働力を雇用したり，高品質で安い原材料・部品・中間財を現地で調達したりするために，企業は海外投資を行う。このような直接投資は，生産・加工・組立からなる一連の製造工程の中の労働集約的部門を分割（フラグメンテーション）し，そのような工程を海外に移転するオフショアリングであり，**垂直的直接投資**と呼ばれる。垂直的直接投資は，効率的な生産拠点を現地に設けるものであり，比較優位の生産パターンに沿ったものである。

発展途上国には，安い労働力が豊富に存在したり，産業政策によって特定の分野で裾野産業が発展していたりする場合がある。このような有利な生産条件を利用するために直接投資が行われる。オフショア型直接投資では，現地市場だけではなく本国や第三国への輸出向けの製品が生産される。日本企業のアジア諸国への直接投資には，このような垂直的直接投資が多い。

**資源志向型直接投資**：これは天然資源の確保のための直接投資である。鉄・銅・ボーキサイト・ウラン鉱・石油・石炭などの鉱物資源は市場取引では価格

変動が大きかったり、産出国が輸出規制をしたりするために、安定的に確保できない場合がある。このような場合に、価格変動リスクや輸出規制を回避し、天然資源を安定的に確保するために直接投資が行われる。

経済成長には多くの天然資源が必要とされる。しかし、日本は天然資源に恵まれていない。日本にとって資源志向型直接投資は経済成長のために重要になる。ただし、資源開発プロジェクトには大きな投資リスクが伴う。したがって、市場を介した天然資源の調達と平行してこの種の直接投資を行い、リスクを分散することが重要になる。

**直接投資の決定要因** 　直接投資はなぜ選択されるのであろうか。海外市場に財・サービスを供給する場合には、直接投資以外にも輸出や技術提携という選択肢がある。このような状況で、企業はなぜ直接投資を選択するのであろうか。企業の海外供給の選択に影響を及ぼす要因には、①企業の優位性、②立地の優位性、③内部化の優位性がある。

**企業の優位性**：企業の優位性は、企業が国際市場に参入する場合の必要条件である。企業は海外市場供給において、言語・文化・慣習・制度などの要因によって現地企業よりも不利な競争を強いられる。このような状況において現地企業や潜在的競争企業と十分に競争しうるためには、企業は何らかの優位性を持っていなければならない。このような優位性には、生産技術、経営管理技術、マーケティング技術、資金・資源調達力、流通ネットワーク、規模の経済性などがある。

企業の優位性には、海外移転や市場取引が可能なものと不可能なものがある。企業の生産技術のなかには、海外移転や市場取引が可能なものもあれば不可能なものもある。経営管理技術やマーケティング技術、資金・資源調達力の多くは、海外移転が可能であっても市場取引は難しい。規模の経済性や流通ネットワークは海外移転も市場取引も難しい。企業の優位性のこのような性質は、企業の直接投資・輸出・技術提携の選択に影響を及ぼす。

**立地の優位性**：立地の優位性をもたらす要因には、①生産コスト、②取引費用、③政府介入などがある。生産コストでは、特に賃金コストが重要な役割を

表 3-1　企業選択と優位性

|  | 企業の優位性 | 海外立地の優位性 | 内部化の優位性 |
|---|---|---|---|
| 直接投資 | ○ | ○ | ○ |
| 技術提携 | ○ | ○ | × |
| 輸　出 | ○ | × | × |

果たす。未熟練労働力は国家間の移動は自由ではなく，各国間で賃金格差がある。豊富な低賃金労働力の存在は立地の優位性をもたらす。取引費用は，関税や非関税障壁のような貿易障壁や輸送費の存在によって生じる。取引費用が大きいほど，企業の直接投資の誘因を高める。政府介入は，直接投資に対する政府の規制であり，政府介入が緩やかなほど，立地の優位性を高める。

立地の優位性は，時間と共に動態的に変化する。プロダクト・サイクル論は，製品のライフサイクル（新製品・成熟製品・標準製品）に焦点を当てながら，立地の優位性を動態的に検討したものである。また立地の優位性は，国内立地の優位性と海外立地の優位性に区別される。国内に立地の優位性があれば，輸出が選択され，海外に立地の優位性があれば，直接投資や技術提携が選択される。

**内部化の優位性**：企業の優位性のなかには，市場において取引相手を発見したり，契約条件を遵守させたりすることが困難なものがある。このように市場取引が困難であり，取引費用が高い企業の優位性は，企業内部での取引に優位性が生じる。これを内部化の優位性という。特殊な生産技術，経営管理技術，マーケティング技術，資金調達力などの企業の優位性は市場取引が難しく，内部化の優位性が高い。

表3-1は，直接投資・輸出・技術提携に関する企業の選択と，企業の優位性・海外立地の優位性・内部化の優位性との関係を表したものである。この表の中の○印は必要条件を表す。直接投資が行われるためには，企業の優位性・海外立地の優位性・内部化の優位性のすべてが必要になる。

直接投資・技術提携・輸出のどのような形態であっても国際市場に進出するためには，企業の優位性が必要になる。直接投資と技術提携が選択される場合には，さらに海外立地の優位性が必要になる。輸出の場合には，国内立地の優

第Ⅰ部　国際貿易理論

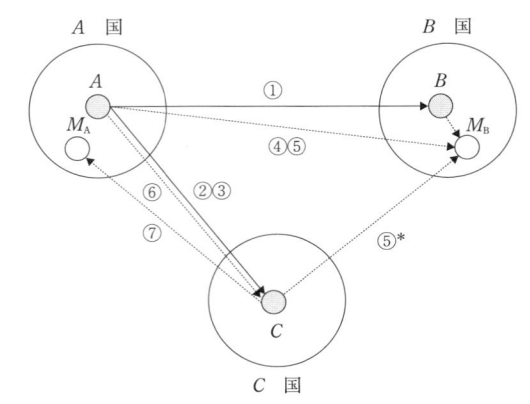

図 3-1　直接投資と国際貿易

位性が重要になる．直接投資と技術提携を分けるのは内部化の優位性である．内部化の優位性がある場合には，企業は技術提携ではなく直接投資を選択する．

## 3.1.2　直接投資と貿易効果

図 3-1 は直接投資と国際貿易の関係を表す．$A$ 国，$B$ 国，$C$ 国の 3 国からなる国際経済を想定する．$A$ 国の企業 $A$ には，$B$ 国市場 $M_B$ に供給する方法が 3 つある．1 つは企業 $A$ が輸出④によって供給する場合である．2 つめは，直接投資①によって $B$ 国に現地子会社 $B$ を設立し，$B$ 国市場に供給する場合である．このような直接投資は水平的直接投資であり，市場志向型の直接投資である．3 つめは，$C$ 国にオフショア子会社 $C$ を設立②し，そこから供給する場合である．このような直接投資は垂直的直接投資であり，オフショア型直接投資である．垂直的直接投資には，これ以外に資源志向型直接投資③がある．

表 3-3 は直接投資の貿易効果を要約したものである．市場志向型の直接投資①は，関税障壁や輸入規制などの回避のために，本国からの輸出供給に代わって現地での最終財の生産を行う（例：鉄鋼・輸送機器）．このような直接投資は，$A$ 国からの最終財の輸出④を減少させ，$B$ 国の最終財の輸入④を減少させる．これは直接投資の**輸出代替効果**と呼ばれる．

オフショア型直接投資②は，本国から直接輸出市場に最終財を供給する代わ

表3-2 直接投資の貿易効果

| | | 水平的直接投資 | | 垂直的直接投資 | | | |
|---|---|---|---|---|---|---|---|
| | | ①市場指向型 | | ②オフショア型 | | ③資源資指向型 | |
| | | 投資国 | 受入国 | 投資国 | 受入国 | 投資国 | 受入国 |
| 輸出効果 | 輸出増大 | — | — | ⑥中間財 | ⑤*最終財 | ⑥中間財 | ⑦資源 |
| | 輸出減少 | ④最終財 | — | ⑤最終財 | | | |
| 輸入効果 | 輸入増大 | — | — | | ⑥中間財 | ⑦資源 | ⑥中間財 |
| | 輸入減少 | — | ④最終財 | | | | |

(注) ①〜⑦の番号は図3-1の番号と対応している。

りに，低賃金労働力を利用するために第三国に子会社を設立する（例：電気機器）。そこに中間財や資本財を輸出し，生産された最終財を輸出市場に供給する。したがって，$A$国からの最終財の輸出⑤を減少させ，$C$国から$B$国への最終財の輸出⑤*を増大させる。これは直接投資の**輸出転換効果**と呼ばれる。$A$国から見ると，同時に，$A$国から$C$国への中間財・資本財の輸出⑥を増大させる。これは直接投資の**輸出誘発効果**である。

資源志向型直接投資③は，第三国に子会社を設立し，資源の開発輸入を行う投資である。したがって，$A$国から$C$国に中間財や資本財⑥が輸出され，資源⑦が$C$から$A$国に輸出される。

### 3.1.3 プロダクト・サイクル論

直接投資の立地の優位性は時間と共に動態的に変化する。ヴァーノン（Vernon, R.）のプロダクト・サイクル論は，製品のライフサイクルに焦点を当てながら直接投資の立地の優位性を動態的に検討した。製品は新製品・成熟製品・標準製品の3段階に分けられる。それぞれの段階の需要特性や供給特性に応じて先進国・中進国・発展途上国のどこで生産を行うのが最適かを検討する。

**新製品**：先進国の需要構造に応じた新製品の研究開発が行われ，先進国において新製品の生産が行われる。新製品は，非標準製品であり，需要の価格弾力性は低く，その生産は知識集約的な熟練労働に多く依存する。新製品の立地の優位性は，生産コストよりも市場との接近性や知識集約的な研究開発設備の存

在にある。

**成熟製品**：製品に対する需要が増大するにつれ，製品はしだいに標準化し，成熟製品となる。成熟製品は，大量生産による規模の経済性が得られ，製品に対する関心は品質から価格に移る。需要も先進国から中進国に拡大する。成熟製品の立地の優位性は，生産コストや規模の経済性のようなコスト要因にあり，先進国から相対的に賃金が安い中進国に移る。成熟製品の生産のために中進国に直接投資が行われる。

**標準製品**：製品の標準化がさらに進み，標準製品になると，未熟練労働集約的な技術によって生産される。未熟練労働は発展途上国により豊富に存在する。したがって，標準製品の立地の優位性は，低賃金の未熟練労働が豊富に存在する発展途上国に移る。標準製品の生産のために，発展途上国に直接投資が行われる。

### 3.1.4 国際資本移動の所得効果

マクドゥーガル・モデルを用いて，国際資本移動の所得効果について検討しよう。自国と外国が資本と労働力を用いて同じ財を生産しているとする。両国の資本と労働力の賦存量は一定である。資本は国際移動できるが，労働力は国際移動できないとする。

図3-2は，横軸に資本量をとり，縦軸に資本の限界生産力と資本レンタルをとる。点 $O$ から右に自国の資本量，点 $O^*$ から左に外国の資本量を測る。世界全体の資本量は $OO^*$ で表され，初期に自国の資本量は $ON$，外国の資本量は $O^*N$ である。曲線 $AB$ は自国の資本の限界生産力曲線，曲線 $CD$ は外国の資本の限界生産力曲線である。

資本移動前の経済状態は以下のようになる。自国の資本レンタルは限界生産力曲線 $AB$ と点 $N$ からの垂線との交点 $J$ で決定される。その水準は $R_0$ である。外国の資本レンタルは限界生産力曲線 $CD$ と垂線との交点 $K$ で決定され，その水準は $R_0^*$ である。資本移動が自由化される前は，自国の資本レンタルよりも外国の資本レンタルの方が高い。資本移動前の自国の総所得は□$AONJ$

第3章 資本と労働の国際移動

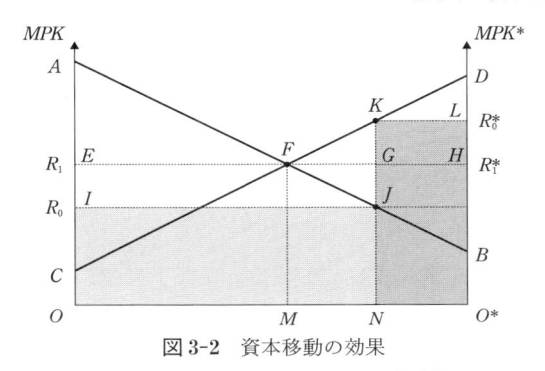

図3-2 資本移動の効果

であり，このうち資本所得は□IONJ であり，労働所得は△AIJ である。外国の総所得は□DO*NK であり，このうち資本所得は□LO*NK であり，労働所得は△DLK である。表3-3は以上を要約したものである。

両国の資本移動が自由化されるとしよう。資本レンタルが低い自国の資本は，高い資本レンタルを求めて外国に移動する。この資本移動は，両国の資本レンタルが等しくなるまで続く。両国の資本レンタルは，両国の限界生産力曲線が交わる点 F で等しくなる。資本は自国から外国へ MN だけ移動し，点 F で両国の資本レンタルは $R_1 = R_1^*$ となる。

資本移動後の自国の所得は□AOMF であり，このうち資本所得は□EOMF であり，労働所得は△AEF である。外国に投資された資本 MN の所得は□FMNG である。これが自国に送金されるとすれば，自国の総所得は□AOMF+□FMNG となる。資本移動前と比較すると，自国の総所得は△FJG だけ増大する。

資本移動が所得分配に及ぼす効果を検討しよう。資本移動前の自国の資本所得は□IONJ であり，資本移動後は□EONG である。資本移動によって資本所得は□EIJG だけ増加する。自国の労働所得は，資本移動前は△AIJ であり，資本移動後は△AEF である。資本移動によって労働所得は□EIJF だけ減少する。資本移動によって自国の資本の限界生産力は上昇するが，自国の労働需要が減少し，労働所得は減少する。

国際資本移動によって外国では□DO*MF の所得が得られる。このうち資

61

表3-3 国際資本移動と所得分配

|  |  | 資本移動前 | 資本移動後 | 変化 |
|---|---|---|---|---|
| 自国 | 資本所得 | □$IONJ$ | □$EONG$ | □$EIJG$ |
|  | 労働所得 | △$AIJ$ | △$AEF$ | −□$EIJF$ |
|  | 国民所得 | □$AONJ$ | □$EONG$+△$AEF$ | △$FJG$ |
| 外国 | 資本所得 | □$LO^*NK$ | □$HO^*NG$ | −□$LHGK$ |
|  | 労働所得 | △$DLK$ | △$DHF$ | □$LHFK$ |
|  | 国民所得 | □$DO^*NK$ | □$HO^*NG$+△$DHF$ | △$KGF$ |

本所得は□$HO^*MF$ であり，労働所得は△$DHF$ である．ただし，□$FMNG$ は自国の資本所得として送金される．したがって，資本移動によって外国の総所得は□$HO^*NG$+△$DHF$ となり，△$KGF$ だけ増加する．資本所得は□$LHGK$ だけ減少し，労働所得は□$LHFK$ だけ増加する．資本移動によって外国の労働需要が増大し，労働所得も増大する．

資本移動の自由化によって，資本は限界生産力の低い国から高い国に移動し，資源配分は効率化する．その結果，世界全体としては生産が増大し，所得が△$KJF$ だけ増大し，各国の所得も増大する．ただし，所得分配は，資本輸出国では資本分配は改善するが，労働分配は悪化する．資本受け入れ国では，資本分配は悪化するが，労働分配は改善する．

## 3.2 国際労働移動

資本の国際移動と共に，近年，労働の国際移動も注目されている．各国の就業者に占める外国人労働者の比率は，欧米先進諸国では高く，OECDのデータ（2001年）によるとオーストラリアで25％，スイスで20％，米国で15％を占めている．日本ではまだ低く，0.25％にすぎないが，今後少子高齢化が進み，労働力不足になると，外国人労働者の比率が上昇する可能性がある．

### 3.2.1 国際労働移動の要因

国際労働移動はなぜ起きるのであろうか．労働の国際移動を説明する理論に

は，プッシュ・プル理論や資本移動誘因論などがある。

**プッシュ・プル理論**　プッシュ・プル理論は労働移動の移出国側の要因と移入国側の要因を分析する。プッシュ要因（移出国側）には，移出国の人口過剰・貧困・低所得（低賃金）などがある。プル要因（移入国側）には，労働力不足・高所得（高賃金）・豊富な雇用機会などがある。この理論によれば，両国間の賃金格差（所得格差）が大きくなれば，低賃金国から高賃金国への労働移動は多く，この格差が小さくなれば，労働移動も少なくなる。このプッシュ・プル理論は，リスク回避論や移民の丘論によって修正される場合がある。

**リスク回避論**によれば，労働の国際移動は世帯所得へのリスクを最小化するための選択である。リスク回避論が注目するのは，最貧困層の移動が最も少なく，相対的に所得機会が多い階層がなぜ国際的な労働移動を選択するのかという点である。このような中所得階層は，最貧困層よりも移動のコスト（交通費や情報探索費）を負担する能力があり，母国での所得喪失のリスクを最小限にしようとして，家族の一部が国際移動を選択する。

**移民の丘**（Immigration Hump）論は，移出国の所得水準と労働の国際移動との間に逆U字形の関係があることを示す。この理論によれば，労働移出国の所得水準が上昇するにつれて，労働の国際移動はしだいに増加する。所得水準がある水準に達すると，労働移動はピークに到達し，その後，労働移動は減少する。この理論も，労働移動のコストを考慮し，最貧困層よりも所得がある程度高い層において移動が活発になるとしている。

プッシュ・プル理論には，以下のような未解決の問題が残されている。第1に，発展途上国から先進諸国への労働移動は，最貧国よりも中所得国からの移動の方が多いのはなぜか。第2に，特定国間の労働移動が顕著に見られるのはなぜか。第3に，発展途上国と先進諸国の賃金格差は従来から存在していたが，なぜ近年において両国間の労働移動が急増したのか。

**資本移動誘因論**　資本移動誘因論は国際労働移動と国際資本移動の関係に注目し，プッシュ・プル論の未解決問題を検討する。労働の

国際移動は，資本の国際移動，特に外国直接投資による経済活動のグローバル化や労働市場の国際化と関係している。外国直接投資は，発展途上国に子会社や工場を設立し，現地の労働者を雇用する。これらの労働者は，まず農村から自国の大都市に移動し，その後より高い所得機会のある先進国へ移動する。

資本の国際移動が，発展途上国に国際的に移動可能な労働力を生み出す。発展途上国と先進諸国との間の貿易や投資が国際的な労働移動の回廊を作り出し，労働者の国際移動を容易にしている。特に，低所得国よりも中所得国の方が先進国との経済的連携が相対的に強い。したがって，労働の国際移動は，最貧国よりもむしろ中所得国からの移動の方が多くなる。また，労働移動は，貿易や投資による経済連携が深い発展途上国から先進諸国，例えばメキシコから米国に向かって起きる。さらに，労働の国際移動が比較的最近の傾向なのは，直接投資の動向と関係がある。直接投資の興隆が労働の国際移動を誘発している。

### 3.2.2 国際労働移動の経済効果

マクドゥーガル・モデルを少し変形し，国際労働移動の経済効果について検討しよう。ここでは，日本とベトナムとの労働移動を想定しよう。日越EPA（2009年10月発効）を利用した看護師・介護士の受け入れが2011年に政府間で合意された。両国で資本と労働力を用いて看護サービスを生産しているとする。

図3-3は，横軸に労働量，縦軸に賃金率をとり，日本とベトナムの労働市場を表す。曲線 $AD$ は日本の労働需要曲線，曲線 $A^*D^*$ はベトナムの労働需要曲線を表す。日本の看護サービスに対する需要はベトナムより大きく，日本の労働需要曲線 $AD$ はベトナムの労働需要曲線 $A^*D^*$ よりも外側に位置している。曲線 $S$ は日本の労働供給曲線，曲線 $S^*$ はベトナムの労働供給曲線を表す。

日本とベトナムとの間で労働移動がない場合について検討しよう。日本の労働市場において，賃金と雇用量は労働需要と労働供給によって決定される。日本では，200人の労働者が1人当たり8,000円の賃金を受け取る。200人の労働者によって生産される看護サービスの価値は□$AOHC$ で表される。このうち，

第3章　資本と労働の国際移動

**図3-3** 国際労働移動の経済効果

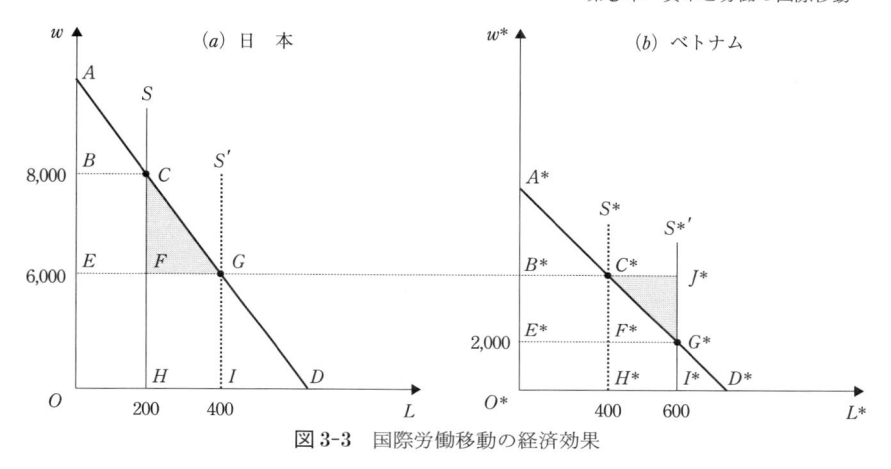

**表3-4** 国際労働移動と所得分配

| | | 労働移動前 | 労働移動後 | 変　化 |
|---|---|---|---|---|
| 日本 | 労働所得 | □BOHC | □EOHF | −□BEFC |
| | 資本所得 | △ABC | △AEG | □BEGC |
| | 国民所得 | □AOHC | □EOHF+△AEG | △CFG |
| ベトナム | 労働所得 | □E*O*I*G* | □B*O*H*C*+□FHIG | □B*E*F*C*<br>+□C*F*G*J* |
| | 資本所得 | △A*E*G* | △A*B*C* | −□B*E*G*C* |
| | 国民所得 | □A*O*I*G* | □B*O*H*C*+□FHIG<br>+△A*B*C* | △C*G*J* |

200人の労働者の賃金は□BOHCであり，残りの△ABCは資本所得である。

ベトナムの労働市場では，600人の労働者が1人当たり2,000円の賃金を受け取る。600人の労働者によって生産される看護サービスの価値は□A*O*I*G*で表される。このうち，600人の労働者の賃金は□E*O*I*G*であり，残りの△A*E*G*はベトナムの資本所得である。労働移動がない場合には，日本では労働需要に比べ労働供給が少ないので，賃金率は高い。これに対して，ベトナムでは労働需要に比べ労働供給が多いので，賃金率は低くなる。

労働移動後の経済効果について検討しよう（表3-4参照）。日本とベトナムとの間には賃金格差がある。両国間の労働移動が自由化されると，ベトナムの労

65

働者は高い賃金を求めて日本に移動する。日本の労働供給曲線 $S$ は，労働流入の結果，右側にシフトする。労働需要曲線 $AD$ は変化しないので，日本の賃金率は低下する。他方，ベトナムでは労働供給曲線 $S^*$ は労働流出の結果，左側にシフトし，賃金率が上昇する。200人の労働者がベトナムから日本に移動した点で，両国の賃金率が1人当たり6,000円で等しくなり，労働移動も止まる。

　国際労働移動が所得分配に及ぼす効果について検討しよう。日本では，400人の労働者が1人当たり6,000円の賃金を受け取る。400人の労働者によって生産される看護サービスの価値は□$AOIG$ で表される。このうち，200人の日本人労働者の賃金は□$EOHF$，200人のベトナム人出稼ぎ労働者の賃金は□$FHIG$，残りの△$AEG$ は資本所得である。日本人労働者の賃金所得は□$BEFC$ だけ減少し，資本所得は□$BEGC$ だけ増大する。全体として国民所得は△$CFG$ だけ増大する。

　ベトナムでは，400人の労働者が受け取る1人当たり賃金は6,000円に上昇する。400人の労働者によって生産される看護サービスの価値は□$A^*O^*H^*C^*$ で表される。このうち，労働者の賃金は□$B^*O^*H^*C^*$，資本所得は△$A^*B^*C^*$ である。労働所得については，日本への200人の出稼ぎ労働者の所得□$FHIG$ が加わる。ベトナム人労働者の賃金所得は□$B^*E^*F^*C^*$＋□$C^*F^*G^*J^*$ だけ増加し，資本所得は□$B^*E^*G^*C^*$ だけ減少する。全体として国民所得は△$C^*G^*J^*$ だけ増大する。

　労働移動によって国民所得は，日本（△$CFG$）もベトナム（△$C^*G^*J^*$）も増加する。しかし，各国の所得分配への影響は異なる。労働者を受け入れる日本では，労働所得は減少するが，資本所得は増大する。労働者を送り出すベトナムでは，労働所得は増大するが，資本所得は減少する。このような所得分配の結果，日本では，国内労働者（日本看護協会・医療労働組合）は外国人労働者の受入に反対し，資本所有者はその受入に賛成する。

第3章　資本と労働の国際移動

## Question 3.1　国際資本移動

日本と米国の 2 国経済を想定しよう。両国における資本の限界生産力と資本投入量の関係は以下の式で与えられるとする。ただし，$MPK_i$ は $i$ 国の資本の限界生産力，$K_i$ は $i$ 国の資本投入量を表す。日本の資本賦存量を80，米国の資本賦存量を20として，以下の問いに答えなさい。

$$日本：\quad MPK_J = -K_J + 100 \qquad ①$$
$$米国：\quad MPK_A = -2K_A + 90 \qquad ②$$

**問題(1)**　資本移動がない場合に，日米両国の国民所得を求めなさい。

**問題(2)**　資本移動がある場合に，日米両国の国内生産および国民所得を求めなさい。

## Answer 3.1

**解答(1)**　資本移動がない場合，日米両国の国民所得は以下の図3-4のように表される。

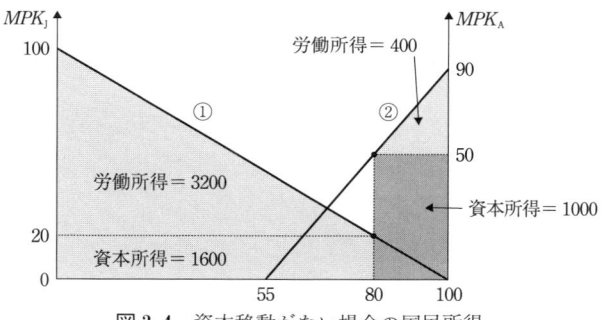

図3-4　資本移動がない場合の国民所得

日本の国民所得＝3,200＋1,600＝4,800　　米国の国民所得＝400＋1,000＝1,400

**解答(2)**　資本移動後の日米双方の資本投入量を求めよう。資本移動後，両国の資本の限界生産力は等しくなるので，①式と②式の右辺が等しくなる。

$$-K_\mathrm{J}+100=-2K_\mathrm{A}+90 \qquad ③$$

また，両国の資本賦存量の合計は100であるので，次式が成立する。

$$K_\mathrm{J}+K_\mathrm{A}=100 \qquad ④$$

③④式より，$K_\mathrm{J}=70$，$K_\mathrm{A}=30$が求まる。すなわち，日本企業は米国へ10単位だけ資本を移動させる。

資本移動後の日米両国の国内生産および国民所得は，以下の図3-5のように表わされる。

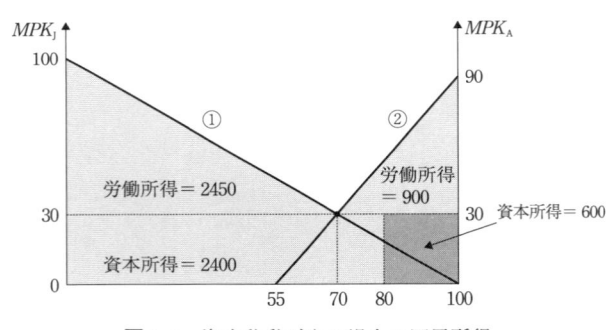

図3-5 資本移動がある場合の国民所得

日本の国内生産＝2,450＋2,100＝4,550　　米国の国内生産＝900＋900＝1,800
日本の国民所得＝2,450＋2,400＝4,850　　米国の国民所得＝900＋600＝1,500


## Question 3.2　国際労働移動

日本と中国の2国経済を考えよう。両国における労働の限界生産力と労働投入量の関係は，以下の式で与えられるとする。ただし，$MPL_i$は$i$国の労働の限界生産力，$L_i$は$i$国の労働投入量を表す。日本の労働賦存量を20，中国の労働賦存量を100として，以下の問いに答えなさい。

$$\text{日本：} \quad MPL_\mathrm{J}=-3L_\mathrm{J}+160 \qquad ①$$
$$\text{中国：} \quad MPL_\mathrm{C}=-L_\mathrm{C}+120 \qquad ②$$

**問題(1)** 労働移動がない場合に，日中両国の国民所得を求めなさい。

**問題(2)** 労働移動がある場合に，日中両国の国内生産および国民所得を求めなさい。

## Answer 3.2

**解答(1)** 労働移動がない場合の日中両国の国民所得は，以下の図 3-6 で表される。

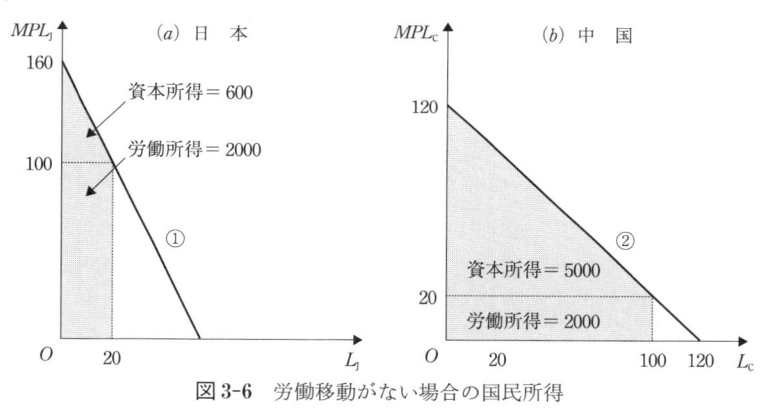

図 3-6 労働移動がない場合の国民所得

日本の国民所得＝600＋2,000＝2,600　　中国の国民所得＝5,000＋2,000＝7,000

**解答(2)** 労働移動がある場合の日中双方の労働投入量を求めよう。労働移動後の両国の労働賃金率は等しくなるので，①式と②式の右辺が等しくなる。また，両国の労働賦存量の合計は120である。よって，以下の式が成立する。

$$-3L_J + 160 = -L_C + 120 \qquad ③$$
$$L_J + L_C = 120 \qquad ④$$

③④式より $L_J = 40$，$L_C = 80$ となる。よって，中国の労働力が日本へ20単位だけ移動する。

労働移動後の日中両国の国内生産および国民所得は，以下の図 3-7 で表される。

第 I 部　国際貿易理論

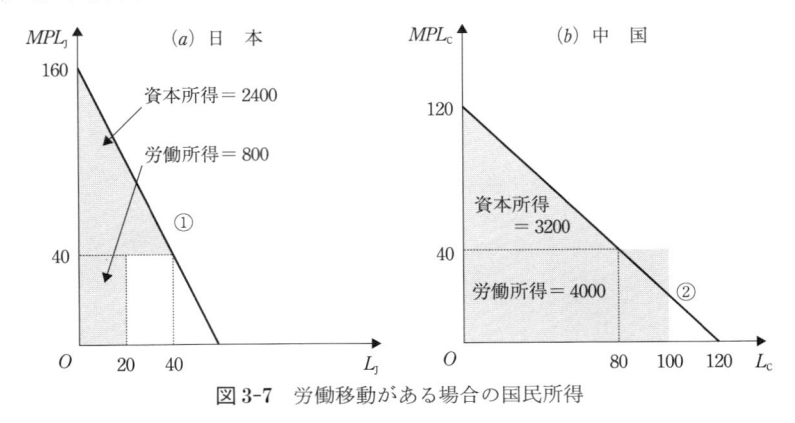

図 3-7　労働移動がある場合の国民所得

日本の国内生産 = 2,400 + 1,600 = 4,000　　中国の国内生産 = 3,200 + 3,200 = 6,400
日本の国民所得 = 2,400 +    800 = 3,200　　中国の国民所得 = 3,200 + 4,000 = 7,200

## 文献案内

Caves, Richard（1982）*Multinational Enterprise and Economic Analysis*, Cambridge: Cambridge University Press（岡本康雄ほか訳『多国籍企業と経済分析』千倉書房，1992年）．

＊多国籍企業の行動や経済効果について経済学的な視点から分析している。

若杉隆平（2007）『現代の国際貿易——ミクロデータ分析』岩波書店。

＊企業の貿易と直接投資に関するミクロデータを用いた実証分析。

後藤純一（1990）『外国人労働の経済学——国際貿易論からのアプローチ』東洋経済新報社。

＊外国人労働者受け入れの経済効果を一般均衡論によって分析している。

# 第Ⅱ部　国際貿易政策

# 第4章

## 関税政策と非関税障壁

─ この章で学ぶこと ─

　この章では，貿易政策の経済効果について学ぶ。各国は自由貿易を行うべきか，あるいは保護貿易を行うべきか。これは貿易政策のもっとも重要な問題のひとつである。この問題の解答は，自由貿易の場合と保護貿易の場合の経済厚生を比較することによって得ることができる。この章では，保護貿易を行う際の政策手段である貿易政策について検討する。

　貿易政策は関税政策と非関税障壁に分けられる。関税政策はもっとも一般的な貿易政策である。関税政策の効果は小国と大国では異なる。非関税障壁には，輸入割当，生産補助金，消費税，輸出補助金などがある。この章では，完全競争下の貿易政策について検討する。不完全競争下の貿易政策については第5章と第6章で検討する。

キーワード

　関税政策　死荷重　最適関税率　近隣窮乏化政策　非関税障壁　輸出税　輸入割当　関税と輸入割当との同等性　生産補助金　消費税　輸出補助金

## 4.1　関税政策

　輸入関税は，外国からの輸入財に課する税である。輸入関税には，従価税と従量税がある。従価税は，輸入財の価格を基準に課す税である。例えば，輸入価格100円当たり10円というように課税する。従量税は輸入財の重量を基準に課す税である。例えば，輸入量10kg当たり10円というように課税する。

　関税政策は小国と大国では効果が異なる。小国は財の国際価格に影響を及ぼすことができないが，大国は財の国際価格に影響を及ぼすことができる。小国の場合には，どれだけ輸入してもその財の国際価格は変化しない。大国の場合

図 4-1 小国の輸入関税

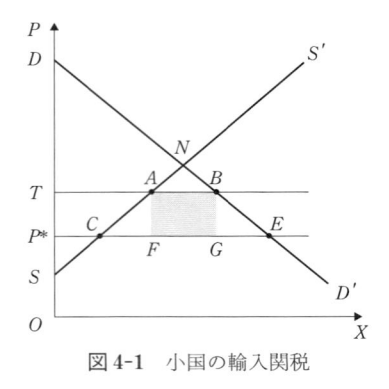

には，輸入需要が減少すると，財の国際価格が低下する。小国と大国に分けて関税の経済効果を検討しよう。

### 4.1.1 小国の関税政策

小国の関税政策について検討しよう。図 4-1 は，ある小国の輸入財（半導体）市場を表し，縦軸に価格 $P$，横軸に数量 $X$ をとる。曲線 $DD'$ は需要曲線，曲線 $SS'$ は国内生産者の供給曲線を表す。貿易が行われなければ，市場均衡は点 $N$ になる。

自由貿易下の均衡について検討しよう。関税がない場合には，世界市場から $P^*$ の価格で半導体が輸入される。小国の仮定によって，世界市場から輸入量が増大しても価格には影響しない。国際価格 $P^*$ の下で，国内需要は点 $E$ で決定され，需要量は $P^*E$ である。国内供給は点 $C$ で決定され，国内供給量は $P^*C$ である。半導体の輸入量は $CE$ である。

自由貿易下の経済厚生を検討しよう。経済厚生は消費者余剰と生産者余剰によって表される。消費者余剰は $\triangle DP^*E$ で表され，生産者余剰は $\triangle P^*SC$ で表される。したがって，自由貿易下の社会的余剰は，$\triangle DP^*E + \triangle P^*SC$ となる。

つぎに，政府が国内の半導体産業を保護するために $t\%$ の輸入関税（従量関税）を課すとしよう。関税によって国内価格 $P^*$ は $T=(1+t)P^*$ に上昇する。

表 4-1 小国の輸入関税の効果

|  | 自由貿易 | 関税賦課後 | 変化 |
|---|---|---|---|
| 消費者余剰 | $\triangle DP^*E$ | $\triangle DTB$ | $-\square TP^*EB$ |
| 生産者余剰 | $\triangle P^*SC$ | $\triangle TSA$ | $\square TP^*CA$ |
| 関税収入 | 0 | $\square AFGB$ | $\square AFGB$ |
| 総余剰 | $\triangle DP^*E + \triangle P^*SC$ | $\triangle DTB + \triangle TSA + \square AFGB$ | $-(\triangle ACF + \triangle BGE)$ |

半導体1単位当たり，$tP^*$ の関税がかけられる。関税賦課後の国内需要量は $TB$ であり，国内供給量は $TA$ である。自由貿易の場合と比較し，国内需要量は減少し，国内供給量は増大する。この結果，半導体の輸入量 $AB$ は，自由貿易の場合に比べ，$CF+GE$ だけ減少する。

関税賦課は経済厚生にどのような影響を及ぼすだろうか（表4-1参照）。関税賦課後の消費者余剰は $\triangle DTB$ であり，自由貿易と比べると，$\square TP^*EB$ だけ減少する。関税賦課によって消費者は損失を被る。生産者余剰は $\triangle TSA$ であり，自由貿易と比べると，$\square TP^*CA$ だけ増加する。関税賦課によって生産者は利益を得る。政府の関税収入は $\square AFGB$ で表される。関税収入は消費者や生産者に還元されるので，社会的余剰の一部を構成する。関税賦課後の社会的余剰は，$\triangle DTB + \triangle TSA + \square AFGB$ である。

関税の賦課によって，社会的余剰は $\triangle ACF + \triangle BGE$ だけ減少する。これらの余剰の損失を**死荷重**と呼ぶ。関税によって国内価格が上昇する。$\triangle BGE$ は，この国内価格の上昇による消費者余剰の損失を表す。$\triangle ACF$ は，国内価格の上昇によって非効率な生産が増大し，その結果生じる損失を表す。

小国の関税政策は生産者と消費者に異なる経済効果を及ぼす。関税政策は，国内生産者の生産量と生産者余剰を増大し，輸入競合産業を保護する。しかし，生産と消費の歪みを引き起こし，消費者余剰を減少させ，経済厚生を低下させる。

### 4.1.2 大国の関税政策

大国の関税政策について検討しよう。大国は，小国とは異なり，国際市場の

第II部　国際貿易政策

図4-2　大国の輸入関税

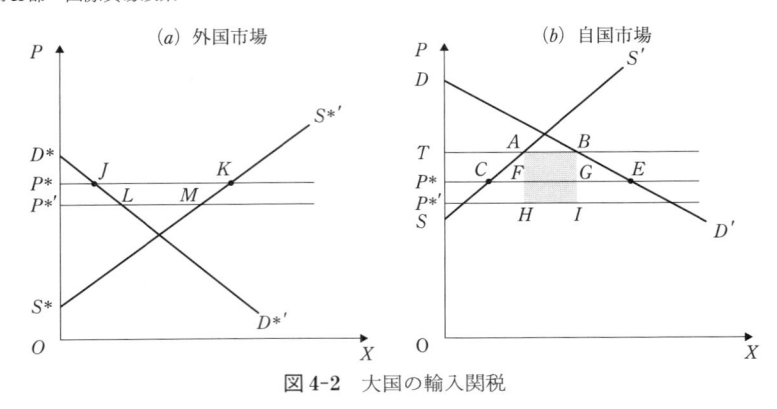

価格に影響を及ぼすことができる。図4-2は，半導体の2国市場モデルによって自国の輸入関税の効果を表す。図の左（$a$）が外国市場，右（$b$）が自国市場を表す。この図では，自国が半導体の輸入国であり，外国がその輸出国である。自由貿易下の国際価格は $P^*$ であり，外国が半導体を $JK$ だけ輸出し，自国が $CE$ だけ輸入する。両国の貿易量は等しく，$JK = CE$ である。

自由貿易下の両国の経済厚生を検討しよう。自国の生産者余剰は $\triangle P^*SC$ であり，消費者余剰は $\triangle DP^*E$ である。したがって，自国の社会的余剰は $\triangle P^*SC + \triangle DP^*E$ となる。外国の生産者余剰は $\triangle P^*S^*K$ であり，消費者余剰は $\triangle D^*P^*J$ である。外国の社会的余剰は $\triangle P^*S^*K + \triangle D^*P^*J$ となる。

自国政府が半導体に輸入関税を課した場合の効果について検討しよう。関税によって国内価格が上昇するので，国内生産は増大し，国内消費は減少する。その結果，自国の輸入量が減少し，国際市場では半導体の需要の減少によって国際価格が低下する。外国では国際価格の低下によって，国内需要が増大し，国内供給が減少し，輸出も減少する。均衡では，自国の輸入量と外国の輸出量が等しくなる。

図4-2では，関税賦課後の国内価格は $T$ に上昇し，国際価格は $P^{*\prime}$ に低下する。国際価格が $P^*$ から $P^{*\prime}$ に低下しているので，自国の交易条件（＝輸出価格/輸入価格）は改善するが，外国の交易条件は悪化する。関税賦課後の自国の輸入量 $AB$ は外国の輸出量 $LM$ に等しい。

表 4-2　大国の輸入関税の効果

|  | 自由貿易 | 関税賦課後 | 変化 |
|---|---|---|---|
| 消費者余剰 | $\triangle DP^*E$ | $\triangle DTB$ | $-\square TP^*EB$ |
| 生産者余剰 | $\triangle P^*SC$ | $\triangle TSA$ | $\square TP^*CA$ |
| 関税収入 | 0 | $\square AHIB$ | $\square AHIB$ |
| 総余剰 | $\triangle P^*SC+\triangle DP^*E$ | $\triangle TSA+\triangle DTB+\square AHIB$ | $-\triangle ACF-\triangle BGE+\square FHIG$ |

　関税賦課後の経済厚生は以下のようになる。自国の生産者余剰は $\triangle TSA$ であり，消費者余剰は $\triangle DTB$ である。関税賦課によって，自国の生産者余剰は $\square TP^*CA$ だけ増加し，消費者余剰は $\square TP^*EB$ だけ減少する。さらに関税収入が $\square AHIB$ だけある。関税収入は小国の場合と比べ増大する。したがって，自国の社会的余剰は，$\triangle TSA+\triangle DTB+\square AHIB$ であり，関税賦課によって $-\triangle ACF-\triangle BGE+\square FHIG$ だけ変化する。

　関税賦課後の外国の生産者余剰は $\triangle P^{*\prime}S^*M$ であり，消費者余剰は $\triangle D^*P^{*\prime}L$ である。関税賦課によって，外国の生産者余剰は $\square P^*P^{*\prime}MK$ だけ減少し，消費者余剰は $\square P^*P^{*\prime}LJ$ だけ増加する。したがって，外国の社会的余剰は $\triangle D^*P^{*\prime}L+\square P^{*\prime}S^*M$ であり，関税賦課によって社会的余剰は $-\square JLMK$ だけ減少する。

　関税賦課後の自国の社会的余剰は，死荷重の大きさ（$\triangle ACF+\triangle BGE$）と関税収入の一部 $\square FHIG$ の相対的大きさによって，増加する場合も減少する場合もある。国際価格 $P^{*\prime}$ が十分に低下すれば，社会的余剰は増加する。政府は十分に正確な情報を得ていれば，社会的厚生を最大にするような**最適関税率**を設定することができる。

　関税賦課後の外国の経済厚生は，あきらかに自由貿易と比べ低下する。自国は関税賦課によって外国を犠牲にして経済厚生を高めたことになる。このような，外国の犠牲によって経済厚生を高める政策を**近隣窮乏化政策**と呼ぶ。自国政府が最適関税を課す場合には，外国政府も報復関税をかける可能性がある。

### 4.1.3　輸出税

　各国は，天然資源のような希少な財の輸出を抑制したり，貿易収支の黒字を

第Ⅱ部　国際貿易政策

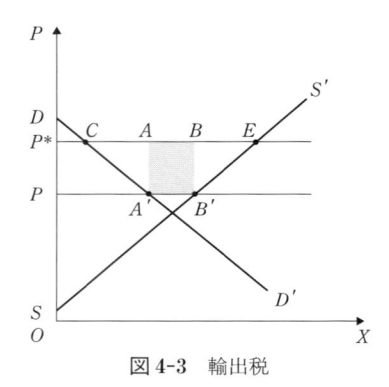

図 4-3　輸出税

表 4-3　輸出税の効果

|  | 自由貿易 | 輸出税賦課後 | 変化 |
|---|---|---|---|
| 消費者余剰 | $\triangle DP^*C$ | $\triangle DPA'$ | $\square P^*PA'C$ |
| 生産者余剰 | $\triangle P^*SE$ | $\triangle PSB'$ | $-\square P^*PB'E$ |
| 輸出税 | 0 | $\square AA'B'B$ | $\square AA'B'B$ |
| 総余剰 | $\triangle DP^*C+\triangle P^*SE$ | $\triangle DPA'+\triangle PSB'+\square AA'B'B$ | $-\triangle CA'A-\triangle BB'E$ |

抑制したりするために，輸出税を課す場合がある。ロシアは近年，原木に輸出税を課し，原木輸出を抑制しようとしている。図 4-3 は，小国が天然資源の輸出に課税する場合について表す。$P^*$ は国際価格，$P$ は輸出税を課した後の国内価格を表す。輸出税を課す前の自由貿易下では，国際価格 $P^*$ のもとで $P^*E$ だけ生産し，このうち $P^*C$ が国内需要で，$CE$ が輸出される。

単位当たり輸出税 $t$ が課せられると，国内価格は $P=(1-t)P^*$ に低下する。ここでは，小国の仮定によって国際価格 $P^*$ は変わらないとする。国内生産量は $PB'$ に減少し，このうち $PA'$ が国内で消費され，$A'B'$ が輸出される。国内消費は増加し，輸出は減少する。

輸出税によって，消費者余剰は $\triangle DP^*C$ から $\triangle DPA'$ に増加する。生産者余剰は $\triangle P^*SE$ から $\triangle PSB'$ に減少する。輸出税収は $\square AA'B'B$ である。したがって，社会的余剰は自由貿易と比べ $-(\triangle CA'A+\triangle BB'E)$ だけ減少する。

## 4.2 非関税障壁

非関税障壁の経済効果について検討しよう。非関税障壁とは関税以外の貿易障壁である。非関税障壁には多様な形態があるが，ここでは①輸入割当，②生産補助金，③消費税，④輸出補助金について検討する。

### 4.2.1 輸入割当

外国の国際競争力の上昇や外国政府の輸出促進政策などによって輸入量が急激に増大する場合，政府は輸入割当によって輸入量を規制する場合がある。輸入割当とは，政府が一定の輸入枠に関する輸入許可証を配布し，それ以上の輸入量を規制するものである。日本は水産物やオゾン層破壊物質などの輸入割当を行っている。図 4-4は，自国の水産物市場を表すとしよう。曲線 $DD'$ は国内需要曲線，曲線 $SS'$ は国内生産者の供給曲線を表す。

輸入割当下の国内供給について検討しよう。国内価格 $P$ が国際価格 $P^*$ より低い場合には，国内供給量は国内生産者の供給曲線 $OSC$ によって決定される。国内価格 $P$ が国際価格 $P^*$ と等しい場合には，国際価格 $P^*$ のもとでいくらでも輸入できる。しかし輸入割当によって，輸入業者は国際価格 $P^*$ のもとで許可を受けた輸入量 $CQ$ しか輸入できないとする。このとき，国内供給量は国内生産量 $P^*C$ と輸入量 $CQ$ の合計である。

国内価格 $P$ が国際価格 $P^*$ より上昇する場合には，国内供給は国内生産者によってしか行われない。したがって，国内供給曲線は曲線 $SS'$ を輸入数量 $CQ$ だけ右に平行移動させた曲線 $QQ'$ になる。以上の結果，輸入割当がある場合，国内供給曲線は曲線 $OSCQQ'$ で表される。この国内供給曲線と需要曲線 $DD'$ との交点 $B$ において，国内供給量 $TB$（国内生産 $TA$＋輸入 $AB$）と国内価格 $T$ が決定される。

輸入割当下の経済効果は，適切に課税される場合の関税賦課の経済効果と同じになる。図 4-4では，輸入数量を $CQ$ に規制した場合の国内価格と国内需要

第II部　国際貿易政策

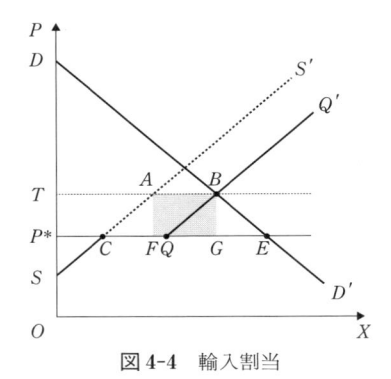

図4-4　輸入割当

表4-4　輸入割当の効果

|  | 自由貿易 | 輸入割当後 | 変　化 |
|---|---|---|---|
| 消費者余剰 | $\triangle DP^*E$ | $\triangle DTB$ | $-\Box TP^*EB$ |
| 生産者余剰 | $\triangle P^*SC$ | $\triangle TSA$ | $\Box TP^*CA$ |
| 割当レント | $0$ | $\Box ACQB$ | $\Box ACQB$ |
| 総余剰 | $\triangle P^*SC+\triangle DP^*E$ | $\triangle TSA+\triangle DTB+\Box ACQB$ | $-\triangle BQG-\triangle BGE$ |

量に及ぼす効果は，関税を $P^*T$ だけ賦課した場合と同じである．このように，同一の輸入量をもたらす関税と輸入割当の効果が等しいことを，**関税と輸入割当との同等性**という．

輸入割当と関税賦課との相違はつぎの点にある．関税の場合は，関税収入 $\Box AFGB$ は政府によって徴収され，消費者や生産者に分配される．しかし，輸入割当の場合には，この部分は輸入業者の割当レントになる．輸入業者が国内業者であれば，社会的余剰は関税の場合と同じである．しかし，輸入業者が外国業者の場合には，社会的余剰はこの分だけ関税の場合を下回ることになる．

### 4.2.2　生産補助金

輸入関税は，国内産業を保護し，生産者余剰を増大させるが，国内消費を削減し，消費者余剰を減少させる．このような国内生産の保護や生産者余剰の増大は生産補助金によっても可能である．1993年12月のGATTウルグアイラウンド農業合意において，輸入関税を削減し，直接支払い（生産補助金）を推進

第4章 関税政策と非関税障壁

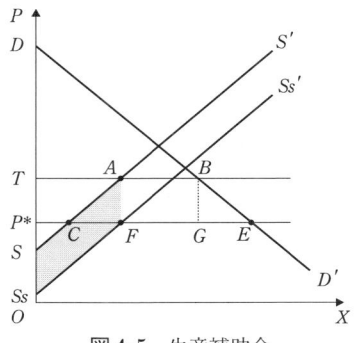

図4-5 生産補助金

表4-5 生産補助金の効果

|  | 自由貿易 | 補助金後 | 変化 |
|---|---|---|---|
| 消費者余剰 | $\triangle DP^*E$ | $\triangle DP^*E$ | 0 |
| 生産者余剰 | $\triangle P^*SC$ | $\triangle P^*S_sF$ | $\square SS_sFC$ |
| 生産補助金 | 0 | $-\square SS_sFA$ | $-\square SS_sFA$ |
| 総余剰 | $\triangle DP^*E + \triangle P^*SC$ | $\triangle DP^*E + \triangle P^*S_sF - \square SS_sFA$ | $-\triangle ACF$ |

することが決まった。その理由は，生産補助金の方が輸入関税よりも，消費の歪みがなく，経済厚生が高いからである。

図4-5は，輸入関税と同率の生産補助金の効果を表したものである。自由貿易下では，国際価格は $P^*$ で表され，このとき国内需要量は $P^*E$ である。このうち国内生産量は $P^*C$，輸入量は $CE$ である。このような状況で政府が単位当たり $AF$ だけの生産補助金を国内生産者に与えるとしよう。この生産補助金によって，供給曲線が $SS'$ から $S_sS_s'$ に下方シフトし，国内生産者の生産コストが単位当たり $AF$ だけ低下する。このような生産補助金は，輸入関税を $TP^*$ だけ賦課した場合と同様に，国内生産量を $P^*F = TA$ まで増大させる。政府の生産補助金は $\square SS_sFA$ である。生産者余剰は，$\triangle P^*SC$ から $\triangle P^*S_sF$ に増大する。

消費者は，国際価格 $P^*$ のもとで $P^*E$ だけ消費するので，消費者余剰は $\triangle DP^*E$ である。ここで，生産補助金 $\square SS_sFA = \square TP^*FA$ を消費者が負担し，その負担が消費者の需要曲線に影響しないとしよう。このとき，消費者余剰は

$\triangle DP^*E - \square TP^*FA$ となる。これは，自由貿易と比較すると，消費者余剰を $\square TP^*FA$ だけ減少させるが，輸入関税と比較すると，消費者余剰を $\square AFEB$ だけ増加させる。

社会的余剰は，自由貿易と比較すると $\triangle ACF$ だけ減少するが，輸入関税と比較すると $\triangle BGE$ だけ増加する。$\triangle ACF$ は生産の歪みによって生じる社会的余剰の減少である。生産補助金の場合には，輸入関税を賦課した場合に生じる消費の歪み（$\triangle BGE$）が存在しない。この消費の歪みが存在しないために，生産補助金の場合の社会的余剰は輸入関税の場合よりも大きくなる。

### 4.2.3 消費税

自由貿易の下で，関税率と同等の消費税が課された場合の効果について検討しよう。FTAを締結しながら，マレーシアのように自動車に物品税（消費税）を課す場合がある。

図4-6は，消費税の経済効果を表す。自由貿易の下で国内生産者は，国際価格 $P^*$ に直面するので，国内生産は $P^*C$ になる。単位当たり $P^*T$ の消費税が課せられると，消費価格は $T$ になる。このとき，消費量は $P^*E$ から $TB$ に減少する。

消費税は，輸入関税と同じように消費者の需要量や消費者余剰を削減する。生産への効果は，自由貿易の場合と同じ生産量と生産者余剰である。消費税の賦課によって，消費者余剰は $\triangle DP^*E$ から $\triangle DTB$ になり，$\square TP^*EB$ だけ減少する。生産者余剰は，消費税の影響を受けないので，$\triangle P^*SC$ で変わらない。

消費者余剰の減少のうち $\square TP^*GB$ は消費税であり，$\triangle BGE$ は消費価格上昇による消費の歪みである。消費税収 $\square TP^*GB$ は生産者や消費者に還元されるとしよう。このとき，自由貿易下の消費税の社会的余剰は，$\triangle DTB + \triangle P^*SC + \square TP^*GB$ である。これは自由貿易と比べ消費の歪み $\triangle BGE$ だけ少ない。

関税と同率の消費税を課し，同時に関税と同率の生産補助金を与えると，経

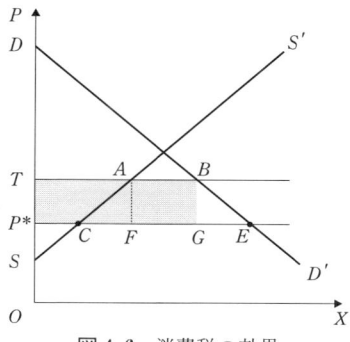

図 4-6 消費税の効果

表 4-6 消費税の効果

|  | 自由貿易 | 消費税後 | 変化 |
|---|---|---|---|
| 消費者余剰 | $\triangle DP^*E$ | $\triangle DTB$ | $-\Box TP^*EB$ |
| 生産者余剰 | $\triangle P^*SC$ | $\triangle P^*SC$ | 0 |
| 消費税 | 0 | $\Box TP^*GB$ | $\Box TP^*GB$ |
| 総余剰 | $\triangle DP^*E + P^*SC$ | $\triangle DTB + \triangle P^*SC + \Box TP^*GB$ | $-\triangle BGE$ |

済効果は輸入関税と同じになる。関税と同率の消費税を課すと，消費者には関税と同じ効果をもたらす。このとき，政府が，消費税収入 $\Box TP^*GB$ から関税と同率の生産補助金 $\Box TP^*FA$ を生産者に与えると，生産量と生産者余剰について関税と同じ効果を及ぼす。消費税収入から生産補助金を控除したものはちょうど関税収入 $\Box AFGB$ に等しくなる。

### 4.2.4 輸出補助金

各国は，輸出産業を育成するために，輸出補助金を与える場合がある。EUは輸出補助金によって農業を保護してきた。図 4-7 は，自国が農産物輸出に補助金を与える場合について表す。$P^*$ は国際価格，$T$ は輸出補助金を与えた後の国内価格を表す。輸出補助金を与える前の自由貿易下では，国際価格 $P^*$ のもとで $P^*B$ だけ生産する。このうち $P^*A$ が国内需要であり，$AB$ が輸出である。

単位当たり $TP^*$ の輸出補助金が農産物に与えられるとしよう。小国を仮定

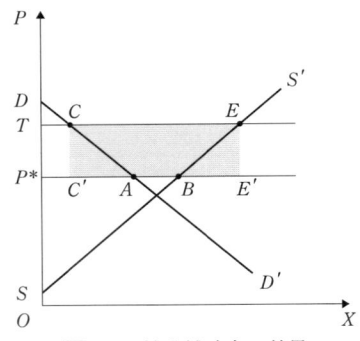

図 4-7 輸出補助金の効果

表 4-7 輸出補助金の効果

|  | 自由貿易 | 輸出補助金後 | 変化 |
|---|---|---|---|
| 消費者余剰 | $\triangle DP^*A$ | $\triangle DTC$ | $-\square TP^*AC$ |
| 生産者余剰 | $\triangle P^*SB$ | $\triangle TSE$ | $\square TP^*BE$ |
| 輸出補助金(政府収入) | 0 | $-\square CC'E'E$ | $-\square CC'E'E$ |
| 総余剰 | $\triangle DP^*A + \triangle P^*SB$ | $\triangle DTC + \triangle TSE - \square CC'E'E$ | $-\triangle CC'A - \triangle EE'B$ |

すると，輸出補助金によって，国際価格 $P^*$ は変わらないが，国内価格は上昇する。国内生産量は $TE$ に増大する。このうち $TC$ が国内消費であり，$CE$ が輸出である。国内消費は $P^*A$ から $TC$ に減少し，輸出は $AB$ から $CE$ に増加する。

輸出補助金の経済効果を検討しよう。輸出補助金によって消費者余剰は $\triangle DP^*A$ から $\triangle DTC$ に減少する。生産者余剰は $\triangle P^*SB$ から $\triangle TSE$ に増大する。生産者への輸出補助金は $\square CC'E'E$ である。この輸出補助金の分だけ政府収入は減少する。したがって，社会的余剰は自由貿易と比べ（$\triangle CC'A + \triangle EE'B$）だけ減少する。

### Question 4.1 関税政策

小国経済における財市場を想定しよう。この財の需要曲線と供給曲線が以下の式で与えられている。ただし，$P$ は財の価格，$X$ は財の取引量を表す。このとき，外国から国際価格 $P^*=40$ でこの財を輸入した場合の経済効果につい

て，以下の問いに答えなさい．

$$需要曲線：P = -X + 120 \quad ①$$
$$供給曲線：P = 2X \quad ②$$

**問題(1)** 閉鎖経済における消費者余剰と生産者余剰を求めなさい．
**問題(2)** 自由貿易の場合の輸入量，消費者余剰，生産者余剰を求めなさい．
**問題(3)** 財1単位当たり20の従量関税を課した場合の消費者余剰，生産者余剰，政府の関税収入を求めなさい．

**Answer 4.1**

**解答(1)** 図4-8は閉鎖経済の場合の経済厚生を表す．

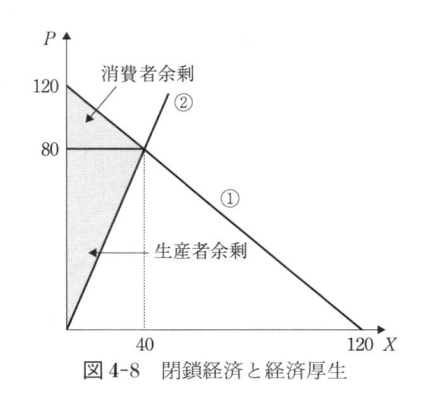

図4-8 閉鎖経済と経済厚生

閉鎖経済における市場均衡は，需要曲線と供給曲線の交点である．①②式より，均衡価格 $P=80$ と均衡取引量 $X=40$ が求まる．このとき，消費者余剰は800，生産者余剰は1600である．

**解答(2)** 図4-9は，自由貿易の場合の経済厚生を表す．

国際価格 $P^*=40$ の場合，①式より需要量は80，②式より供給量は20である．したがって，輸入量は $80-20=60$ となる．このとき，消費者余剰は3200，生産者余剰は400である．

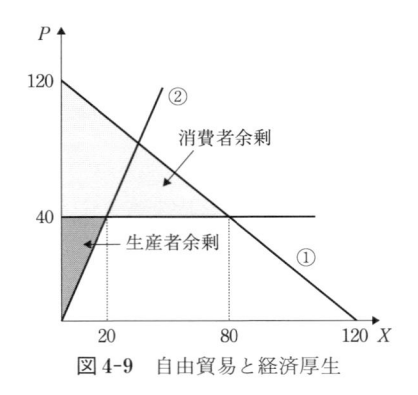

第Ⅱ部　国際貿易政策

図4-9　自由貿易と経済厚生

**解答(3)**　図4-10は，財1単位当たり20の従量関税を賦課した場合の経済厚生を表す。

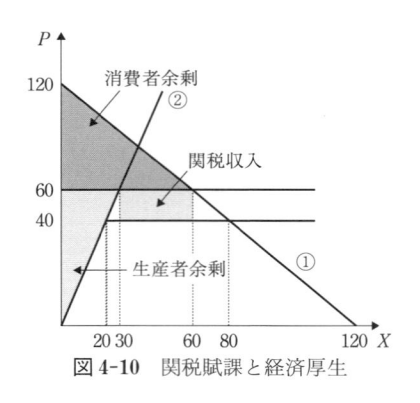

図4-10　関税賦課と経済厚生

　国内価格 $P=60$ において，①式より需要量は60，②式より供給量は30である。したがって，輸入量は $60-30=30$ となる。このとき，消費者余剰は1800，生産者余剰は900，政府の関税収入は600である。

## Question 4.2　非関税障壁

　小国開放経済下のある財の取引について考えよう。この財の需要曲線と供給曲線が以下の式で与えられている。ただし，$P$ は財の価格，$X$ は財の取引量を表す。この財の国際価格が $P^*=40$ のとき，以下の政策によって発生する経

済損失を求めなさい。

$$需要曲線：P = -X + 120 \quad ①$$
$$供給曲線：P = X + 20 \quad ②$$

**問題(1)** 国内の輸入業者に対して，輸入量が40となるように輸入割当を行う場合の経済損失。

**問題(2)** 国内の財の生産者に対して，財1単位あたり10の生産補助金を与える場合の経済損失。

**Answer 4.2**

国際価格 $P^* = 40$ において，①式より需要量は80，②式より供給量は20，輸入量は $80 - 20 = 60$ となる。図4-11は，各政策によって発生する経済損失を表す。

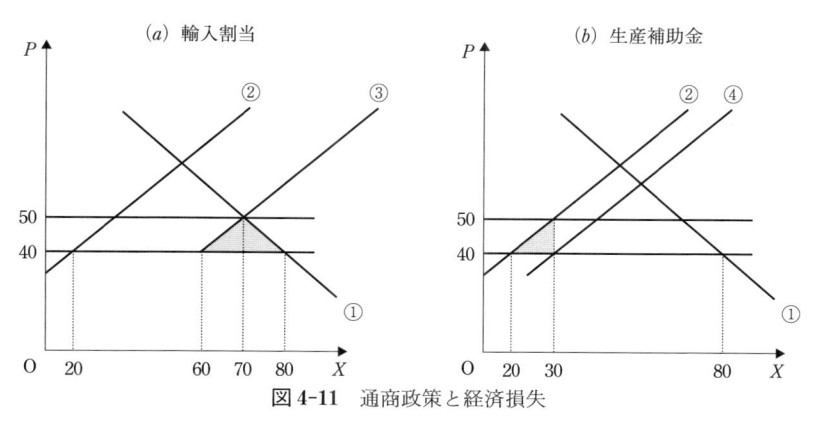

図4-11 通商政策と経済損失

**解答(1)** ②式より，国内企業による供給量は $X = P - 20$ である。国内市場全体の供給量は，国内供給量に輸入割当40を加えた $X = P + 20$ となる。よって，輸入割当後の市場供給曲線は以下のようになる。

$$P = X - 20 \quad ③$$

①③式より,輸入割当後の取引価格が$P=50$,取引量が$X=70$と求まる。このとき,自由貿易の場合と比べて,$100(=(20\times10)/2)$の経済損失が発生する。

**解答(2)** 財1単位あたり10の生産補助金を支給した場合,国内企業の供給曲線は下方シフトし,以下のようになる。

$$P=X+10 \qquad ④$$

このとき,国際価格$P^*=40$において,①式より需要量は80,④式より供給量は30,輸入量は$80-30=50$となり,自由貿易の場合と比べて,$50(=(10\times10)/2)$の経済損失が発生する。

## 文献案内

Krugman, Paul and Maurice Obstfeld (2008) *International Economics: Theory and Policy* 8th ed., Upper Saddle River: Pearson Education(山本章子訳『クルーグマンの国際経済学——理論と政策 上下』ピアソン,2010/11年).

＊貿易政策の具体的な事例が示されている。

馬田啓一ほか編(2005)『日本の新通商戦略——WTOとFTAへの対応』文眞堂。

＊日本の通商政策に関わる多様なテーマについて検討している。

伊藤元重・大山道広(1985)『国際貿易』岩波書店。

＊長く読まれている評判のある国際貿易論のテキスト。

# 第5章

# 不完全競争と貿易政策

―― この章で学ぶこと ――――――――――――――――――――――

　この章では，不完全競争下の貿易政策について学ぶ。不完全競争市場には多様な形態があるが，ここでは独占が存在する場合をとりあげ，小国と大国に分けて関税や輸入割当の効果について検討する。規模の経済が存在すると，不完全競争になる可能性がある。規模の経済が存在する場合の貿易政策についても検討しよう。動学的な規模の経済が存在する際には，幼稚産業保護政策が正当化される場合がある。幼稚産業保護の条件については，①ミルの基準②バステーブルの基準③ケンプの基準などがある。

**キーワード**
　不完全競争　独占企業　輸入関税　輸入割当　割当レント　幼稚産業保護政策　動学的な規模の経済　ミルの基準　バステーブルの基準　ケンプの基準　次善の政策

## 5.1　独占と貿易政策

　不完全競争市場には，独占市場，複占市場，寡占市場などがある。独占市場は市場に企業が1社しか存在しない場合である。**独占企業**は市場支配力を持ち，利潤を最大化するように生産量や価格を決定することができる。寡占市場は，市場支配力を持つ企業が複数存在する場合である。寡占市場のなかで特に企業が2社しか存在しない場合を複占市場と呼ぶ。市場支配力を持たない多数の企業が存在する市場は完全競争市場である。

第II部　国際貿易政策

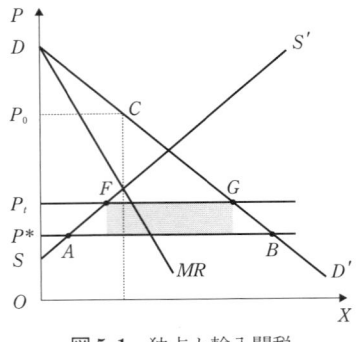

図 5-1　独占と輸入関税

### 5.1.1　独占と関税・輸入割当

完全競争市場では，輸入関税と輸入割当が同じ効果を持つことが第4章で示された。輸入財市場に独占企業が存在する場合には，輸入関税と輸入割当の経済効果は異なる。小国と大国に分けて，関税や輸入割当の効果について検討しよう。

**小国の場合**　小国の独占企業は，閉鎖経済の場合には価格支配力を持つことができる。独占企業は，限界収入と限界費用が一致するように，生産量と価格を決定する。しかし，外国企業に市場が開放されると，国内の独占企業は価格支配力を失い，所与の国際価格の下で企業活動を行うことになる。

図 5-1 の曲線 $DD'$ は国内の需要曲線，曲線 $MR$ は限界収入曲線，曲線 $SS'$ は独占企業の限界費用曲線，$P^*$ は国際価格を表す。この市場において貿易がなければ，独占企業は，限界費用 $SS'$ と限界収入 $MR$ が一致するように国内価格 $P_0$ と生産量 $P_0 C$ を決定する。

貿易が自由化されると，国内の独占企業は輸入競争に直面することになる。国内価格は国際価格 $P^*$ まで引き下げられる。このとき，国内需要は $P^*B$ となり，独占企業の生産量は $P^*A$ であり，$AB$ が輸入となる。このような状況は，完全競争の場合と同じであり，独占企業の価格支配力は貿易の自由化によって取り除かれる。

独占市場に関税が賦課された場合の効果を検討しよう。輸入関税 $t$ の賦課

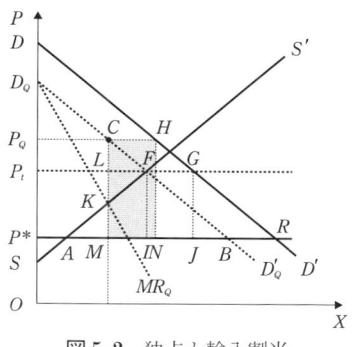

**図5-2 独占と輸入割当**

は輸入価格を $P_t=(1+t)P^*$ に引き上げる。輸入関税の賦課によって国内需要は $P_tG$ となり，このうち独占企業の生産量は $P_tF$ であり，輸入が $FG$ である。輸入関税の賦課によって国内需要は減少し，国内生産は増加する。

つぎに，政府が独占市場に輸入割当 $Q$ をする場合の効果について検討しよう。輸入割当がある場合には，独占企業は国内価格を引き上げても販売量をすべて失うことはない。独占企業は，輸入割当を控除した国内需要をもとに利潤を最大化するような価格と生産量を決定する。

図5-2の曲線 $D_QD'_Q$ は，輸入割当を控除した国内需要曲線を表す。これは国内需要曲線を輸入割当 $Q$ だけ左方に平行移動したものである。曲線 $MR_Q$ は輸入割当を考慮した限界収入曲線である。独占企業は限界費用と限界収入を等しくするように，曲線 $SS'$ と曲線 $MR_Q$ の交点 $K$ で生産量 $P_QC$ を決定し，その上で曲線 $D_QD'_Q$ によって国内価格 $P_Q$ を決定する。独占企業は単位当たり $P^*-P_Q$ の**割当レント**を得ることになる。

同量の輸入をもたらす輸入関税と輸入割当の効果を比較しよう。図5-2において，輸入量が輸入割当 $Q$ に等しくなるような輸入関税 $t$ は，$P_t=(1+t)P^*$ となるようなものである。輸入関税 $t$ において，輸入量は $FG$ で表され，これは輸入割当 $Q$ に等しい。このとき，輸入関税の場合の国内価格 $P_t$ は輸入割当の国内価格 $P_Q$ より低い。国内生産量は，関税の場合は $P_tF$ であり，輸入割当の場合は $P_QC$ であるので，関税の場合の方が多い。

表 5-1 小国の独占の効果

|  | 自由貿易 | 関税 | 輸入割当 |
|---|---|---|---|
| 消費者余剰 | $\triangle DP^*R$ | $\triangle DP_tG$ | $\triangle DP_QH$ |
| 生産者余剰 | $\triangle P^*SA$ | $\triangle P_tSF$ | $\Box P_QSKC$ |
| 関税収入/割当レント | 0 | $\Box FIJG$ | $\Box CMNH$ |
| 総余剰 | $\triangle DP^*R + P^*SA$ | $\triangle DP_tG + \triangle P_tSF + \Box FIJG$ | $\triangle DP_QH + \Box P_QSKC + \Box CMNH$ |

　第 4 章において完全競争下で成立した関税と輸入割当の同等性は，独占企業が存在する場合には成立しない。独占企業は，関税よりも輸入割当の場合に，国内生産量を少なくし，国内価格を高く設定する。輸入割当は，関税よりも独占企業を保護し，独占的支配力を強める。したがって，国内の独占企業の支配力を弱めるためには，輸入割当よりも輸入関税の方が望ましい。

　輸入関税と輸入割当の経済厚生について比較しよう（表 5-1）。消費者余剰は，関税の場合は $\triangle DP_tG$ であり，輸入割当の場合は $\triangle DP_QH$ であるので，関税の場合の方が大きい。生産者余剰は，関税の場合は $\triangle P_tSF$ であり，輸入割当の場合は $\Box P_QSKC$ であるので，$\Box P_QP_tLC - \triangle LKF$ だけ輸入割当の場合の方が大きい。社会的余剰は，輸入割当の方が関税より $\Box HNJG - \Box KMIF$ だけ少ない。不完全競争下の輸入割当は，国内の独占企業の価格支配力を強め，関税の場合よりも経済厚生を低下させる傾向がある。

**大国の場合**　　大国の場合の独占企業の経済効果について検討しよう。図 5-3 の曲線 $DD'$ は自国の需要曲線，曲線 $S_MS_{M'}$ は国内の独占企業の限界費用曲線を表す。曲線 $S_fS_{f'}$ は外国の供給曲線を表す。小国の場合には国際価格に影響を及ぼすことはないが，大国の場合には外国の供給曲線が右上がりなので，自国の輸入量に応じて国際価格は変動することになる。閉鎖経済の場合には，企業は独占的に財を市場に供給する。

　**関　　税**：貿易が自由化されると，外国は $S_fS_{f'}$ 曲線によって自国市場に財を供給する。このとき，政府が関税を課すと，関税賦課後の外国の供給曲線は曲線 $S_tS_{t'}$ のように上方に関税の分だけ移動する。国内の独占企業が関税賦課後に直面する需要曲線 $BCD'$ は，曲線 $DD'$ と曲線 $S_tS_{t'}$ との水平差をとって描かれる。曲線 $BM$ はこのような国内需要曲線に対応する限界収入曲線であ

第5章 不完全競争と貿易政策

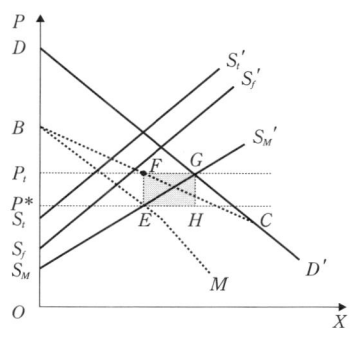

**図5-3** 大国の独占と輸入関税

**表5-2** 大国の独占の効果

| | 関　税 | 輸入割当 |
|---|---|---|
| 消費者余剰 | △$DP_tG$ | △$DP_QK$ |
| 生産者余剰 | □$P_tS_MEF$ | □$P_QS_MJI$ |
| 関税収入/割当レント | □$EFGH$ | □$ILMK$ |
| 総余剰 | △$DP_tG$+□$P_tS_MEF$+□$EFGH$ | △$DP_QK$+□$P_QS_MJI$+□$ILMK$ |

る。

　関税の賦課は大国の独占企業にどのような影響を及ぼすであろうか。関税賦課後の独占企業の行動は，限界費用曲線 $S_MS'_M$ と限界収入曲線 $BM$ の交点 $E$ で決定される。独占企業の生産量は $P^*E$ となり，その企業の生産量 $P^*E$ と需要曲線 $BCD'$ から国内価格 $P_t$ が決定される。外国企業の販売価格は $P^*$ であり，外国企業の輸出量は $FG$ となる。

　関税賦課後の社会的余剰について検討しよう。消費者余剰は△$DP_tG$ であり，生産者余剰は□$P_tS_MEF$ であり，関税収入は□$EFGH$ である。したがって，社会的余剰は△$DP_tG$+□$P_tS_MEF$+□$EFGH$ となる。

　**輸入割当**：大国の独占企業と輸入割当との関係について検討しよう。図5-4において関税賦課と同じ輸入量になるような輸入割当 $FG$ を想定する。このとき，独占企業が直面する国内需要曲線は，曲線 $DD'$ を左方に $FG$ だけ移動させ，曲線 $QQ'$ になる。これに対応する限界収入曲線は $QR$ のように描かれる。独占企業は限界費用 $S_MS'_M$ と限界収入を等しくするように行動し，国内

93

第II部　国際貿易政策

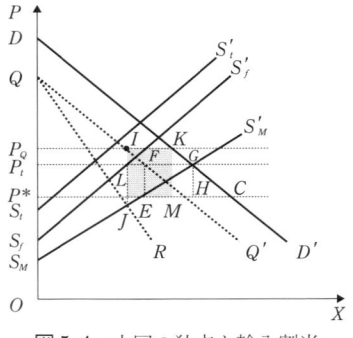

図5-4　大国の独占と輸入割当

価格は $P_Q$ になり，国内生産量は $P_QI$ になる。輸入割当の場合には，国内価格 $P_Q$ は関税の場合の価格 $P_t$ よりも高くなり，国内生産量 $P_QI$ は関税の場合の生産量 $P_tF$ より減少する。

　輸入割当の場合の社会的余剰について検討しよう。消費者余剰は $\triangle DP_QK$ であり，生産者余剰は $\square P_QS_MJI$ であり，割当レントは $\square ILMK$ である。したがって，社会的余剰は $\triangle DP_QK + \square P_QS_MJI + \square ILMK$ となる。

### 5.1.2　外国の独占への輸入関税

　国内で生産する企業が存在せず，外国の独占企業から輸入する場合の関税効果について検討しよう。発展途上国の場合には，工業製品のなかには国内需要はあっても国内産業の発展が遅れており，外国の独占企業から輸入する場合がある。

　図5-5の曲線 $DD'$ は国内需要曲線を表し，曲線 $MR$ はそれに対応する限界収入曲線を表す。曲線 $P^*P^{*\prime}$ は外国の独占企業の限界費用曲線を表す。自由貿易の場合には，外国の独占企業の限界費用と限界収入が等しい点 $A$ で，国内価格 $P_0$ と供給量 $P_0B$ が決定される。

　このような状況において，$P^*T$ の輸入関税を外国の独占企業に課すとしよう。この関税賦課によって外国の企業の限界費用は上昇する。このように限界費用が上昇すると，外国の独占企業は生産量を $TF$ に削減させ，その結果，

## 第5章 不完全競争と貿易政策

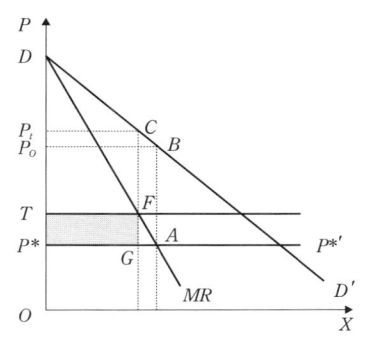

図5-5 外国の独占と輸入関税

表5-3 外国の独占と輸入関税の効果

|  | 自由貿易 | 輸入関税 | 変 化 |
|---|---|---|---|
| 消費者余剰 | $\triangle DP_0B$ | $\triangle DP_tC$ | $-\square P_tP_0BC$ |
| 生産者余剰 | 0 | 0 | 0 |
| 関税収入 | 0 | $\square TP^*GF$ | $\square TP^*GF$ |
| 総余剰 | $\triangle DP_0B$ | $\triangle DP_tC+\square TP^*GF$ | $\square TP^*GF-\square P_tP_0BC$ |

国内価格は $P_t$ に上昇する。

輸入関税の経済厚生への効果について検討しよう。消費者余剰は，自由貿易下では $\triangle DP_0B$ であり，輸入関税下では $\triangle DP_tC$ であり，輸入関税によって $\square P_tP_0BC$ だけ減少する。生産者余剰は，国内生産者がいないのでどちらの場合も0である。関税収入は $\square TP^*GF$ である。社会的総余剰は，自由貿易下では $\triangle DP_0B$ であり，輸入関税下では $\triangle DP_tC+\square TP^*GF$ である。線形の需要曲線の場合は，消費者余剰の減少 $\square P_tP_0BC$ よりも関税収入 $\square TP^*GK$ の方が大きいので，外国の独占に対する輸入関税は経済厚生を増加させる。輸入国は，輸入関税の賦課によって外国の独占企業から利潤の一部を関税収入として得ることができる。

## 5.2 規模の経済と貿易政策

### 5.2.1 幼稚産業保護政策

規模の経済が存在する産業における貿易政策として，発展途上国の工業化政策としてよく議論される幼稚産業保護政策について検討しよう．**幼稚産業保護政策**は，現在は国際競争力を持っていない産業を一時的に保護することによって将来的に国際競争力を持つような産業に自立させる政策である．このような政策の対象になる産業は，累積生産の増大によって平均費用が低下するような**動学的な規模の経済**が働く産業である．

幼稚産業保護論は，動学的規模の経済に加えて，どのような条件が満たされれば，保護政策が正当化されるかを検討するものである．この条件の検討において，つぎの2点に注意する必要がある．第1に，政府が市場介入するためには，市場の失敗が存在しなければならない．幼稚産業として認められるためには，どのような市場の失敗が必要であろうか．第2に，幼稚産業保護政策によって経済厚生が変化する場合，経済厚生の変化をどの範囲まで考慮すべきであろうか．

**幼稚産業保護のモデル** 小国において動学的な規模の経済が存在する産業を想定しよう．図5-6の縦軸はこの産業の財価格，横軸はこの産業の財の生産量を表す．この産業の国内需要は曲線 $DD'$ で表され，現在の供給曲線は曲線 $SS'$ で表される．国際価格は $P^*$ で，自由貿易の場合には外国の供給曲線は曲線 $P^*P^{*\prime}$ となる．自由貿易下では国内需要 $X_0$ はすべて外国から輸入され，国内供給量はゼロである．

この産業は動学的規模の経済が働き，もし現在の国内生産量が $X_1$ 以上ならば，将来の費用条件が改善され，供給曲線が曲線 $GG'$ になるとしよう．しかし，国内生産が $X_1$ 以下ならば，規模の経済が働かず，供給曲線は曲線 $SS'$ の状態に留まるとする．

このような状況において，政府がこの産業に単位当たり $P^*T$ の生産補助金

図5-6 幼稚産業保護政策

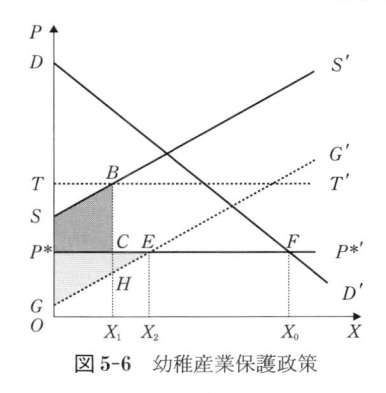

を与えるとしよう。このとき，国内生産者が直面する国内価格は $P^*$ から $T$ に上昇し，$X_1$ 単位の国内生産が行われる。この国内生産の実現と共に動学的な規模の経済が働き，供給曲線が $SS'$ から $GG'$ に下方シフトし，国内生産はさらに増加し，$X_2$ 単位になる。供給曲線が $GG'$ になれば，生産補助金による保護がなくても，輸入量は $X_0$ 単位から $X_0 - X_2$ 単位に減少し，輸入代替が進む。

**保護政策の条件** 以上のような状況において，政府が一時的な保護政策を実施することが正当化されるためには，どのような条件が必要だろうか。ミルの基準とバステーブルの基準は幼稚産業が自立的に成長するための基準を明らかにしている。ケンプの基準は，動学的外部経済という点から政府介入の条件を明らかにするものである。

**ミルの基準**：ミルの基準とは，幼稚産業保護政策の実施によって動学的な規模の経済性が働き，将来的に民間企業の採算が十分にとれるようになることである。もし企業の採算がとれなければ，政府の保護が永久に必要になり，自立した産業に成長できず，保護の成果を得ることができない。このような基準はミル（Mill, J. S.）によって最初に提唱された。

図5-6では，単位当たり $P^*T$ の生産補助金が与えられる。これによって現在時点で $X_1$ 単位の生産が行われ，その結果，供給曲線が $GG'$ にシフトする。将来時点では，生産者余剰は $\triangle P^*GE$ となり，これは正の値をとる。したが

97

って，将来時点では，企業は政府の保護がなくても自立が可能になり，ミルの基準は満たされる。バステーブル（Bastable, C. F.）は，政府の保護政策が正当化されるためには，このようなミルの基準に加えてさらに，つぎの基準が必要であるとした。

**バステーブルの基準**：幼稚産業保護政策によって得られる将来の社会的便益を社会的割引率で割り引いた割引現在価値が，現時点での保護政策の社会的費用を上回っていなければならない。このような条件が満たされれば，政府は幼稚産業保護政策によって経済厚生を高めることができる。

図5-6では，将来の経済厚生の増分は，消費者余剰は変化しないので，生産者余剰の増分 $\triangle P^*GE$ である。幼稚産業保護政策による社会的費用は，生産補助金から生産者余剰を引いた $\square SP^*CB$ である。バステーブルの基準は，$\triangle P^*GE$ の割引現在価値が少なくとも社会的費用 $\square SP^*CB$ を上回ることである。

**ケンプの基準**：ケンプ（Kemp, M. C.）の基準は，政府介入の必要性を動学的外部経済という点から明らかにしている。知識のスピルオーバーのような**動学的外部性**が存在する場合には，市場の失敗が発生する可能性がある。このような場合には，政府は保護政策によって市場介入することになる。

動学的な規模の経済性が働く産業において，バステーブルの基準が満たされている場合には，民間企業は，たとえ現在損失を出したとしても将来的にはその損失を上回る利益を得ることができる。すなわち，民間企業に参入するインセンティブがある。このような場合には，政府が幼稚産業を保護する必要性はない。

しかし，知識や技術のスピルオーバーのような動学的外部性は，産業全体としては大きな便益をもたらすが，個別の企業には利益が出ない場合がある。特に，大きな費用を負担しながら開発した技術・知識・経験の蓄積が他の企業に漏出してしまうと，企業は将来の利潤を確保できなくなる。動学的外部性がある研究・開発活動は，私的なインセンティブだけでは投資は行われない。このような場合には，政府の政策介入は正当化される。

幼稚産業の自立的成長を妨げるような市場の失敗には，動学的外部性以外に，資本市場の不完全性や情報の不完全性がある。資本市場が不完全なために，企業が資金を借り入れようとしても金利が高く，将来の利潤で借り入れの返済ができない場合がある。このような場合に，幼稚産業を保護する場合がある。しかし，このような場合に本来必要な政策は，幼稚産業保護ではなく，資本市場の不完全性を取り除くことである。

また情報が不完全なために，民間企業は，現在の生産増大が将来どのくらい生産費用を削減するのか，すなわち供給曲線 $SS'$ がどのくらい下方にシフトするのかが分からないかもしれない。このような場合にも，企業は参入のインセンティブを失う可能性がある。このような場合に幼稚産業を保護することがある。しかし，この場合も最善の方法は，情報の不完全性を取り除くことである。

### 5.2.2 幼稚産業保護政策の問題

幼稚産業保護論には，上のような基準が満たされたとしても，なお残された問題がある。

第1に，多くの産業の中からどのようにして幼稚産業を選択するかという問題がある。動学的な規模の経済が働く産業かどうかを政府が見極めるのは簡単な作業ではない。多くの産業の累積生産量と平均生産費用との関係を表す学習曲線の形状を事前に予測し，平均費用が国際価格を下回る最小の累積生産量を予測したり，それまでの保護の費用を予測したりしなければならない。また，幼稚産業の選択にあたって，技術的な判断以外に政治的な圧力や判断が入る可能性がある。

第2に，幼稚産業の最小の累積生産量が大きい場合には，そのような生産量を吸収できるような国内市場が存在しないと，国内市場を保護したとしても成功しないという問題がある。幼稚産業の育成が国内市場の大きな国で成功したとしても，国内市場が小さい諸国では失敗する可能性がある。自動車産業や鉄鋼産業の保護育成がインドで成功したとしても，カンボジアやミャンマーで成

第II部　国際貿易政策

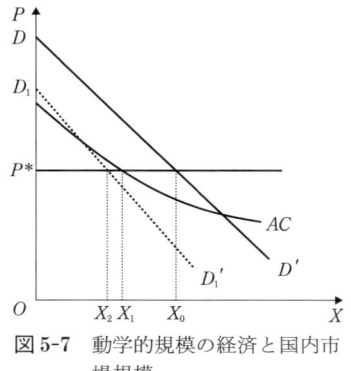

図 5-7　動学的規模の経済と国内市場規模

功するとは限らない。

　図 5-7は，横軸に累積生産量をとり，曲線 $AC$ は平均費用曲線，曲線 $DD'$ は需要曲線，$P^*$ は国際価格を表す。外国企業からの供給は国際価格 $P^*$ で行われる。国内供給価格が高いので，初期には，国内需要 $X_0$ はすべて外国からの輸入によって賄われている。この場合には，国内需要が十分に大きいので，政府が一時的に輸入規制すれば，国内生産量を $X_1$ 以上に増大させることができる。

　しかし，国内市場が十分に小さい場合，例えば国内市場が需要曲線 $D_1D_1'$ で表されるような場合には，外国からの輸入量を規制し生産量を $X_1$ 以上に増大した場合，国内市場では少なくとも $X_1-X_2$ 以上の超過供給が生じる。このような超過供給の存在によって，国内生産が減少すれば，平均費用が国際価格以上に上昇することになる。

　第 3 に，幼稚産業の保護育成政策として関税や輸入割当のような貿易政策を採用することが適切かどうかという問題がある。国内生産量を増加させるには一般的には生産補助金のほうが望ましい。第 4 章で見たように，生産補助金は生産の歪みだけしか生じないが，輸入関税は生産だけではなく消費の歪みも生じる。貿易政策による幼稚産業の保護育成は，最適な政策と言うよりは，**次善の政策**である。

第4に，幼稚産業の保護育成は一時的な政策であるが，一度政策が実施されると，恒久化してしまうという問題がある。政府によって保護育成された幼稚産業が生産や雇用などにおいて国内経済に大きな影響力を持つようになると，政治的影響力も持つようになる。このような場合には，一時的に採用された政策も恒久化される可能性がある。

**Question 5.1　独占と貿易政策**

小国開放経済下の独占企業を考えよう。この企業の直面する需要曲線と費用関数はつぎのように与えられる。

$$P = -X + 180 \qquad ①$$
$$TC = (1/2)X^2 + 100 \qquad ②$$

ただし，$P$ は価格，$X$ は財の取引量，$TC$ は総費用を表す。この財の国際価格を $P^* = 40$ とする。このとき，以下の問いに答えなさい。

**問題(1)**　閉鎖経済における企業の生産量と独占価格を求めなさい。
**問題(2)**　自由貿易における企業の生産量と輸入量を求めなさい。
**問題(3)**　財1単位に5の従量関税を課したときの企業の生産量と関税収入を求めなさい。
**問題(4)**　問題(3)の関税の場合の輸入量と等しい量だけの輸入割当を行ったとする。このときの企業の生産と割当レントを求めなさい。

**Answer 5.1**

**解答(1)**　①②式より，独占企業の限界収入と限界費用は以下のように得られる。

$$MR = (\partial P/\partial X)X + P = -2X + 180 \qquad ③$$
$$MC = X \qquad ④$$

閉鎖経済における企業の利潤最大化条件 $MR = MC$ から，企業の生産量 $X = 60$ が得られる。これを①式に代入すると，独占価格 $P = 120$ が得られる。

**解答(2)** 自由貿易下の企業の利潤最大化条件 $P^*=MC$ より，企業の生産量 $X=40$ が得られる。また，①式より $P^*=40$ のときの国内需要は140であるので，輸入量は $140-40=100$ となる。

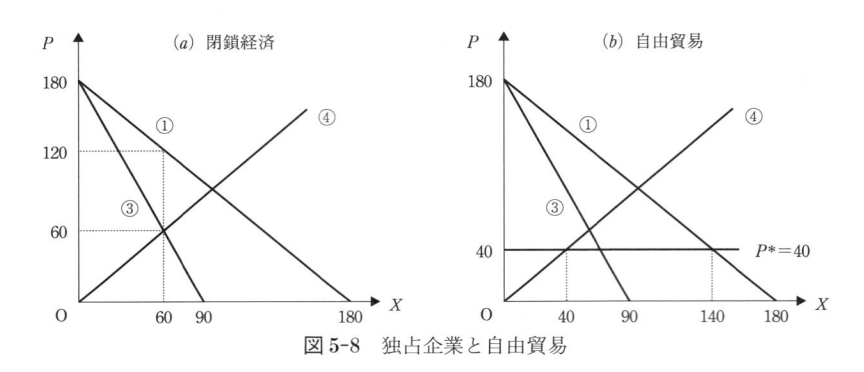

図5-8 独占企業と自由貿易

**解答(3)** 財1単位あたり5の従量関税を課すと，国内価格は $P=40+5=45$ に上昇する。このとき，企業の生産量は $P=MC$ より $X=45$ となり，国内需要は①式より135となる。したがって，輸入量は $135-45=90$ となり，関税収入は $90\times5=450$ となる。

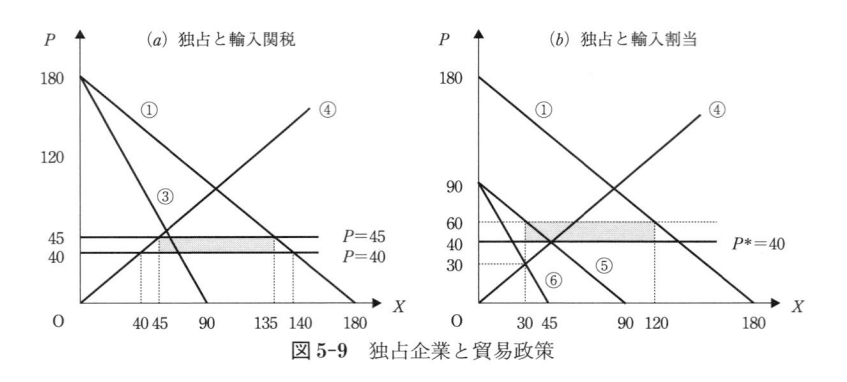

図5-9 独占企業と貿易政策

**解答(4)** 輸入割当を控除した需要曲線は，①式の需要曲線を輸入割当である90だけ左側に平行移動させたものであり，以下のように表される。

$$P = -X + 90 \qquad ⑤$$

⑤式より，輸入割当を実施した場合の企業の限界収入は以下のように得られる。

$$MR = (\partial P/\partial X)X + P = -2X + 90 \qquad ⑥$$

企業の利潤最大化条件 $MR = MC$ から，企業の生産量 $X = 30$ が得られる。これを⑤式に代入すると，独占価格 $P = 60$ となる。独占価格と国際価格を比較すると，財1単位あたり20の割当レントが発生している。輸入割当は90であるので，割当レントは $90 \times 20 = 1800$ となる。

## Question 5.2　規模の経済と貿易政策

今期に保護貿易政策を採用することが経済的に正当化される条件を検討しよう。以下の2つの問いにおいて，その条件を求めなさい。

**問題(1)**　今期において保護貿易政策を採用すると300の社会的費用がかかるが，来期に360の社会的便益が得られる。ただし，物価上昇率 $p$ は分からないとする。

**問題(2)**　今期において保護貿易政策を採用すると300の社会的費用がかかるが，来期に $V$ だけの社会的便益が得られる。ただし，物価上昇率を15%とする。

## Answer 5.2

**解答(1)**　保護貿易が正当化されるためには，来期に得られる社会的便益の割引現在価値が，保護貿易の社会的費用を上回っていなければならない。来期に得られる社会的便益360の割引現在価値を $E$ とすると，$E = 360/(1+p)$ となる。これより，保護貿易が正当化されるための条件は以下のようになる。

$$360/(1+p) \geq 300 \quad \therefore \quad p \leq 0.2$$

保護貿易政策が採用されるためには，物価上昇率が20%以下でなければなら

第II部　国際貿易政策

ない。

**解答(2)**　来期の社会的便益 V の割引現在価値を $E$ とすると，$E=V/(1+0.15)$ となる。したがって，保護貿易が正当化されるための条件は以下のようになる。

$$V/1.15 \geq 300 \quad \therefore \quad V \geq 345$$

保護貿易政策が採用されるためには，来期の社会的便益が345以上でなければならない。

## 文献案内

Bhagwati, Jagdish et al. (1998) *Lectures on International Trade*, 2nd ed., Cambridge: MIT Press.
　＊不完全競争の一般均衡による簡潔な分析が収められている。

Helpman, Elhanan and Paul Krugman (1989) *Trade Policy and Market Structure,* Cambridge: MIT Press（大山道広訳『現代の貿易政策』東洋経済新報社，1992年）.
　＊不完全競争政策について簡潔な図解がある。

伊藤元重ほか（1988）『産業政策の経済分析』東京大学出版会。
　＊幼稚産業保護論について理論的な分析をしている。

第6章

# 戦略的貿易政策

―― この章で学ぶこと ――――――――――――――――――

この章では複占競争下における政府の戦略的貿易政策について学ぶ。戦略的貿易政策とは，企業間に戦略的な関係がある市場に対して行われる政府の貿易政策である。政府の貿易政策は複占競争に大きな影響を与える。複占競争には，数量を戦略変数とするクールノー競争と価格を戦略変数とするベルトラン競争がある。クールノー競争における生産補助金や関税政策，ベルトラン競争における生産補助金や関税政策について検討する。クールノー競争とベルトラン競争では政策介入の効果が異なる。このような政策効果の相違は複占企業の反応関数の形状の相違によるものである。

**キーワード**

戦略的貿易政策　クールノー競争　反応関数　クールノー・ナッシュ均衡　補助金政策　関税政策　ベルトラン競争　ベルトラン・ナッシュ均衡　戦略的代替性　戦略的補完性

## 6.1 数量競争と戦略的貿易政策

### 6.1.1 クールノー競争

**企業間の戦略的関係と政府介入**　複占競争においては，相手企業の行動が各企業の収益に重要な影響を及ぼす。相手企業の行動を予想しながら，各企業はその行動を決定しなければならない。この点が複占市場の重要な特徴である。このような相手企業の行動を予想しながら各企業がその行動を決定する関係は，企業間の戦略的関係と呼ばれる。**戦略的貿易政策**とは，企業間に戦略的な関係がある市場に対して行われる政府の貿易

第II部　国際貿易政策

表6-1　企業間の戦略的関係

| B＼A | 参入 | 不参入 |
|---|---|---|
| 参入 | (−10, −10) | (30, 0) |
| 不参入 | (0, 30) | (0, 0) |

政策である。一般に，寡占市場ではパレート効率性は達成されていないので，政府介入が正当化される傾向がある。

　企業間の戦略的関係と政府介入の問題を，米国のボーイング社と欧州のエアバス社との航空機開発競争の例を用いて検討しよう。航空機の新型技術の開発に成功すれば，市場全体で80万ドルの収益があるとしよう。ただし，新型技術の開発には50万ドルの費用がかかる。もし1社だけが新型技術を開発すれば，30万ドル（＝80万ドル−50万ドル）の利益が得られる。2社が新型技術を開発すると，各社の収益は半分の40万ドルに下がり，利益も−10万ドル（＝40万ドル−50万ドル）になるとしよう。

　表6-1は，以上の企業間関係を表したものである。各社の選択肢は開発競争に参入するか参入しないかである。行はボーイング（B）の2つの選択肢を表し，列はエアバス（A）の2つの選択肢を表す。それぞれのセルの左がボーイング，右がエアバスの利益を表す。各社の利益は相手企業の行動に依存していることが分かる。各企業とも，相手企業が開発に参入するならば，自社は参入しない方が望ましい。相手企業が開発に参入しなければ，自社は開発に参入した方が望ましい。

　このような状況で，政府が補助金によって航空機の開発競争に介入する場合について検討しよう。表6-2は，米国政府がボーイングに20万ドルの開発補助金を出す場合について表す。開発競争においてボーイングの利益は，エアバスが参入する場合には10万ドル，参入しない場合には50万ドルになる。このとき，ボーイングは必ず開発競争に参入する。このようなボーイングの参入に対して，エアバスは参入すれば10万ドルの損失を被るので参入を断念する。米国政府の補助金政策は，ボーイングへの補助金を考慮しても米国に利益30万ドル

第6章 戦略的貿易政策

表 6-2 政府の補助金政策

| B \ A | 参 入 | 不参入 |
|---|---|---|
| 参 入 | (10, −10) | (50, 0) |
| 不参入 | (0, 30) | (0, 0) |

(＝50万ドル−20万ドル)をもたらす。

　寡占競争下の政府の市場介入は寡占市場の競争環境を変える。米国政府の補助金政策はボーイングの収益構造を変え，意思決定を変える。また，ボーイングの行動の変化を予想したエアバスの行動も変える。さらに，米国政府の補助金政策は，欧州の補助金政策を誘発する可能性がある。このように，寡占市場に対する政府介入は完全競争下の政策とは異なる。WTO では，ボーイングやエアバスへの米国や欧州の補助金や優遇税制は WTO 協定違反と判断している。

**クールノー競争
──連続変数への拡張**　以上の議論は，各社の選択肢が参入か不参入かの2つに限定されていた。企業の選択肢を生産量のような連続的に調整可能な場合について議論を拡張しよう。生産量を戦略変数とする競争を**クールノー競争**という。

　A 社と B 社の2つの企業が日本のような第三国市場への同質財の供給を巡って競争しているとしよう。第三国市場の需要関数，各社の費用関数 $C_i$ を以下のように表す。$P$ は第三国市場の財価格，$X_A$ と $X_B$ は各社の生産量，$c$ は各社の限界費用(一定)，$a$ は定数である。輸送費はかからないとする。

$$P = a - (X_A + X_B)$$
$$C_i = cX_i, \; i = A, B$$

各企業の利潤関数 $\pi_i$ は次式のように表される。

$$\pi_i = (P - c)X_i = [a - c - (X_A + X_B)]X_i$$

各企業は利潤を最大化するように生産量を決定するとしよう。市場価格が相手

第II部　国際貿易政策

**図6-1　反応関数とクールノー・ナッシュ均衡**

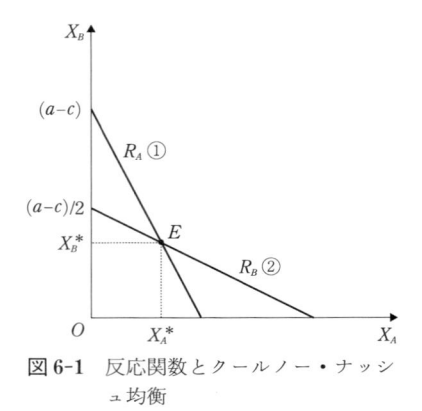

企業の生産量にも依存しているので，各企業の利潤 $\pi_i$ は相手企業の生産量に依存することが分かる。

　各企業の最適な生産量は相手企業の生産量によって変わる。そこで，各企業の反応関数を求めよう。**反応関数**とは，相手企業の戦略（生産量）が与えられたときに，どのような戦略（生産量）をとるのが最適かを表すものである。$A$ 社の反応関数は，$B$ 社の生産に対してどのような生産を行うかを表し，$B$ 社の生産量を一定として $A$ 社の利潤を最大化するように求める。

$$\partial \pi_A / \partial X_A = a - c - 2X_A - X_B = 0$$
$$X_A = -(1/2)X_B + (1/2)(a-c) \qquad ①$$

同様にして，$B$ 社の反応関数は以下のようになる。

$$X_B = -(1/2)X_A + (1/2)(a-c) \qquad ②$$

　図6-1は，縦軸に $B$ 社の生産量 $X_B$，横軸に $A$ 社の生産量 $X_A$ をとり，各企業の反応関数を表す。$R_A$ は $A$ 社の反応関数（①式），$R_B$ は $B$ 社の反応関数（②式）を表す。クールノー競争の反応関数は右下がりの曲線である。相手企業が生産量を増やすと，価格が低下し，限界収入が低下する。それを補うために，企業は生産量を削減する。各企業の最適生産量は相手企業の生産量の減

少関数であり，$B(A)$ 社の生産量が減少する場合には，$A(B)$ 社は生産量を増大させる。

2つの反応曲線の交点 $E$ は**クールノー・ナッシュ均衡**を表す。ナッシュ均衡とは，相手の戦略を所与としたときに，自分の利得を最大にするような戦略の組み合わせである。クールノー・ナッシュ均衡は，数量を戦略変数にしたクールノー競争におけるナッシュ均衡である。この均衡は，2つの反応関数の連立方程式を解いて，つぎのように得られる。

$$X_A^* = X_B^* = (1/3)(a-c)$$

クールノー・ナッシュ均衡の生産量の組み合わせ（$X_A^*$, $X_B^*$）は，相手企業の生産量を正確に予測した場合の各社の最適生産量を表している。

### 6.1.2 補助金政策

$A$ 社と $B$ 社がクールノー競争をしている場合に，政府が生産補助金を与えた場合の効果について検討しよう。$A$ 国政府が $A$ 社に単位当たり $s$ だけの補助金を出すとしよう。このような補助金は $A$ 社の限界費用を低下させるので，$A$ 社の限界費用は $c-s$ になる。

生産補助金によって，$B$ 社の生産量を所与とした場合の $A$ 社の生産量は増大する。数式で表すと，$B$ 社の反応関数は変わらないが，$A$ 社の反応関数はつぎのようになる。

$$X_A = -(1/2)X_B + (1/2)(a-c+s) \qquad ③$$
$$X_B = -(1/2)X_A + (1/2)(a-c)$$

図6-2は，生産補助金が各企業の反応関数や均衡に及ぼす影響を表す。生産補助金後の $A$ 社の反応関数 $R_{As}$（③式）は，曲線の傾きは同じであるが，右方向にシフトする。$B$ 社のそれぞれの生産に対して $A$ 社の生産が増大するので，$A$ 社の反応曲線は右側にシフトすることになる。この結果，ナッシュ均衡は点 $E_s$ に移動する。

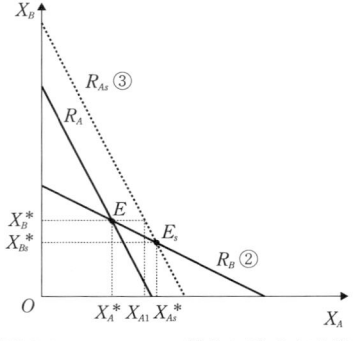

図6-2 クールノー競争と補助金政策

新しいナッシュ均衡は，2つの反応関数の連立方程式を解いて，つぎのように得られる。

$$X^*_{As} = (1/3)(a-c+2s)$$
$$X^*_{Bs} = (1/3)(a-c-s)$$

生産補助金によって $A$ 社の反応関数が右方向にシフトするとき，$B$ 社がその生産量を $X^*_B$ に維持すれば，$A$ 社はその反応曲線上の $X_{A1}$ を生産する。しかし，$B$ 社は，生産補助金が $A$ 社に与えられたことを知っているので，$X^*_B$ を生産しない。$B$ 社は，$A$ 社の生産量が $X^*_{As}$ に増大するのを予想して $X^*_{Bs}$ を生産する。こうして，点 $E_s(X^*_{As}, X^*_{Bs})$ が新しいナッシュ均衡になる。

均衡点 $E_s$ における各社の生産量には以下のような特徴がある。第1に，生産補助金を受けていない $B$ 社の生産量は減少する。$A$ 社の生産が生産補助金によって増大すると，$B$ 社としては生産を減少させた方が好ましい結果が得られる。というのは，$B$ 社の反応曲線が右下がりであるからである。$B$ 社は生産量の減少によって，利潤も減少する。

第2に，生産補助金を受ける $A$ 社の生産量は増大する。$A$ 社の生産増大の要因は，1つは生産補助金によって限界費用が低下し，最適生産量が増大するからである。生産補助金は $A$ 社の限界費用を削減し，その行動をより積極的にする。その結果，$B$ 社の生産量を減少させる。$A$ 社の生産増大のもう1つ

の理由は，B社が生産量を減少させることによるものである。これは，B社の反応曲線が右下がりであるので，B社が生産量を減らせば，A社は生産量を増大させる。A社は生産量の増大によって利潤も増大する。生産補助金は，B社との競争条件を改善し，B社の寡占レントをA社に移転させる。

第3に，両社全体の生産量は生産補助金によって増大する。均衡点の点$E$から点$E_s$への移動によって，B社の生産量は減少し，A社の生産量は増大する。しかし，B社の反応曲線の傾きが$-45°$よりも緩やかであるので，A社の生産増大はB社の生産減少を上回る。したがって，生産量は両社全体としては増大する。生産量の増大によって第三国の市場価格は低下し，その消費者余剰は増大する。

### 6.1.3 関税政策

戦略的な関税政策について検討しよう。ここでは，A国市場にA社とB社が財を供給し，A国政府がB社に輸入関税をかける場合を想定しよう。B社への関税賦課はB社の限界費用の上昇と同じ効果をもたらす。A国政府がB社に単位当たり$t$だけの関税を賦課するとする。このような関税賦課はB社の限界費用を$c$から$c+t$に増大させ，B社の生産量を減少させる。

関税賦課によって，A社の生産量を所与とした場合のB社の最適生産量は減少する。数式で表すと，A社の反応関数は変わらないが，B社の反応関数はつぎのようになる。

$$X_A = -(1/2)X_B + (1/2)(a-c)$$
$$X_B = -(1/2)X_A + (1/2)(a-c-t) \qquad ④$$

関税賦課後のB社の反応関数$R_{Bt}$（④式）は，図6-3のように曲線の傾きは同じであるが，左下方にシフトする。A社のそれぞれの生産に対してB社の生産量が減少するので，B社の反応曲線は左下方にシフトすることになる。この結果，ナッシュ均衡は点$E_t$に移動する。

新しいナッシュ均衡は，2つの反応関数の連立方程式を解いて，つぎのよう

第II部　国際貿易政策

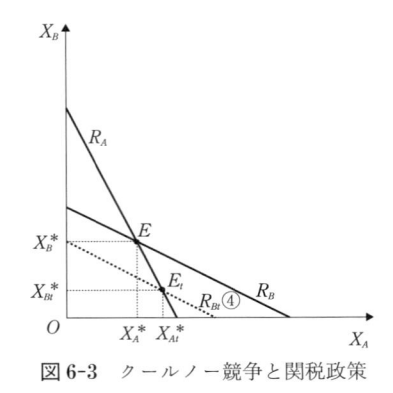

図6-3　クールノー競争と関税政策

に得られる。

$$X^*_{At} = (1/3)(a-c+t)$$
$$X^*_{Bt} = (1/3)(a-c-2t)$$

　輸入関税によってナッシュ均衡は点 $E_t$ に移動する。点 $E_t$ では，A社の均衡生産量は増大し，B社の均衡生産量は減少する。両社全体の生産量は輸入関税によって減少する。点 $E$ から点 $E_t$ への移動によって，B社の生産量は減少し，A社の生産量は増大する。しかし，A社の反応曲線の傾きが－45°よりも急勾配であるので，A社の生産増大はB社の生産減少を下回る。したがって，生産量は全体として減少する。

　輸入関税の場合は自国の市場価格や消費者余剰への効果が重要になる。市場価格は，生産量の全体的な減少によって上昇する。市場価格上昇の要因は，輸入関税によってB社の限界費用が増大したからである。限界費用の増大によって，B社は生産量を減少させる。B社の生産の減少はA社の生産を増大させるが，全体的には生産量は減少し，市場価格は上昇する。消費者余剰は，市場価格の上昇のために減少する。

## 6.2 価格競争と戦略的貿易政策

### 6.2.1 ベルトラン競争

寡占企業間の競争は必ずしも生産量とは限らない。ここでは，価格を戦略変数として競争する寡占市場について検討しよう。価格を戦略変数とする競争を**ベルトラン競争**という。

$A$ 企業と $B$ 企業が，異質ではあるが互いに代替性がある競合財（例えば，ノートパソコンとタブレット PC），$A$ 財と $B$ 財を生産しているとしよう。この2つの財は品質が異なるので，価格だけですべての需要が変動することはない。しかし，相手企業の価格が低下すれば，需要は減少する。反対に，相手企業の価格が上昇すれば，需要が増大する。このような異質な2財の需要関数を以下のように想定しよう。パラメータ $b<1$ は2財間の代替性を表し，$b$ の値が大きいほど2財の代替性は大きい。

$$X_A = 1 - P_A + bP_B$$
$$X_B = 1 - P_B + bP_A$$

$A$ 財の需要 $X_A$ は，$A$ 財の価格 $P_A$ と $B$ 財の価格 $P_B$ に依存し，$A$ 財の価格 $P_A$ が低下すると需要 $X_A$ は増大し，$B$ 財の価格 $P_B$ が低下すると需要 $X_A$ は減少する。これは，2財が異質財ではあるが競合関係にあるために，$A$ 財の価格が上昇したり，$B$ 財の価格が低下したりすると，$A$ 財の需要の一部が $B$ 財に向かうからである。ただし，このような効果は，$b<1$ の仮定から，$A$ 財の価格が変動した場合よりは小さい。

両企業の限界費用は等しく $c$ とすると，各企業の利潤関数は以下のようになる。

$$\pi_A = (P_A - c)X_A = (P_A - c)(1 - P_A + bP_B)$$
$$\pi_B = (P_B - c)X_B = (P_B - c)(1 - P_B + bP_A)$$

各企業は利潤を最大化するように価格を決定するとしよう。各企業の利潤は相手企業の価格設定にも依存する。ここで，企業は相手企業の価格設定を所与として，最適な価格設定を行うとしよう。これは，価格を戦略変数とする反応関数を求めることである。ベルトラン競争下の反応関数は，相手企業の価格が与えられたときに，どのような価格設定が最適かを表すものである。

$$\partial \pi_A/\partial P_A = 1 - P_A + bP_B - P_A + c = 0$$
$$P_A = (b/2)P_B + (1+c)/2 \qquad ⑤$$

同様にして，B社の反応関数は以下のようになる。

$$\partial \pi_B/\partial P_B = 1 - P_B + bP_A - P_B + c = 0$$
$$P_B = (b/2)P_A + (1+c)/2 \qquad ⑥$$

図6-4は，縦軸にB社の価格，横軸にA社の価格をとり，各企業の反応関数を表す。$R_A$はA社の反応関数（⑤式），$R_B$はB社の反応関数（⑥式）を表す。ベルトラン競争の反応関数は右上がりの曲線である。この点は，クールノー競争の反応関数が右下がりであった場合と異なる。各企業の最適価格は相手企業の価格の増加関数であり，$B(A)$社の価格が上昇する場合には，$A(B)$社は価格を上昇させる。相手企業の価格が上昇すると，自企業の需要（限界収入）が増大し，価格を上昇させることができる。このようなベルトラン競争とクールノー競争の反応関数の相違は政策効果の相違をもたらす。

A社の反応関数は以下のように書き換えられる。

$$P_B = (2/b)P_A - (1+c)/b$$

$0<b<1$であるので，A社の反応曲線の傾きは1より大きく，B社の反応曲線の傾きの大きさは1より小さくなる。

**ベルトラン・ナッシュ均衡**は，複占の価格競争のナッシュ均衡であり，2つの反応関数を満たす価格の組み合わせである。これは2つの反応関数の連立方程式を解くことによって次式のように得られる。

第6章 戦略的貿易政策

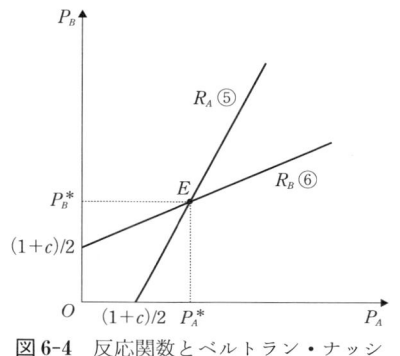

図6-4 反応関数とベルトラン・ナッシュ均衡

$$P_A^* = P_B^* = (1+c)/(2-b)$$

## 6.2.2 補助金政策

A社とB社がベルトラン競争をしている場合に,政府が生産補助金を与えた場合の効果について検討しよう。A国政府がA社に単位当たり$s$だけの補助金を出すとしよう。このような補助金はA社の限界費用を低下させるので,A社の限界費用は$c-s$になる。

生産補助金によって,B社の価格を所与とした場合のA社の価格は低下する。数式で表すと,B社の反応関数は変わらないが,A社の反応関数はつぎのようになる。

$$P_A = (b/2)P_B + (1+c-s)/2 \qquad ⑦$$
$$P_B = (b/2)P_A + (1+c)/2$$

生産補助金によってA社の反応関数$R_{As}$(⑦式)は,図6-5のように傾きは同じであるが,左方向にシフトする。B社のそれぞれの価格に対してA社の価格が低下するので,A社の反応曲線は左側にシフトすることになる。この結果,ベルトラン・ナッシュ均衡は点$E_s$に移動し,A社の価格もB社の価格も低下する。

第II部　国際貿易政策

図6-5　ベルトラン競争と補助金政策

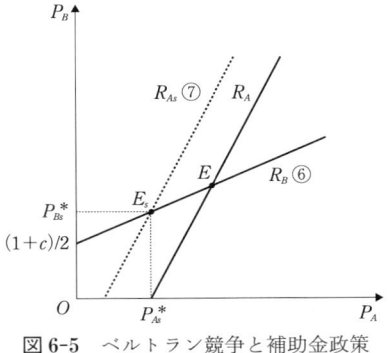

新しいナッシュ均衡は，2つの反応関数の連立方程式を解いて，つぎのように得られる。

$$P_{As}^* = [b(1+c) + 2(1+c-s)]/(4-b^2)$$
$$P_{Bs}^* = [2(1+c) + b(1+c-s)]/(4-b^2)$$

新しいベルトラン・ナッシュ均衡点 $E_s$ では，B 社の価格の低下よりも A 社の価格の低下の方が大きい。というのは，B 社の反応曲線の傾きは1より小さいので，点 $E$ から点 $E_s$ への移動において，$P_B$ の価格低下よりも $P_A$ の価格低下の方が大きいからである。

A 国政府の A 社への生産補助金 $s$ によって A 社の利潤は減少する。点 $E$ と点 $E_s$ を比較すると両社の価格が低下している。A 社の価格低下は A 社の利潤低下を引き起こす。A 国政府からすれば，さらに生産補助金を支出しているので，A 国の経済厚生も低下する可能性がある。

ベルトラン競争の場合には，企業の利潤を増大し経済厚生を高めるのは，生産補助金ではなく輸出税である。輸出税の場合には，生産補助金とは反対に，反応曲線を外側にシフトさせ，両社の価格を上昇させ，企業の利潤も経済厚生も高めることになる。このような結果は，クールノー競争の場合とは反対である。クールノー競争の場合には輸出税ではなく，生産補助金が望ましい政策であった。しかし，ベルトラン競争の場合には輸出税が望ましい政策になる。

第6章 戦略的貿易政策

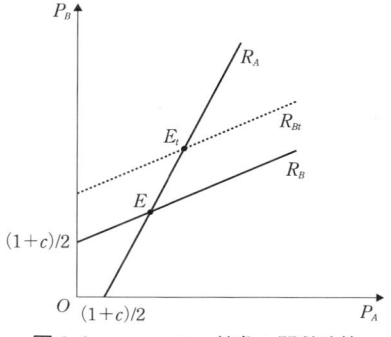

図6-6 ベルトラン競争と関税政策

このように結果が異なる原因は反応関数の形状の相違にある。ナッシュ均衡は外国の反応曲線上を動くことになる。外国の反応関数の形状が右下がりのクールノー競争の場合には、自国の企業利潤を高めるためには、自国の限界費用を低め、外国に不利になるような生産補助金が行われる。これに対して、外国の反応曲線が右上がりのベルトラン競争の場合には、自国企業に課税して外国企業を有利にすることが、結局は、自国企業の価格を高め、自国の経済厚生を高めることになる。

### 6.2.3 関税政策

ベルトラン競争下の関税政策について検討しよう。$A$ 社と $B$ 社が $A$ 国市場に財を供給しているとしよう。$B$ 国企業の $A$ 国市場への財の供給に対して単位当たり $t$ の関税を $A$ 国政府が賦課するとしよう。このような関税賦課によって、$B$ 企業の限界費用が上昇するので、図6-6のように $B$ 企業の反応曲線は上方にシフトする。この結果、均衡は点 $E$ から点 $E_t$ に移行し、両企業の価格が上昇する。

関税は経済厚生にどのような影響を及ぼすだろうか。関税賦課によって両企業の価格が上昇するので、両企業の利潤は増大する。しかし、価格が上昇すると、消費者余剰は低下する。経済厚生は、正の効果を得る関税収入と企業利潤の大きさと、負の効果を被る消費者余剰の大きさとの大小関係によって決まる。

消費者余剰の減少が十分に大きくない限り，輸入関税は $A$ 国にとって利益となる。

### 6.2.4 戦略的代替性と戦略的補完性

以上のように，寡占市場の企業間の競争状況が数量競争（クールノー競争）なのか，価格競争（ベルトラン競争）なのかによって，望ましい政策介入は異なる。このような政策介入の相違をもたらしているのは，企業の反応曲線の傾きの相違である。

図6-1は，数量競争の場合の反応曲線を表す。この場合，反応曲線は右下がりである。これに対して，図6-4は，価格競争の場合の反応曲線を表す。この場合の反応曲線は右上がりである。政策介入は，片方の反応曲線をシフトさせ，均衡点をシフトさせる。このとき，均衡点はシフトしない反応曲線に沿って動く。

もし反応曲線が右下がりであれば，均衡点は右下方か左上方にシフトし，このような均衡点のシフトによって $A$ 企業と $B$ 企業に反対の影響を及ぼすことになる。図6-3のように輸入関税を課すと，均衡点は右下方にシフトし，$A$ 企業は生産量を増大させるが，$B$ 企業は生産量を減少させる。輸入関税のように $A$ 企業に有利な政策は，$B$ 企業には不利な結果をもたらす。このような右下がりの反応曲線の状況を**戦略的代替性**という。

もし反応曲線の傾きが右上がりの場合はどうだろうか。この場合には，均衡点は右上か左下にシフトするので，両企業への影響は，大きさは異なるが，その方向は同じになる。図6-6のように輸入関税を課す場合には，$B$ 企業が価格を上昇させ，$A$ 企業も価格を上昇させる。この場合には，政策介入によって自国企業の利潤を増大させるためには，相手企業の利潤も増大させた方が望ましい結果を得ることができる。このような右上がりの反応曲線の状況を**戦略的補完性**という。寡占競争が戦略的代替関係にあるのか，戦略的補完関係にあるのかによって望ましい政策介入のあり方は異なる。

## Question 6.1 数量競争と戦略的貿易政策

$A$ 国市場における $A$ 国企業と $B$ 国企業によるクールノー競争を考えよう。$A$ 国市場における財の需要曲線を以下のように想定する。

$$P = 180 - X_A - X_B$$

ただし，$P$ は価格，$X_A$ は $A$ 国企業の生産量，$X_B$ は $B$ 国企業の生産量を表す。財の限界費用は両企業共に $c=30$ とする。このとき，以下の問いに答えなさい。

**問題(1)** 自由貿易下のクールノー均衡における両企業の利潤を求めなさい。

**問題(2)** $B$ 国政府が $B$ 国企業に財1単位あたり $s=15$ の生産補助金を支給したとする。このときのクールノー均衡における両企業の利潤を求めなさい。

**問題(3)** $A$ 国政府が $B$ 国企業に財1単位あたり $t=15$ の従量関税を課したとする。このときのクールノー均衡における両企業の利潤を求めなさい。

## Answer 6.1

**解答(1)** 各国企業の利潤関数に需要関数を代入すると，次式を得る。

$$A \text{ 国企業：} \pi_A = (P-c)X_A = (150 - X_A - X_B)X_A \quad ①$$
$$B \text{ 国企業：} \pi_B = (P-c)X_B = (150 - X_A - X_B)X_B \quad ②$$

利潤最大化条件より，各国企業の反応関数が以下のように得られる。

$$A \text{ 国企業：} \partial \pi_A / \partial X_A = 150 - 2X_A - X_B = 0 \Leftrightarrow X_A = (150 - X_B)/2 \quad ③$$
$$B \text{ 国企業：} \partial \pi_B / \partial X_B = 150 - X_A - 2X_B = 0 \Leftrightarrow X_B = (150 - X_A)/2 \quad ④$$

③④式より，クールノー均衡下の生産量 $X_A = 50$，$X_B = 50$ が得られる（図6-7の点 $E$）。これらを①②式に代入すると，各国企業の利潤は $\pi_A = 2{,}500$，$\pi_B = 2{,}500$ となる。

**解答(2)** $B$ 国企業の利潤関数に需要関数を代入すると，以下の式を得る。

第II部　国際貿易政策

$$B \text{ 国企業}：\pi_B = (P - c + s)X_B = (165 - X_A - X_B)X_B \qquad ⑤$$

利潤最大化条件より，補助金を与える場合の $B$ 国企業の反応関数が以下のようになる。

$$B \text{ 国企業}：\partial \pi_B / \partial X_B = 165 - X_A - 2X_B = 0 \quad \Leftrightarrow \quad X_B = (165 - X_A)/2 \qquad ⑥$$

③⑥式より，クールノー均衡下の生産量 $X_A = 45$，$X_B = 60$ が得られる（図6-7の点 $E_s$）。これらを①⑤式に代入すると，各国企業の利潤は $\pi_A = 2{,}025$，$\pi_B = 3{,}600$ となる。

**解答(3)** $B$ 国企業の利潤関数に需要関数を代入すると，以下の式を得る。

$$B \text{ 国企業}：\pi_B = (P - c - t)X_B = (135 - X_A - X_B)X_B \qquad ⑦$$

利潤最大化条件より，関税を賦課する場合の $B$ 国企業の反応関数が以下のようになる。

$$B \text{ 国企業}：\partial \pi_B / \partial X_B = 135 - X_A - 2X_B = 0 \quad \Leftrightarrow \quad X_B = (135 - X_A)/2 \qquad ⑧$$

③⑧式より，クールノー均衡下の生産量 $X_A = 55$，$X_B = 40$ が得られる（図6-7の点 $E_t$）。これらを①⑦式に代入すると，各国企業の利潤は $\pi_A = 3{,}025$，$\pi_B = 1{,}600$ となる。

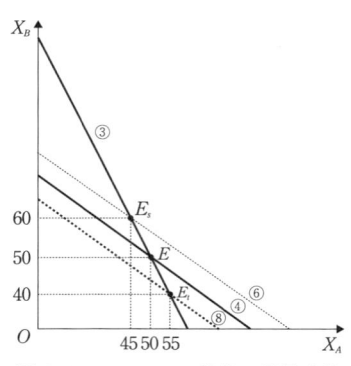

図6-7　クールノー競争と貿易政策

## Question 6.2 価格競争と戦略的貿易政策

自国市場において財 $A$ を供給する自国企業と財 $B$ を供給する外国企業によるベルトラン競争を考えよう。自国市場における各財の需要曲線を以下のように想定する。

$$X_A = 100 - P_A + P_B$$
$$X_B = 100 - P_B + P_A$$

ただし，$X_A$ は財 $A$ の需要量，$X_B$ は財 $B$ の需要量，$P_A$ は財 $A$ の価格，$P_B$ は財 $B$ の価格を表す。限界費用は両企業ともに $c=20$ とする。このとき，以下の問いに答えなさい。

**問題(1)** 自由貿易下のベルトラン均衡における各企業の利潤を求めなさい。

**問題(2)** 外国政府が外国企業に財1単位あたり $s=15$ の生産補助金を与えたとしよう。このときのベルトラン均衡における各企業の利潤を求めなさい。

**問題(3)** 自国政府が外国企業に財1単位あたり $t=15$ の従量関税を課すとしよう。このときのベルトラン均衡における各企業の利潤を求めなさい。

## Answer 6.2

**解答(1)** 各国企業の利潤関数に需要関数を代入すると，以下の式を得る。

$$A \text{ 国企業：} \pi_A = (P_A - c) X_A = (P_A - 20)(100 - P_A + P_B) \quad ①$$
$$B \text{ 国企業：} \pi_B = (P_B - c) X_B = (P_B - 20)(100 + P_A - P_B) \quad ②$$

利潤最大化条件より，各国企業の反応関数が以下のように得られる。

$$A \text{ 国企業：} \partial \pi_A / \partial P_A = 120 - 2P_A + P_B = 0 \Leftrightarrow P_A = (120 + P_B)/2 \quad ③$$
$$B \text{ 国企業：} \partial \pi_B / \partial P_B = 120 + P_A - 2P_B = 0 \Leftrightarrow P_B = (120 + P_A)/2 \quad ④$$

③④式より，ベルトラン均衡下の価格は $P_A = 120$，$P_B = 120$ となる（図6-8の点 $E$）。これらを①②式に代入すると，各企業の利潤は $\pi_A = 10{,}000$，$\pi_B = 10{,}000$ となる。

**解答(2)** $B$ 国企業の利潤関数に需要関数を代入すると，以下の式を得る．

$$B \text{ 国企業：} \pi_B = (P_B - c + s)X_B = (P_B - 5)(100 + P_A - P_B) \quad ⑤$$

利潤最大化条件より，補助金を与える場合の $B$ 国企業の反応関数は以下のようになる．

$$B \text{ 国企業：} \partial \pi_B / \partial P_B = 105 + P_A - 2P_B = 0 \Leftrightarrow P_B = (105 + P_A)/2 \quad ⑥$$

③⑥式より，ベルトラン均衡下の価格は $P_A = 115$，$P_B = 110$ となる（図6-8の点 $E_s$）．これらを①⑤式に代入すると，各国企業の利潤 $\pi_A = 9{,}025$，$\pi_B = 11{,}025$ が得られる．

**解答(3)** $B$ 国企業の利潤関数に需要関数を代入すると，以下の式を得る．

$$B \text{ 国企業：} \pi_B = (P_B - c - t)X_B = (P_B - 35)(100 + P_A - P_B) \quad ⑦$$

利潤最大化条件より，関税を課した場合の $B$ 国企業の反応関数は以下のようになる．

$$B \text{ 国企業：} \partial \pi_B / \partial P_B = 135 + P_A - 2P_B = 0 \Leftrightarrow P_B = (135 + P_A)/2 \quad ⑧$$

③⑧式より，ベルトラン均衡下の価格 $P_A = 125$，$P_B = 130$ が得られる（図6-8の点 $E_t$）．これらを①⑦式に代入すると，各国企業の利潤は $\pi_A = 11{,}025$，$\pi_B = 9{,}025$ となる．

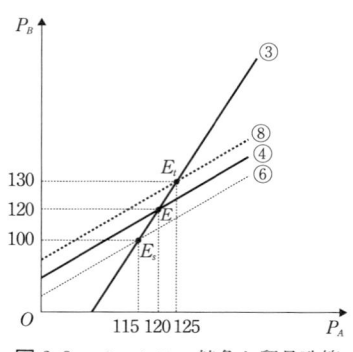

図6-8 ベルトラン競争と貿易政策

第6章　戦略的貿易政策

**文献案内**

Krugman, Paul ed., (1992) *Strategic Trade Policy and the New International Economics,* Cambridge: MIT Press（高中公男訳『戦略的通商政策の理論』文眞堂, 1995年).
  ＊戦略的貿易政策の具体的な事例が豊富に示されている。

Tyson, Laura (1993) *Who's Bashing Who?,* Washington, D.C.: Institute for International Economics（竹中平蔵監訳『誰が誰を叩いているのか——戦略的管理貿易はアメリカの正しい選択？』ダイヤモンド社, 1993年).
  ＊1990年代のクリントン政権期の戦略的貿易政策を明らかにしている。

柳川範之 (1998)『戦略的貿易政策——ゲーム理論の政策への応用』有斐閣。
  ＊戦略的貿易政策についてゲーム理論によって分かりやすく説明している。

# 第7章

# 市場統合と貿易自由化

---

**この章で学ぶこと**

　この章では地域貿易協定による市場統合と，自由貿易か保護貿易かに関する議論について学ぶ。アジア太平洋諸国では，現在，環太平洋経済連携協定（TPP: Trans-Pacific Partnership）をめぐる議論が活発に行われている。TPPは地域貿易協定のひとつであるが，このような地域貿易協定には，貿易自由化の側面と保護貿易の側面がある。

　自由貿易か保護貿易かに関する議論は，一般的には経済厚生の改善が期待される貿易自由化が，現実には必ずしも順調に進まない理由について検討する。自由貿易擁護論は資源配分の効率性を強調するが，保護貿易擁護論は市場の失敗，規模の経済，取引費用，集合行為論などによって保護貿易が行われる理由を説明する。

**キーワード**

　市場統合　貿易自由化　地域貿易協定　自由貿易協定　経済連携協定　関税同盟　原産地規則　共同市場　経済同盟　ハブ・スポーク型FTA　スパゲティ・ボール現象　貿易創出効果　貿易転換効果　交易条件効果　市場拡大効果　競争促進効果　非生産的な利潤追求活動　市場の失敗　最適関税　集合行為論　貿易自由化のジレンマ

---

## 7.1　市場統合

　GATT/WTOの基本原則は自由貿易であり，関税の無差別的な撤廃である。しかし，GATT/WTOの貿易自由化交渉が難航するなか，**自由貿易協定**（FTA: Free Trade Agreement）や**関税同盟**（CU: Customs Union）のような差別的な貿易協定が締結されている。このような協定は，2カ国以上の特定の諸国

間では関税を撤廃し，市場統合をすすめるが，その他の諸国に対しては関税障壁を維持するというものである。地域貿易協定は，域内では貿易自由化を行いながら，域外には保護貿易を維持する側面がある。

### 7.1.1 地域貿易協定

　特定の国や地域間で貿易を自由化する協定を**地域貿易協定**という。地域貿易協定には，自由貿易協定（FTA）や関税同盟（CU）がある。自由貿易協定では域外国に対する関税は各国が自由に設定できるが，関税同盟の場合には域外国に対して共通の関税が設定される。**経済連携協定**（EPA: Economic Partnership Agreement）は，自由貿易協定と同様に域内の関税削減を行うが，貿易自由化だけではなく各国の国内制度やルールの調整および人の移動などに関する合意を含む。米国・カナダ・メキシコの NAFTA は FTA であり，欧州の EU や南米の MERCOSUR は関税同盟である。日本はアジア諸国を中心に EPA を締結している。

　FTA では，各国が域外国に対して異なる関税率を設定するので，域外国は低関税国を経由して高関税国に輸出するという迂回輸出が行われる可能性がある。このような迂回輸出は FTA の貿易偏向効果と呼ばれる。域外国の迂回輸出を防止するために FTA 締結国は原産地規則を設定している。**原産地規則**は，一定の基準によって FTA 締結国を原産地とすることを認められた財に対してのみ無税を適用するものである。

　バラッサ（Balassa, B.）は，経済統合の度合いを以下のように分類した。①自由貿易協定，②関税同盟，③共同市場，④経済同盟。**共同市場**（Common Market）では，財・サービスの自由化だけではなく，資本や労働力など生産要素の域内移動の自由化を実施する。**経済同盟**（Economic Union）では，さらに共通の金融政策や財政政策などを各国が実施する。欧州連合 EU は，1957年のローマ条約によって財・サービスの域内自由化を目指すと共に，関税同盟として対外共通関税を設定した。さらに，1992年のマーストリヒト条約によって経済・通貨統合に合意し，1999年にユーロの発行と共に共通の金融政策を実施

第7章 市場統合と貿易自由化

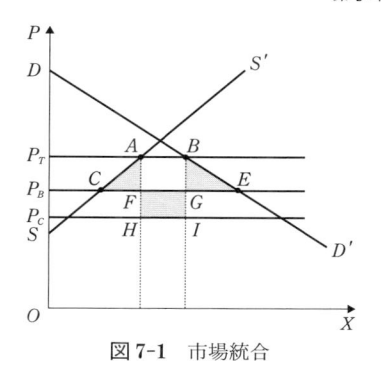

図7-1　市場統合

している。

　現在締結されている地域貿易協定の多くは自由貿易協定であり，各国が多くの諸国とFTAを締結すると，FTAの複雑な関係が形成される。そのような関係の1つに**ハブ・スポーク型のFTA**がある。$A$ 国と $B$ 国がFTAを締結しているときに，$A$ 国が $C$ 国とFTAを締結するとしよう。このとき，$A$ 国がハブになり，2つのスポークであるFTAが締結される。ただし，各国が相手国によって異なる内容のFTAやEPAを締結すると，ルールや制度が複雑に絡み合うスパゲティ・ボール現象が生じ，貿易費用がかさむ可能性がある。

### 7.1.2　市場統合の経済効果

**基本モデル**　　$A$ 国，$B$ 国，$C$ 国の3国からなる市場統合モデルを検討しよう。図7-1の縦軸は価格 $P$，横軸は数量 $X$ を表し，曲線 $SS'$ は $A$ 国の国内供給曲線，曲線 $DD'$ はその国内需要曲線を表す。水平価格線 $P_B$ は $A$ 国の $B$ 国からの輸入価格，$P_C$ は $C$ 国からの輸入価格を表す。$B$ 国は $C$ 国よりも生産効率が悪く，$A$ 国の輸入価格は $P_B > P_C$ とする。また $A$ 国は小国であり，両国からの輸入価格に影響を及ぼさないとする。

　$A$ 国は，FTAを締結する前には両国に同率の輸入関税 $t$ を課している。課税後の輸入価格は $C$ 国の方が低いので（$P_B + t > P_C + t$），FTAを締結する前には $A$ 国は $C$ 国から $AB$ だけ輸入財を輸入し，その国内価格が $P_T = P_C + t$

であるとする。このとき，$A$ 国の社会的余剰は，消費者余剰 $\triangle DP_TB$ ＋生産者余剰 $\triangle P_TSA$ ＋関税収入 $\square AHIB$ で表される。

このような状況で $A$ 国が $B$ 国と FTA を締結するとしよう。この FTA によって，$B$ 国からの輸入には関税はかけられないが，$C$ 国からの輸入には関税が維持される。このとき，$B$ 国からの輸入価格 $P_B$ は $C$ 国からの輸入価格 $P_T$ よりも低くなる（$P_T = P_C + t > P_B$）。この結果，$C$ 国からの輸入がなくなり，輸入先が $B$ 国に変わる。FTA によって輸入量は $AB$ から $CE$ に増大する。このとき，$A$ 国の社会的余剰は，消費者余剰 $\triangle DP_BE$ ＋生産者余剰 $\triangle P_BSC$ で表される。

**市場統合の効果** FTA 締結前後の経済厚生を比較しよう（表 7-1 を参照）。FTA 締結前の経済厚生は消費者余剰 $\triangle DP_TB$ ＋生産者余剰 $\triangle P_TSA$ ＋関税収入 $\square AHIB$ であり，FTA 締結後の経済厚生は消費者余剰 $\triangle DP_BE$ ＋生産者余剰 $\triangle P_BSC$ である。FTA の締結によって，経済厚生は $\triangle ACF + \triangle BGE - \square FHIG$ だけ変化する。

FTA によって国内価格が低下し，消費量が増えるので，消費者余剰が増大する。消費者余剰の増分は，一部は関税収入の減少や生産者余剰の減少によって相殺されるが，ネットでは $\triangle ACF + \triangle BGE$ の増加がある。消費者余剰の増加は，FTA によって域外の高価格国（$P_T$）から域内の低価格国（$P_B$）へ輸入先が転換し，国内価格低下と輸入増大によってもたらされる。このような経済厚生の改善を FTA の**貿易創出効果**という。

FTA によって域外の効率的な生産国から域内の非効率的な生産国に輸入が転換し，輸入価格は $P_C$ から $P_B$ に上昇する。そのため，$B$ 国への関税を撤廃しても価格の低下は関税の大きさよりも小さい。その結果，関税撤廃による関税収入の減少 $\square AHIB$ は，一部 $\square AFGB$ は消費者余剰の増大によって相殺されるが，$\square FHIG$ は消費者余剰の増大では相殺されず，損失として残る。域外の効率的な生産国から域内の非効率的な生産国へ輸入先が転換することによって経済厚生が悪化することを**貿易転換効果**という。

FTA の締結によって経済厚生が改善するか悪化するかは，貿易創出効果 $\triangle$

表7-1 市場統合の効果

| | FTA締結前 | FTA締結後 | 変　化 |
|---|---|---|---|
| 消費者余剰 | $\triangle DP_T B$ | $\triangle DP_B E$ | $\square P_T P_B EB$ |
| 生産者余剰 | $\triangle P_T SA$ | $\triangle P_B SC$ | $-\square P_T P_B CA$ |
| 関税収入 | $\square AHIB$ | 0 | $-\square AHIB$ |
| 総余剰 | $\triangle DP_T B + \triangle P_T SA + \square AHIB$ | $\triangle DP_B E + \triangle P_B SC$ | $\triangle ACF + \triangle BGE - \square FHIG$ |

$ACF+\triangle BGE$ と貿易転換効果 $\square FHIG$ の相対的な大きさに依存する。A 国が効率的な C 国のような諸国と FTA を締結すれば問題はないが，非効率的な国と締結する場合には経済厚生が悪化する場合もある。原産地規則によって非効率的な域内での部品・中間財の調達が増大すると，このような部品・中間財部門で貿易転換効果が起きる可能性がある。

**大国の市場統合** 　上では小国の FTA について検討してきた。大国の FTA については，小国の場合と異なる状況が考えられる。大国の FTA が及ぼす経済効果や FTA に期待される経済効果について検討しよう。

第1に，大国の FTA は**交易条件効果**をもち，域外国の交易条件を悪化させる可能性がある。FTA の締結によって，関税がかかる域外国から関税がかからない域内国への輸入先の転換が起きる。この結果，域外国からの輸入が減少し，域外国の輸出財の価格が低下する。その結果，域外国の交易条件が悪化し，域内国の交易条件が改善する。貿易転換効果・貿易創出効果・交易条件効果は経済統合の**静態的経済効果**と呼ばれる。

第2に，大国の FTA は域内市場の拡大によって，市場拡大効果や競争促進効果のような**動態的経済効果**をもたらす。**市場拡大効果**は，域内の貿易障壁が撤廃され，市場が拡大されることによって，生産や流通において規模の経済性が働き，生産コストが低下することによって得られる効果である。**競争促進効果**は，貿易障壁の撤廃によって企業間の競争が促進され，資源配分が効率化することによって得られる効果である。

第3に，大国の FTA は域内市場を拡大することによって域外からの直接投資を増大する場合がある。域外国に対する関税率が高い場合には，直接投資はさらに促進される傾向がある。域外国からの直接投資は優れた技術を域内に移

転する。域内市場の拡大や技術移転によって域内の生産が効率化すれば，域外輸出のための直接投資も増大する。FTA/EPA によって域内投資の自由化が規定されている場合には，域内の相互投資が活発化する。

第4に，FTA/EPA は大国に限らず締結国の構造改革を促進する場合がある。FTA によって輸入自由化が行われると，輸入競合産業の構造改革が必要になる。このような構造改革を通じて，輸入競合産業の生産を効率化し，競争力を向上させる効果が期待される。また，FTA/EPA を締結するために，域内のルールや制度が見直されるだけではなく，積極的に構造改革が推進される場合もある。

## 7.2 自由貿易か保護貿易か

貿易自由化については賛否両論がある。自由貿易擁護論は資源配分の効率性や保護貿易のコストを強調するが，保護貿易擁護論は市場の失敗，規模の経済，取引費用，集合行為論などによって保護貿易が行われる理由を説明する。

### 7.2.1 自由貿易擁護論

自由貿易はなぜ重要なのであろうか。自由貿易擁護論について検討しよう。自由貿易擁護論は，資源配分の効率性や保護貿易のコストに注目する。保護貿易のコストには以下のようなものがある。このようなコストは自由貿易によって排除することができる。

第1に，保護貿易は資源配分の非効率化と経済厚生の悪化をもたらす。保護貿易を行うことによって，企業は最も効率的な生産方法とは異なる方法を選択し（生産の歪み），効率的な資源配分が損なわれる可能性がある。また，消費者も高い価格の財の購入を余儀なくされ（消費の歪み），消費者余剰が減少する。

図7-2は，小国において関税をかけた場合の経済効果を表す。生産の歪みは $\triangle ACF$ で表され，消費の歪みは $\triangle BGE$ で表される。関税賦課は，これらの歪みで表される経済厚生の損失をもたらす。自由貿易の場合にはこれらの歪み

図 7-2 小国の輸入関税

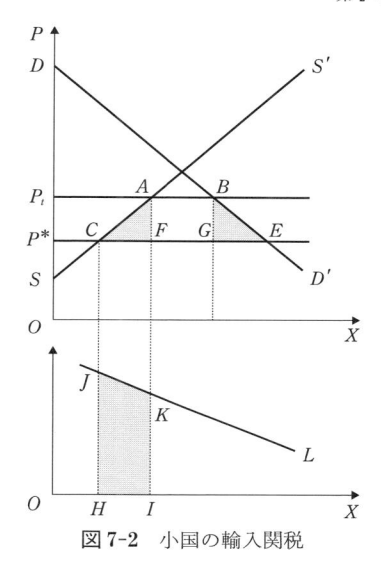

は取り除かれる。

　第 2 に，保護貿易は市場の分散化をもたらし，特化や規模の経済の利益を損なう可能性がある。国内市場を保護することによって，非効率的な産業や企業が存続し，その結果，比較優位による特化の利益が損なわれる。また，狭隘な国内市場は規模の経済の実現を不可能にする。これに対して，自由貿易は，比較優位による特化の利益をもたらし，また輸出によって規模の経済の可能性を広げる。さらに，外国企業との競争によって学習や技術革新のインセンティブを国内企業に与える。

　第 3 に，保護貿易は産業の独占化をもたらし，独占の弊害をもたらす可能性がある。外国との競争が遮断されることによって，国内企業の独占的支配が強まる可能性がある。独占の弊害とは，独占的な価格設定によって価格体系が歪められることであり，その結果として完全競争の場合と比較して，生産が過小供給になったり消費者余剰が減少したりする。自由貿易は競争によって独占の弊害を取り除く。

　第 4 に，保護貿易は特定の利益集団に利益を保証する政策であるので，その

ような利益を求めて企業が**非生産的な利潤追求活動**（DUP: Directly Unproductive Profit-seeking Activities）を行う可能性がある。保護貿易を求める利益集団は，本来であれば生産的な経済活動に向けられる資源を非生産的な活動に用いる。そのような非生産的な活動は，利益集団にとっては利潤を増大するものであっても，社会的には経済厚生を低下させる。

### 7.2.2　保護貿易擁護論

　一般に，自由貿易は保護貿易よりも各国の経済厚生や世界全体の経済厚生を高める。それでは，なぜ現実には自由貿易ではなく保護貿易が行われる場合があるのであろうか。保護貿易が選択される理由には，①市場の失敗，②最適関税，③所得分配，④政策変更の費用，⑤政治的要因などがある。

**市場の失敗**　市場の失敗がある場合には，市場への政府の介入が行われる。これは貿易政策についても同様である。市場の失敗を理由に保護貿易が行われるのは以下のような場合である。

　第1に，外部経済のために市場の失敗がある場合には，保護貿易が容認される。輸入競合産業が外部経済を伴うときには，保護貿易が有効な場合がある。例えば，農業は農産物の供給だけではなく多面的機能を持っている。水田は環境保全効果を持ったり，農村は景観や伝統文化を維持したり，国内生産は食料の安全保障の役割を果たしたりする。このような外部経済効果が十分に大きい場合には，保護貿易は経済厚生を高めることになる。

　図7-2の下の図の曲線 $L$ は社会的限界便益曲線を表す。輸入関税によって生産量が増加すると，生産の歪み$\triangle ACF$ が発生する。また消費も価格上昇によって減少し，消費の歪み$\triangle BGE$ が生じる。生産者余剰と消費者余剰だけを考慮すれば，輸入関税の費用はその便益を上回り，経済厚生は低下する。しかし，輸入競合産業が外部経済を伴う場合には，輸入関税による生産増大によって$\square JHIK$ の社会的便益が発生する。このような社会的便益が十分に大きい場合には，保護貿易は経済厚生を高めることになる。

　しかし，市場の失敗がある場合に，保護貿易がつねに擁護されるわけではな

い。その理由は，市場の失敗はその原因に応じて対応すべきであるからである。例えば，上の例では，生産増加によって社会的便益が得られる。このような生産増加は生産補助金によって行うことができる。生産補助金の場合には，国内価格が上昇しないので消費の歪みを回避することができる。ただし，財政赤字がある場合には補助金政策の実施は難しいかもしれない。このような場合には，輸入規制や関税の方が政府としては選択しやすい。

　第2に，生産要素市場に歪みがあると，保護貿易が行われる場合がある。例えば，独占企業が存在するために高い賃金が設定され，労働市場に歪みがあるような場合がある。このよう場合に，関税によって市場の歪みを是正する場合がある。ただし，労働市場における歪みの是正に貿易政策を用いるのは必ずしも適切ではない。このような場合も労働市場の歪みを直接取り除くような政策を実施する必要がある。

　第3に，幼稚産業を保護育成する場合に，保護貿易が容認される場合がある。動学的な規模の経済（第5章参照）が存在するような社会的に望ましい産業が，資本市場の不完全性や技術的な外部性が存在するために成長しない場合がある。このような場合に，一時的に幼稚産業を保護するような貿易政策がとられる場合がある。ただし，この場合も必ずしも幼稚産業の保護政策が貿易政策である必要はない。

　第4に，国際的な寡占競争が行われている分野において，戦略的貿易政策として政府が政策支援する場合がある。特に，技術開発に外部性があったり，社会的便益が私的便益を上回っていたりするような場合には，積極的な政策介入が行われる可能性がある。ただし，このような政策は相手国から報復政策をとられる可能性もあるので，戦略的貿易政策の効果は不確定である。

**最適関税**　最適関税論によって保護貿易が正当化される場合がある。第4章で大国の関税政策について検討し，大国が最適関税を課す場合があることをみた。大国の関税は，一方では生産・消費の歪みによって経済厚生を悪化させるが，他方では輸入価格の低下によって交易条件を改善し，経済厚生を改善する効果がある。この両者の効果を比較しながら，大国は経済厚生を

第Ⅱ部　国際貿易政策

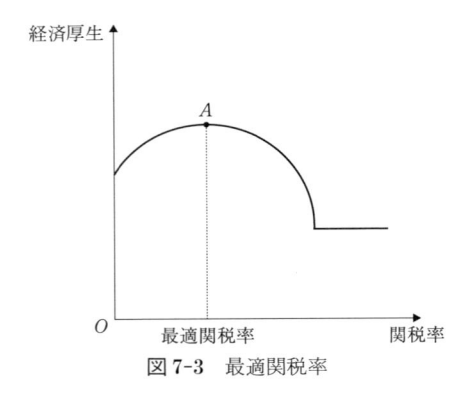

図 7-3　最適関税率

最大にするような最適関税率を設定することができる。

　図 7-3 は，大国の関税率と経済厚生の関係について表したものである。大国の関税率が低い場合には，関税を課しても交易条件効果が十分に大きい。このような場合には，関税率を引き上げることによって経済厚生を改善することができる。点 $A$ は経済厚生を最大にするような関税率を表す。これを**最適関税率**と呼ぶ。大国にとって自由貿易は最適な政策ではなく，大国には関税を課すインセンティブがある。ただし，このような最適関税率の設定は相手国からの報復を招く可能性がある。

　**所得分配**　貿易自由化が国民全体の経済厚生を改善するとしても，特定の利益集団の経済厚生が悪化する場合には，貿易自由化は難しく，保護貿易が擁護される場合がある。例えば，農産物の貿易自由化は，生産者余剰を減少させ農家の所得分配を悪化させる。農家の所得が相対的に低いときには，農産物が保護貿易の対象になる場合がある。ただし，貿易自由化によって所得分配の悪化があるとしても，輸入規制や輸入関税のような保護貿易が実施されるとは限らない。

　多くの経済学者は，貿易自由化による所得分配の悪化を認めたとしても，自由貿易を支持する傾向がある。その理由は，第 1 に，所得分配の悪化は貿易以外でも，技術進歩，消費者の嗜好の変化，新しい資源の発見などによって起きる可能性がある。所得分配の悪化がある場合にその都度規制することは，経済

活動に弊害をもたらしたり，経済発展を阻害したりする可能性がある。第2に，貿易自由化によって所得分配の悪化があったとしても，保護貿易を行うよりは，貿易自由化によって損失を被る人の所得を補償する方が望ましい。一般に，貿易自由化の損失よりもその潜在的便益が強調される傾向がある。

貿易政策の実施を検討する場合には，国民全体の経済厚生よりも経済集団間の経済厚生の変動の方が重要な役割を果たす。所得分配を考慮すると，政府の貿易政策は社会的厚生関数の形状に依存することになる。

第1に，政府は各経済集団の経済厚生を加重しながら貿易政策を作成する（**加重された社会的厚生関数**）。農産物の貿易自由化は，農家の生産者余剰を減少させ，消費者の消費者余剰を増大させる。このとき，政府が農家の生産者余剰の減少を大きく評価する場合には，保護貿易政策が選択されることになる。政府の政治的支持者やかれらの政策姿勢が貿易政策の決定において重要になる。

第2に，政府は，貿易政策によって誰が利益を受け，誰が損失を被るかというよりも，所得分配を変えること自体を回避する場合がある（**保守的な社会的厚生関数**）。このような議論は，貿易政策が何らかの理由で一度採用されると，その政策がその後もなぜ維持されるのかを説明することができる。例えば，輸入規制や関税によって輸入代替工業化政策が一度採用されると，その産業に資本蓄積や雇用が行われるので，このような政策からの転換は難しくなる。

**政策変更の費用** 政策変更に伴うコストが十分に大きいとき，保護貿易が選択される場合がある。貿易自由化を実施すると，短期的な移行費用，例えば輸入増大による貿易収支の悪化や失業の発生などのコストが生じる。これに対して，貿易自由化によって実現される便益は時間がかかり，長期的なものである。短期的な費用が長期的な便益よりも重視される場合には，政府は保護貿易を選択する。

しかし，失業対策や雇用確保のために輸入関税を賦課するのは，消費価格の上昇によって消費者に負担を強いるので望ましい政策ではない。このような場合には，雇用対策補助金を直接供与する方が望ましい。もっとも上と同様に財政赤字がある場合には補助金政策は容易に実施できない。また補助金政策は関

税よりも**行政コスト**がかさむ。短期的に補助金政策を行うとしても，長期的には比較優位に基づいた産業構造の転換を行う必要がある。

**政治的要因**　保護貿易は政治的な要因によって選択される場合がある。政治的要因には，①集合行為論や②政治的支持の確保などがある。

第1に，政府の貿易政策は政治的には**集合行為論**（Olson, M.）によって説明される場合がある。集合行為論によると，保護貿易は，例え国民全体の経済厚生を悪化させる場合でも，小規模なよく組織された特定の利益集団の利害関係に沿うように決定される。

農産物の保護貿易は集合行為論によって説明することができる。農産物の自由化は価格低下によって消費者余剰を増大させるが，生産者余剰を減少させる。貿易自由化のコストは少数の特定の生産者によって負担されるが，その便益は多数の消費者によって享受される。生産者は，1人当たりの費用負担が大きいので，貿易自由化には強く反対する。これに対して，消費者は，1人当たりの便益は小さいので，貿易自由化にはあまり関心を示さない。この結果，貿易自由化は生産者による利益集団によって強い政治的反対にあうが，それを上回る貿易自由化圧力を消費者が政治的に組織するのは難しい。

第2に，政府は，政治的な支持や影響力を維持したり拡大したりするために保護貿易を選択する場合がある。輸入関税や輸入割当のような保護貿易政策を維持することによって，政府は特定の利益集団に便益を供与することができる。このような便益供与によって政府は，利益集団との政治的関係を緊密にし，かれらから政治的支持を得たり，天下り先を確保したりすることができる。

### 7.2.3　国際交渉と貿易政策

戦後の貿易自由化はGATT/WTOの国際交渉によって実現されてきた。貿易自由化を実現するためには，国内の利害関係者間の交渉だけではなく，貿易相手国との国際交渉を行わなければならない。しかし，各国は，取引費用や機会主義の危険によって貿易自由化のジレンマに陥る可能性がある。

第7章　市場統合と貿易自由化

**取引費用と取引特定投資**　取引費用が十分に大きい場合には，貿易自由化は困難になる。貿易自由化は，資源配分の効率化によって国民全体の経済厚生を改善する。しかし，そのような利益を実現するためには，貿易自由化によって損失を被る経済主体に対する補償を行わなければならない。このような補償には，情報・交渉・執行のための**取引費用**が必要になる。市場機構や補償機構が整備され，取引費用が十分に小さい場合には，貿易自由化は促進されるであろう。しかし，取引費用が十分に大きくなると，貿易自由化は困難になる。

取引費用の存在は，貿易自由化交渉に関する2つの問題を明らかにする。第1に，取引費用は各国間の貿易自由化の交渉や合意を困難にする。取引費用が十分に大きくなると，各国政府は損失を被る経済主体を補償するのが困難になる。その結果，貿易自由化によって損失を被る経済主体が輸入規制を主張し，その政治的影響力が十分に大きくなると保護貿易が行われる。

第2に，取引費用は各国に機会主義のインセンティブを与え，合意された貿易自由化協定の実行可能性を低下させる。機会主義とは，情報を歪めて開示したり，遵守する意思もない約束をしたり，また同意した約束を反故にしたりすることによって自己の利益を追求することである。貿易相手国が貿易自由化協定を遵守しているときに，自国が貿易自由化をしなければ，自国は貿易自由化に伴う取引費用を負担する必要はない。このような機会主義による保護主義は，特定することが難しく，広範に行われる可能性がある。

貿易関連の取引特定投資があるとき，貿易自由化は困難になる場合がある。貿易関連の**取引特定投資**とは，輸出先の需要に応じて製品を特注するための生産設備や下請け関連工場などである。貿易自由化の合意において貿易関連の取引特定投資の存在は，相手国によって機会主義的な保護貿易が行われると，大きな損失に繋がるという意味で重要である。

**貿易自由化のジレンマ**　取引費用や取引特定投資および機会主義によって各国の貿易自由化交渉はジレンマに陥る可能性がある。$A$国と$B$国の貿易自由化交渉について検討しよう。両国の選択肢は2つで，

表7-2 貿易自由化のジレンマ

| A＼B | 自由貿易 | 保護貿易 |
|---|---|---|
| 自由貿易 | (40, 30) | (10, 40) |
| 保護貿易 | (30, 10) | (20, 20)* |

(注) *は均衡を表す。

自由貿易か保護貿易とする。表7-2はこの貿易自由化交渉の選択肢と利得行列を表す。左側が $A$ 国の利得，右側が $B$ 国の利得を表す。

$B$ 国が貿易自由化に同意し，貿易関連の取引特定投資を行うとしよう。両国が自由貿易を行うとき，$B$ 国の利得は30とする。$B$ 国が貿易自由化するとすれば，この利得30は両国が保護貿易を行うときの利得20よりは大きいだろう。$A$ 国には取引特定投資が必要であり，機会主義的な保護貿易のインセンティブがあるとしよう。もし $A$ 国がこのような保護貿易を行い，$B$ 国の取引特定投資の価値が喪失するならば，$B$ 国の利得は貿易自由化以前の利得20よりも低い利得10になる可能性がある。このように，$A$ 国の機会主義的な保護主義によって $B$ 国の利得が貿易自由化以前の利得よりも低下する場合には，$B$ 国が自由貿易を行うのは難しくなる。

各国は一度とった行動を変えることができないとしよう。また，両国とも相手の行動を知らずに戦略を選択し，交渉は一度しか行われないとしよう。このとき，$B$ 国は，$A$ 国の機会主義的な保護貿易によって取引特定投資の価値を喪失することを恐れ，保護貿易を選択する。$A$ 国も同様の理由によって保護貿易を選択する。

この貿易自由化交渉では，両国とも保護貿易体制（保護貿易を両国が選択）よりも自由貿易体制（自由貿易を両国が選択）を望んでいるにもかかわらず，実現するのは保護貿易体制である。こうして両国は貿易自由化のジレンマに陥る。このような状況において貿易自由化を推進するためには，このようなジレンマを回避するようなガバナンス機構（GATT・WTO）を必要とする。

## Question 7.1 市場統合

$A$ 国，$B$ 国，$C$ 国による3国の経済を考えよう。表7-3は，各国の財の生産コストと $A$ 国政府が輸入品に課す関税率を3つの場合にわけて表す。$A$ 国と $B$ 国が自由貿易協定（FTA）を締結するとしよう。このとき，$A$ 国の経済厚生はどのような影響を受けるか，3つの場合に分けて検討しなさい。

表7-3 各国の生産コストと$A$国の関税率

|  | $A$ 国 | $B$ 国 | $C$ 国 | 関税率 |
|---|---|---|---|---|
| Case ① | 1,000円 | 900円 | 900円 | 20% |
| Case ② | 1,000円 | 900円 | 900円 | 10% |
| Case ③ | 1,000円 | 800円 | 700円 | 20% |

## Answer 7.1

FTA 締結の前後で，各国の財の価格は以下のように変化する。

表7-4 FTAの経済効果

|  |  | $A$ 国 | $B$ 国 | $C$ 国 | 最も安い製品 |
|---|---|---|---|---|---|
| Case ① | 締結前 | 1,000円 | 1,080円 | 1,080円 | $A$ 国製品 |
|  | 締結後 | 1,000円 | 900円 | 1,080円 | $B$ 国製品 |
| Case ② | 締結前 | 1,000円 | 990円 | 990円 | $B$ 国，$C$ 国製品 |
|  | 締結後 | 1,000円 | 900円 | 990円 | $B$ 国製品 |
| Case ③ | 締結前 | 1,000円 | 960円 | 840円 | $C$ 国製品 |
|  | 締結後 | 1,000円 | 800円 | 840円 | $B$ 国製品 |

Case ①：FTA 締結前，$A$ 国の消費者は最も安価な $A$ 国製品を1,000円で購入する。$A$ 国と $B$ 国がFTAを締結すると，$A$ 国の消費者は $B$ 国から輸入品を900円で購入するようになる。したがって，$A$・$B$ 国間の FTA 締結によって，$A$ 国の消費者は自国製品よりも安価な $B$ 国製品を購入できるので，経済厚生は改善される。この効果は，FTAの貿易創出効果と呼ばれる。

Case ②：FTA 締結前，$A$ 国の消費者は最も安価な $B$ 国と $C$ 国からの輸入品を990円で購入する。$A$ 国と $B$ 国がFTAを締結すると，$A$ 国の消費者は $B$ 国から900円で輸入品を購入するようになる。したがって，$A$・$B$国間の

FTA締結によって、$A$国の消費者は$B$国製品をより安価に購入できるので、経済厚生は改善される。

Case③：FTA締結前、$A$国の消費者は最も安価な$C$国から840円で輸入品を購入する。$A$国と$B$国がFTAを締結すると、$A$国の消費者は$B$国からの輸入品を800円で購入するようになる。したがって、$A$・$B$国間のFTA締結によって、$A$国の消費者は$C$国製品よりもコスト面で非効率的な$B$国製品を購入することになり、経済厚生が悪化する可能性がある（FTAの貿易転換効果）。

### Question 7.2 自由貿易か保護貿易か

$A$国と$B$国との貿易自由化交渉ゲームを考えよう。両国の戦略は、自由貿易か保護貿易である。両国の利得は各国の戦略の組み合わせによって表7-5のようになるとしよう（左側が$A$国、右側が$B$国）。このとき、以下の問いに答えなさい。

表7-5 貿易自由化交渉

| A \ B | 自由貿易 | 保護貿易 |
|---|---|---|
| 自由貿易 | (10, 10) | (−10, 20) |
| 保護貿易 | (20, −10) | (−5, −5) |

**問題(1)** このゲームのナッシュ均衡を求め、囚人のジレンマに陥っているか検討しなさい。

**問題(2)** 一方的な保護貿易に対して、WTOが−20の制裁を課す場合の効果を検討しなさい。

**問題(3)** $A$国との貿易自由化の結果、$B$国が環境破壊によって20の損失を被るとしよう。この場合のナッシュ均衡を求め、問題(1)の場合と比較しなさい。

### Answer 7.2

**解答(1)** $A$国の最適戦略を考えよう。$B$国が自由貿易と保護貿易のいずれを

第7章 市場統合と貿易自由化

選択しても，$A$ 国の最適戦略は保護貿易である．同様に $B$ 国の最適戦略を考えると，$A$ 国の戦略が自由貿易と保護貿易のいずれの場合でも，$B$ 国の最適戦略は保護貿易である．したがって，$A$ 国も $B$ 国も共に保護貿易を選択するのがナッシュ均衡となる．

ここで，もし両国ともに戦略を自由貿易へ変えれば，共に利得を−5から10へ増大させることができる．したがって，ナッシュ均衡はパレート最適な状態となっておらず，このゲームは囚人のジレンマに陥っている．

**解答(2)** 一方的な保護貿易に対して，WTO が−20の制裁を課す場合には，各国の利得は表7-6のようになる（左側が $A$ 国，右側が $B$ 国）．

**表7-6** 貿易自由化と WTO

| A＼B | 自由貿易 | 保護貿易 |
|---|---|---|
| 自由貿易 | (10, 10) | (−10, 0) |
| 保護貿易 | (0, −10) | (−5, −5) |

このとき，$A$ 国の最適戦略を考えよう．$B$ 国が自由貿易を選択すれば $A$ 国の最適戦略は自由貿易であり，$B$ 国が保護貿易を選択すれば $A$ 国の最適戦略も保護貿易となる．$B$ 国の最適戦略も同様に考えることができる．ナッシュ均衡（純粋戦略の場合）は，両国ともに自由貿易を選択する場合と，両国ともに保護貿易を選択する場合の2つになる．したがって，WTO の制裁によって保護貿易のインセンティブが取り除かれれば，自由貿易の可能性は高まる．

**解答(3)** $A$ 国との貿易自由化が $B$ 国に20の損失をもたらす場合，各国の利得は以下のように変化する（左側が $A$ 国，右側が $B$ 国）．

**表7-7** 貿易自由化と環境破壊

| A＼B | 自由貿易 | 保護貿易 |
|---|---|---|
| 自由貿易 | (10, −10) | (−10, 0) |
| 保護貿易 | (20, −10) | (−5, −5) |

このときのナッシュ均衡は問題(1)の場合と同様に，$A$ 国も $B$ 国も共に保護貿易を選択する状態である．ただし，もし両国ともに戦略を自由貿易へと

変化させると，$B$ 国の利得は$-5$から$-10$へと悪化するので，このゲームは囚人のジレンマではない。したがって，貿易自由化によって環境破壊が進行する場合には，保護貿易政策は正当化される。

## 文献案内

Irwin, Douglass (1996) *Against the Tide: An Intellectual History of Free Trade,* Princeton: Princeton University Press（小島清監訳『自由貿易理論史――潮流に抗して』文眞堂，1999年）.
　　＊自由貿易思想の生成と発展に関する学説史をまとめた著作。

Bhagwati, Jagdish (2004) *In Defense of Globalization,* Oxford: Oxford University Press（鈴木主税ほか訳『グローバリゼーションを擁護する』日本経済新聞社，2005年）.
　　＊自由貿易の利益を積極的に擁護している。

Lang, Tim and Colin Hines (1993) *The New Protectionism: Protecting the Future against Free Trade,* London: Earthscan Publications（三輪昌男訳『自由貿易神話への挑戦』家の光教会，1995年）.
　　＊自由貿易について批判的に検討している。

遠藤正寛（2005）『地域貿易協定の経済分析』東京大学出版会。
　　＊FTAの貿易創出効果や貿易転換効果について実証的な検討をしている。

# 第Ⅲ部　国際マクロ経済理論

# 第 8 章

# 為替レートの決定

---

**この章で学ぶこと**

　この章では，為替レートの決定について学ぶ。為替レートとは自国通貨と外国通貨の交換比率である。為替レートの決定理論には，①金利平価説，②アセット・アプローチ，③購買力平価説，④マネタリー・アプローチなどがある。金利平価説は異なる通貨の保有から得られる収益率の差によって為替レートの水準を説明する。アセット・アプローチは外国為替市場だけでなく，通貨や株および債権などの金融資産市場を考察し，資産の収益格差によって為替レートを説明する。購買力平価説は自国と外国の財価格が均等化（一物一価の法則が成立）するように為替レートが決定されるとする。マネタリー・アプローチは，購買力平価説と貨幣市場の需給条件から為替レートの決定を考える。

**キーワード**

　金利平価説　金利裁定条件　直物為替レート　先物為替レート　予想為替レート　フォワードプレミアム　リスクプレミアム　アセット・アプローチ　貨幣需要　購買力平価説　マネタリー・アプローチ　一物一価の法則　オーバーシューティング

---

## 8.1　短期の為替レート決定

　短期における為替レートの決定理論は，金利平価説とアセット・アプローチである。金利平価説（狭義のアセット・アプローチ）は外国為替市場のみを考慮するが，（広義の）アセット・アプローチは通貨以外の金融資産市場も分析対象にする。

```
       ┌─────────┐    1$ = E円     ┌──────────────┐
       │ 100万円  │ ──────────→    │ 100/E 万ドル  │
       └─────────┘                  └──────────────┘
            │                              │
            ↓                              ↓
  ┌──────────────────┐    1$ = E^f 円    ┌────────────────────┐
  │ 100(1+i) 万円    │ ←──────────────   │ 100[(1+i*)/E] 万ドル │
  │ 100[(1+i*)E^f/E]万円│                └────────────────────┘
  └──────────────────┘
```

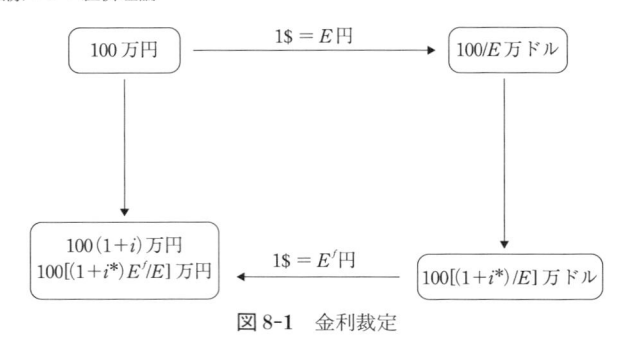

図 8-1　金利裁定

## 8.1.1　金利平価説

　最も短期の為替レート決定理論は，利子率や為替予想を所与として，外国為替市場の均衡によって為替レートの決定を説明する金利平価説である。金利平価説において最も重要な変数は，異なる通貨資産から得られる収益率の格差である。金利平価説には，カバー付きの金利裁定とカバーなしの金利裁定がある。

**カバー付きの金利裁定**　図 8-1 をもとにカバー付きの金利裁定について検討しよう。ある投資家が円建て資産とドル建て資産の 2 つの金融資産への投資を検討しているとしよう。この投資家の $t$ 期の資産を100万円とする。この投資家が円建て資産に投資した場合の $t+1$ 期の資産を $Y$ 円，円建て資産の収益率を $i$ とする。このとき，$t+1$ 期のこの投資家の資産は以下のようになる。

$$Y = 100(1+i) \text{ 万円}$$

　つぎに，この投資家がドル建て資産に投資するとしよう。$t$ 期の**直物為替レート**を $E$（円/ドル）とし，$t+1$ 期における将来の為替レートを $t$ 期において契約する**先物為替レート**を $E^f$（円/ドル）とする。100万円の資産はドルで換算すると，$100/E$ 万ドルのドル建て資産になる。ドル資産の収益率を $i^*$ とすれば，$t+1$ 期のこの投資家のドル建て資産は，$100[(1+i^*)/E]$ 万ドルになる。これを円で換算すると，以下のようになる。

$$D^f = 100[(1+i^*)E^f/E] \text{ 万円}$$

ドル建て資産の1期後の収益は，$100[(1+i^*)(E^f/E)-1]$ 万円であり，これを元金の100万円と比較すると，収益率は $i^*+\theta+i^*\theta$ となる。ここで，$\theta=(E^f-E)/E$ であり，ドルの**フォワード・プレミアム**である。収益率の内訳は，金利 $i^*$ ＋元金のキャピタルゲイン $\theta$ ＋金利のキャピタルゲイン $i^*\theta$ からなる。

外国為替市場は，2つの通貨建て資産の収益率が等しくなるときに均衡する。2つの収益率が均等化する条件を**カバー付きの金利裁定条件**という。これは以下のように表される。

$$i = i^* + \theta + i^*\theta$$

ここで，簡単化のために $i^*\theta=0$ とすると，カバー付き金利裁定条件は近似的に以下のようになる。

$$i = i^* + \theta$$

これを現在の為替レート $E$ について書き換えると，つぎのようになる。

$$E = E^f/(i-i^*+1) \qquad ①$$

この式を見ると，現在の為替レート $E$ は，将来の先物為替レート $E^f$ と，日米の金利差 $i-i^*$ によって決定されることが分かる。ドル建て資産の利子率 $i^*$ が上昇したり，先物為替レート $E^f$ が減価したりすれば，現在の為替レート $E$ は減価する。円建て資産の利子率 $i$ が上昇すれば，現在の為替レート $E$ は増価する。

**カバーなしの金利裁定** 将来の先物為替レートを用いない場合には，外国為替市場の均衡は，円建て資産の収益率とドル建て資産の期待収益率が等しくなる場合に達成される。$t$ 期における $t+1$ 期の**予想為替レート**を $E^e$ と表そう。現在100万円の資産は，$t+1$ 期後にはドル建てでは $100[(1+i^*)/E]$ 万ドルとなる。これを円で換算すると，以下のようになる。

$$D^e = 100[(1+i^*)E^e/E] \text{ 万円}$$

外国為替市場が均衡する条件は，2つの資産の収益率が均等化することであり，**カバーなしの金利裁定条件**と呼ばれる。これは以下のように表される。ただし，$\varepsilon = (E^e - E)/E$ であり，$\varepsilon$ は為替レートの予想減価率あるいは為替レートの変動マージンである。

$$i = i^* + \varepsilon + i^*\varepsilon$$

ここで，簡単化のために $i^*\varepsilon = 0$ とすると，カバーなし金利裁定条件は近似的に以下のようになる。

$$i = i^* + \varepsilon$$

これを現在の為替レート $E$ について書き換えると，つぎのようになる。

$$E = E^e/(i - i^* + 1) \qquad\qquad ②$$

この式から現在の為替レート $E$ は，予想為替レート $E^e$ と日米の金利差 $i - i^*$ によって決定されることが分かる。

図8-2は，縦軸に為替レート $E$，横軸に利子率 $i$ とドル建て資産の期待収益率 $i^* + \varepsilon$ をとり，金利裁定による為替レートの決定について表す。右下がりの曲線 $II'$ はドル建て資産の期待収益率を表す。$i_0$ をとおる垂線は初期の利子率を表す。初期の均衡点を $Q_0$，均衡為替レートを $E_0$，均衡利子率を $i_0$ とする。

利子率 $i$ の上昇が為替レート $E$ に及ぼす効果について検討しよう。利子率の $i_0$ から $i_1$ への上昇は円資産に対する需要を増大させ，為替レートを増価させる。均衡点は点 $Q_0$ から点 $Q_1$ に移動し，為替レートは $E_1$ に増価する。反対に，利子率 $i$ の低下はドル資産の需要を増大させ，現在の為替レート $E$ を減価させる。

ドル資産の利子率 $i^*$ の上昇や予想為替レート $E^e$ の減価の効果について検討しよう。このような場合には，ドル建て資産の期待収益率を表す曲線 $II'$ が

第8章 為替レートの決定

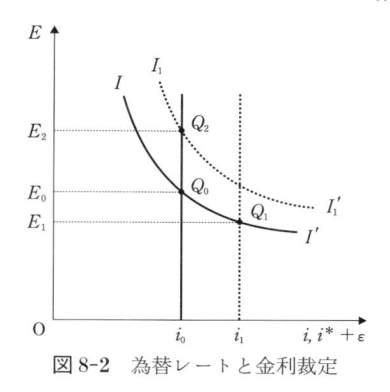

図8-2 為替レートと金利裁定

上方に移動する。ドル資産の利子率 $i^*$ の上昇や予想為替レート $E^e$ の減価は，ドル建て資産の需要を増大させ，現在の為替レート $E$ を減価させる。均衡点は点 $Q_2$ に移動し，為替レートは $E_2$ に減価する。

予想為替レート $E^e$ は，世界経済の動向や主要国の政府要人の発言によって影響を受ける。2008年の米国のリーマンショックを契機とした世界金融危機や，グリーンスパン元FRB議長の「100年に一度の経済危機」発言によってドル安が進んだ。また2010年にはギリシャの財政赤字問題を背景としてユーロが下落した。世界経済に影響を及ぼすような大きな出来事が起きると，ドルやユーロの将来の予想為替レートが急激に下落し，これが直物為替レートの下落を引き起こすことになる。

先物為替レート $E^f$ と予想為替レート $E^e$ の関係について検討しよう。カバー付き金利裁定条件とカバーなし金利裁定条件が同時に成立すれば，つぎのような関係が得られる。

$$E^f = E^e$$

このような場合には，先物為替レート $E^f$ と予想為替レート $E^e$ が等しくなる。しかし，カバー付きの取引はリスクを含まないが，カバーなしの取引にはリスクが含まれる。このリスクの存在のために，一般的には先物為替レートと予想為替レートは等しくならない。この両者の差 $R_p$ を**リスクプレミアム**という。

$$R_p = E^f - E^e$$

リスクプレミアムがない場合（$R_p=0$）には，2つの円資産とドル資産は同一と見なされ，リスクの面で完全に代替的になる。リスクプレミアムがゼロでなければ，2つの資産は不完全な代替物になる。リスクプレミアムが正（$R_p>0$）のとき，円の減価リスクがドルの減価リスクより大きくなる。リスクのない先物レートの方が，1ドル当たり要求される円の金額が大きくなる。リスクプレミアムが負（$R_p<0$）のとき，ドルの減価リスクが円の減価リスクより大きくなる。

### 8.1.2 アセット・アプローチ

外国為替市場だけではなく，貨幣市場のような金融資産市場を考慮しながら，為替レートの決定を検討しよう。このような為替レートの決定理論はアセット・アプローチと呼ばれる。貨幣市場を考慮することによって，利子率を内生的に決定したり，政府の金融政策が為替レートに及ぼす影響を検討したりすることができる。

貨幣は最も流動性の高い金融資産である。貨幣の機能には，①交換手段，②計算単位，③価値保存手段などがある。交換手段の機能とは，財・サービスの取引の手段として貨幣が使われることである。計算単位の機能は財・サービスの価値を表示する機能である。価値保存手段の機能は財・サービスの購買力を保存する機能である。

このような機能を持つ貨幣に対する**貨幣需要**は，①所得水準と②利子率によって決定される。第1に，貨幣は財・サービスの取引のために保有される。所得水準の増大は財・サービス取引を増大させるので，所得水準が増大すると，貨幣需要は増大する。第2に，貨幣保有には，利子がつかないので，利子所得という機会費用がともなう。したがって，利子率が上昇すると，貨幣需要は減少する。

実質所得を $Y$，利子率を $i$，物価水準を $P$，実質貨幣需要関数を $L$，貨幣

第8章 為替レートの決定

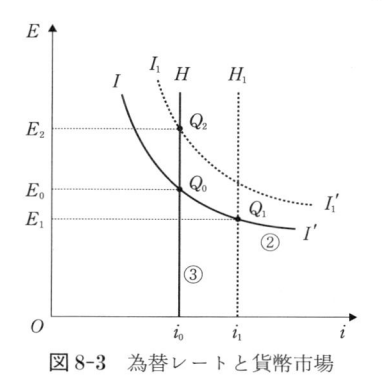

図8-3 為替レートと貨幣市場

供給を $M^s$ とすると，貨幣市場の均衡は以下のように表される。

$$M^s/P = L(Y, i)$$

実質所得 $Y$ の増大は，支出の増大のために貨幣需要を増大させる。利子率 $i$ の上昇は，貨幣保有の機会費用を高め，貨幣需要を減少させる。物価水準 $P$ の上昇は実質貨幣供給を減少させる。この貨幣市場の均衡によって利子率 $i$ が決定される。これを簡単化して，以下のように表す。

$$M^s/P = L_1 Y - L_2 i$$

$L_1$ は貨幣需要の所得反応係数であり，$L_2$ は貨幣需要の利子反応係数である。これを書き換えると，次式を得る。

$$i = (1/L_2)(L_1 Y - M^s/P) \qquad ③$$

利子率 $i$ はこの貨幣市場において決定され，この利子率 $i$ とカバーなし金利裁定条件（$E = E^e/(i - i^* + 1)$）によって為替レート $E$ が決定される。

図8-3は，縦軸に為替レート $E$，横軸に利子率 $i$ をとり，貨幣市場の均衡条件とカバーなし金利裁定式を表す。右下がりの曲線 $II'$ はカバーなしの金利裁定式（②式）を表し，利子率 $i$ の上昇が円資産の需要を増大させ，為替レート $E$ を増価させることを示す。直線 $H$ は貨幣市場の均衡条件（③式）を表す。

金融政策が為替レートに及ぼす影響について検討しよう。初期の均衡点を点 $Q_0$, 均衡為替レートを $E_0$, 均衡利子率を $i_0$ とする。緊縮的な金融政策は, 貨幣供給量 $M^s$ を減少させ, 利子率を $i_1$ に上昇させる。これは図では垂線 $H$ を $H_1$ のように右方にシフトさせる。利子率の上昇は円資産に対する需要を増大させ, 為替レートを増価させる。均衡点は点 $Q_1$ に移動し, 為替レートは $E_1$ に増価する。反対に, 拡張的な金融政策は, 利子率を低下させ, ドル資産の需要を増大させ, 為替レートを減価させる。

所得水準 $Y$ の増大も同様に為替レートを増価させる。所得水準の上昇は貨幣需要を増大させるが, 貨幣供給が一定の場合には, 利子率が上昇することによって貨幣市場は均衡を回復する (垂線 $H$ の $H_1$ への右方シフト)。こうして, 所得水準の増大は, 利子率を上昇させ, 為替レートを増価させる。物価水準 $P$ の上昇も同様に為替レートを増価させる。物価水準の上昇は, 実質貨幣供給量を減少させ, 利子率を上昇させる。この結果, 為替レートを増価させる。

予想為替レート $E^e$ の減価や外国利子率 $i^*$ の上昇は為替レートを減価させる。予想為替レート $E^e$ の減価や外国利子率 $i^*$ の上昇はドル建て資産の収益率を高め, ドル需要を増大させる。その結果, 為替レートは減価する。図8-3では, これらは曲線 $II'$ を曲線 $I_1I_1'$ のように上方シフトさせ, 均衡点を点 $Q_2$ に移動させ, 為替レートを $E_2$ に減価させる。

## 8.2 長期の為替レート決定

ここまでは, 資産市場の均衡によって為替レートの決定を検討してきた。ここでは, より長期に均衡する財・サービス市場の均衡を考慮し, 為替レートの決定について検討しよう。長期の為替レート決定理論には, 購買力平価説 (PPP: Purchasing Power Parity) とマネタリー・アプローチがある。

### 8.2.1 購買力平価説

購買力平価説は, 財市場の均衡条件を用いて為替レートの決定を検討する。

まず，日米間で財市場が均衡する条件を検討しよう。ある財の価格について円建て価格とドル建て価格で相違があると，裁定取引が行われ，財市場は均衡しない。

**一物一価の法則**：国際的な取引が自由に行われ，両国間に輸送費や貿易障壁が存在しなければ，両国の財価格は等しくなる。ある財の円価格を $P_i$，ドル価格を $P_i^*$，為替レートを $E$ とすれば，価格差を利用した裁定取引後には，以下の関係が得られる。

$$P_i = E P_i^*$$

ある財1単位の価格が米国では100ドルであり，為替レートが1ドル＝100円のとき，一物一価の法則が成立すれば，この財1単位の価格は日本では1万円である。このとき，円の購買力は1円で購入できる財の量であり，1/10,000単位となり，ドルの購買力は1ドルで購入できる財の量であり，1/100単位である。1ドルの購買力は1円の購買力の100倍であるので，1ドルは100円と交換される。したがって，1ドル＝100円は購買力平価で測った為替レートに等しい。

**絶対的購買力平価**：各国のマクロ経済全体の財を1つに集約すると，その財の価格 $P$ は物価水準と呼ばれる。物価水準 $P$ は個々の財の価格 $P_i$ の加重平均である。各国の各財の比重を同一としよう。各国間のマクロ経済の財市場の均衡条件は，マクロ経済における一物一価の法則が成立することである。日本の物価水準を $P$，米国の物価水準を $P^*$ とすれば，これは以下のように得られる。

$$P = E P^*$$

これを書き換えると次式を得る。

$$E = P/P^* \tag{④}$$

これが購買力平価にもとづく為替レートの決定である。このような為替レート

の決定は厳密には絶対的購買力平価によるものである。為替レート $E$ は，自国と外国の物価水準の比率として与えられる。1円で購入できる財の量（円の購買力）は $1/P$ 単位であり，1ドルで購入できる財の量（ドルの購買力）は $1/P^*$ 単位である。為替レート $E$ は，両国の購買力の比率として与えられ，$E=(1/P^*)/(1/P)$ のように決定される。

**相対的購買力平価**：ある時点の絶対的購買力平価を知ることは必ずしも容易ではない。実際には，より簡単に購買力平価を検討するために，相対的購買力平価が利用される。相対的購買力平価とは，ある基準時点を選び，その時点の購買力平価が成立していることを仮定し，2国間の物価指数から任意の時点の購買力平価を求めるものである。

任意の時点の為替レートを $E$，基準時点の為替レート（購買力平価）を $E_0$，日本の物価指数を $P$，米国の物価指数を $P^*$ とすると，相対的購買力平価による為替レートは，$E=E_0 P/P^*$ のようになる。この両辺の対数をとり全微分すると，以下の式を得る。

$$\Delta E/E = \Delta P/P - \Delta P^*/P^* \qquad ⑤$$

したがって基準時点に対して，為替レートの減価率 $\Delta E/E$ は，日本の物価の上昇率 $\Delta P/P$ から米国の物価の上昇率 $\Delta P^*/P^*$ を引いたものになる。

購買力平価説は為替レートの長期的な傾向を示しているが，つぎのような問題点もある。第1に，各国の財・サービスのバスケットが異なれば，購買力平価は成立しない。第2に，共通のバスケットが見つかったとしても，電力・輸送や行政サービスのような非貿易財価格については国内で決定され，一物一価の法則は成立しない。第3に，関税や輸送コストのために一物一価の法則は成立しない。第4に，適切な基準年を見つけることは容易ではない。これらの理由によって，為替レートの動きは購買力平価から乖離する可能性がある。

### 8.2.2 マネタリー・アプローチ

マネタリー・アプローチは，財市場における均衡条件と貨幣市場の均衡条件

から為替レートの決定を分析する。

貨幣市場の均衡条件を物価水準 $P$ について書き直すと，次式を得る。

$$P = M^s/(L_1 Y - L_2 i)$$

マネタリー・アプローチの基本方程式は，日本の物価水準 $P = M^s/(L_1 Y - L_2 i)$，米国の物価水準 $P^* = M^{s*}/(L_1^* Y^* - L_2^* i^*)$，および絶対的購買力平価 $E = P/P^*$ によって次式のように表される。

$$E = (M^s/M^{s*})[(L_1^* Y^* - L_2^* i^*)/(L_1 Y - L_2 i)] \qquad ⑥$$

日本の貨幣供給の増大 $M^s$ は，所得水準や利子率に影響がないとすれば，物価水準を上昇させ，為替レートを減価させる。日本の利子率 $i$ の上昇や所得水準 $Y$ の減少は，実質貨幣需要を減少させ，日本の物価水準を上昇させ，為替レートを減価させる。米国の貨幣供給の増大 $M^{s*}$ は，所得水準や利子率に影響がないとすれば，米国の物価水準を上昇させ，為替レートを増価させる。米国の利子率 $i^*$ の上昇や所得水準 $Y^*$ の減少は，実質貨幣需要を減少させ，米国の物価水準を上昇させ，為替レートを増価させる。

### 8.2.3 短期と長期の為替レートの決定

**短期モデルと長期モデルの比較**　短期モデルと長期モデルの為替レートの決定について比較しよう。短期の為替レート決定理論については②式と③式のアセット・アプローチによる為替レートの決定をとりあげよう。長期の為替レート決定理論は⑥式のマネタリー・アプローチとする。

日本の貨幣供給量が増大したとしよう。短期のアセット・アプローチでは，貨幣供給量の増大は利子率を低下させ，日本の資産収益率を低下させる。この結果，円に対してドルの需要が増大するので，為替レートが減価する。長期のマネタリー・アプローチでは，貨幣供給量の増大は，日本の物価水準を上昇させ，為替レートを減価させる。

短期と長期では物価水準の調整速度に関する仮定が異なるために，為替レー

第III部　国際マクロ経済理論

図 8-4　オーバーシューティング

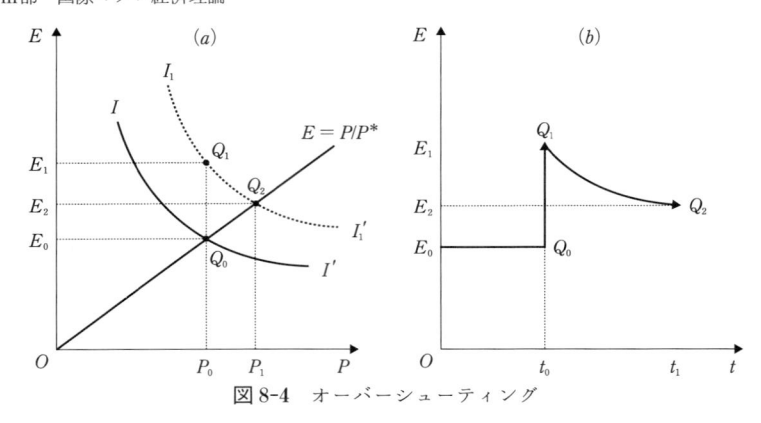

トの決定が異なる。短期モデルでは物価水準が一定と仮定されるが、長期モデルでは物価水準は内生的に決定される。この物価水準の変動が為替レートに影響を及ぼす。実際の物価水準の変化を見ると、短期では比較的硬直的であるが、長期には徐々に調整される。これに対して、短期においても為替レートの変動は物価水準よりも大きい。このような為替レートの変動を見ると、短期的にはアセット・アプローチが妥当し、長期的にはマネタリー・アプローチが成立するように思われる。

**オーバーシューティング**　ドーンブッシュ（Dornbusch, R.）のオーバーシューティング・モデルによれば、短期的には資産市場が均衡するように為替レートは大きく変動するが、長期的には物価水準によって為替レートが調整される。外生的なショックがあった場合、このモデルでは短期の為替レートは長期均衡レートから大きく乖離することになる。

図 8-4 $(a)$ の横軸は日本の物価水準 $P$、縦軸は為替レート $E$ を表す。原点から右上がりの直線 $E=P/P^*$ は購買力平価説による長期の為替レートの決定を表す。為替レートと物価水準の関係は長期的にはこの線上にある。曲線 $II'$ は短期の貨幣市場の均衡を表す。貨幣市場の均衡条件 $P=M^s/(L_1Y-L_2i)$ から利子率は以下のように決まる。

$$i = (1/L_2)(L_1 Y - M^s/P)$$

これをカバーなし金利裁定条件 $E = E^e/(i - i^* + 1)$ に代入すると，次式のような短期の為替レート決定条件を得る。これが右下がりの曲線 $II'$ である。

$$E = E^e/[(1/L_2)(L_1 Y - M^s/P) - i^* + 1]$$

短期の為替レート決定条件はつねに満たされるが，物価水準の調整は緩やかなので，長期の購買力平価説はつねに満たされるわけではない。

金融政策によって日本の貨幣供給量 $M^s$ が増加した場合の為替レートの調整について検討しよう。初期の均衡点を点 $Q_0$ としよう。このとき物価水準は $P_0$ であり，為替レートは $E_0$ である。貨幣供給量の増大によって貨幣市場の均衡曲線は，曲線 $II'$ から曲線 $I_1 I_1'$ に右上方に移動する。短期的には物価水準が硬直的であるので，均衡点は点 $Q_0$ から点 $Q_1$ に移動する。貨幣供給量の増加に対して貨幣市場が均衡するためには，利子率が低下しなければならない。このような利子率の低下は，自国資産に対する需要を減少させ，為替レートを $E_0$ から $E_1$ に減価させる。点 $Q_1$ では，貨幣市場は均衡しているが，購買力平価説はみたされていない。

物価水準が調整される長期には，均衡点は短期均衡点 $Q_1$ から長期均衡点 $Q_2$ に移動する。為替レートの減価は国内財に対する海外需要を増大させる。また利子率が低下しているので投資需要も増大する。このような財需要の増大によって物価水準が上昇する。物価水準の上昇と共に，実質貨幣供給が減少し，利子率が上昇し始め，自国資産への需要が増大し，為替レートは増価する。均衡点は曲線 $I_1 I_1'$ 上を点 $Q_1$ から点 $Q_2$ に向かって移動する。短期均衡から長期均衡への調整過程では，為替レートは $E_1$ から $E_2$ に増価する。2つの長期均衡点である点 $Q_0$ と点 $Q_2$ とを比較すると，貨幣供給量の増大によって，物価水準が $P_0$ から $P_1$ に上昇し，為替レートは $E_0$ から $E_2$ に減価する。

図8-4 (b) の横軸は時間 $t$，縦軸は為替レート $E$ を表す。貨幣供給の増大後，経済は瞬時的に点 $Q_0$ から点 $Q_1$ に移行し，その後長期的に点 $Q_2$ に移行す

る。為替レートは，短期的には $E_0$ から $E_1$ に大幅に減価するが，長期的には減価の程度は緩和される。為替レートは点 $Q_0$ から点 $Q_2$ への長期均衡の移行過程において，短期的に大幅に減価し，オーバーシュートすることになる。このような為替レート変動の原因は，資産市場が瞬時に調整されるのに対して，財市場が緩やかにしか調整されないからである。オーバーシューティング・モデルの利点は，投資家の非合理的な行動に依存することなく，為替レートの変動を説明できる点にある。

### Question 8.1　短期と長期の為替レート決定

**問題(1)**　日本の利子率が10％，米国の利子率が5％，先物為替レートが $E^f=$ 94.5円/ドルのとき，カバー付き金利裁定条件に基づいて円の対ドル直物為替レートを求めなさい。

**問題(2)**　ある財が日本では40,000円，米国では500ドルで取引されているとき，絶対的購買力平価に基づいて円の対ドル為替レートを求めなさい。

**問題(3)**　日本で3％のインフレ，米国で5％のインフレが進行しているとき，相対的購買力平価に基づいて円の対ドル為替レートの動きを求めなさい。

### Answer 8.1

**解答(1)**　カバー付き金利平価条件より，今期の直物為替レート $E$ は以下のように求まる。

$$E = E^f/(i - i^* + 1) \quad \text{①}$$

ただし，$i$ は日本の利子率，$i^*$ は米国の利子率を表す。①式に $i=0.1$，$i^*=0.05$，$E^f=94.5$ を代入すると，今期の直物為替レートは $E=90$ 円/ドルとなる。

**解答(2)**　絶対的購買力平価説によると，為替レート $E$ は以下のように決定される。

第8章 為替レートの決定

$$E = P/P^* \qquad ②$$

$P$ は日本の物価水準，$P^*$ は米国の物価水準を表す。②式に $P=40,000$，$P^*=500$ を代入すると，為替レートは $E=80$ 円/ドルとなる。

**解答(3)** ②式の両辺の対数をとり全微分すると，相対的購買力平価として知られる以下の式が得られる。

$$\Delta E/E = \Delta P/P - \Delta P^*/P^* \qquad ③$$

ここで，$\Delta E/E$ は為替レートの変化率，$\Delta P/P$ は日本のインフレ率，$\Delta P^*/P^*$ は米国のインフレ率である。③式に日本のインフレ率3％，米国のインフレ率5％を代入すると，為替レートの変化率 $\Delta E/E = 0.03 - 0.05 = -0.02$ が求まる。したがって，円の対ドル為替レートは2％ずつ円高に動く。

**Question 8.2　オーバーシューティング・モデル**

日本の貨幣市場における均衡が以下の式で表されているとする。

$$M^s/P = 0.01Y - 200i \qquad ①$$

ただし，$M^s$ は日本の貨幣供給，$P$ は日本の物価水準，$Y$ は日本の国民所得，$i$ は日本の利子率を表す。同様に，米国の貨幣市場の均衡が以下の式で表されているとする。

$$M^{s*}/P^* = Y^* - 200i^* \qquad ②$$

$M^{s*}$ は米国の貨幣供給，$P^*$ は米国の物価水準，$Y^*$ は米国の国民所得，$i^*$ は米国の利子率を表す。

今期に，$Y=10,000$，$Y^*=100$，$P=100$，$P^*=1$，$M^{s*}=90$ であり，来期の先物為替レートを $E^f=110$ 円/ドルとする。物価が硬直的な短期では金利平価説が成立し，物価が伸縮的な長期では購買力平価説が成立するとしよう。このとき，以下の問いに答えなさい。

**問題(1)** $M^s=7{,}000$のとき，短期および長期における均衡為替レートを求めなさい。

**問題(2)** 日本銀行による金融緩和政策によって貨幣供給が $M^s=8{,}000$に増加したとする。このときの短期および長期における均衡為替レートを求め，為替レートのオーバーシューティングが起きることを示しなさい。

### Answer 8.2

①式に $Y=10{,}000$を代入し，利子率 $i$ について整理すると，次式を得る。

$$i=-(M^s/200P)+1/2 \qquad ③$$

この③式から，日本の均衡利子率が得られる。また，②式に $Y^*=100$，$P^*=1$，$M^{s*}=90$を代入すると，米国の均衡利子率 $i^*=0.05$ が得られる。

短期の為替レートはカバー付き金利平価条件によって決定される。カバー付き金利平価条件に③式および $i^*=0.05$，$E^f=110$を代入すると，以下のように短期の均衡為替レートが得られる。

$$E=22{,}000P/(290P-M^s) \qquad ④$$

長期の為替レートは絶対的購買力平価によって決定される。$P^*=1$であるので，長期の均衡為替レートは以下のように決定される。

$$E=P \qquad ⑤$$

**解答(1)** ④式に $P=100$，$M^s=7000$を代入すると，短期の均衡為替レート $E=100$円/ドルが得られる。また，⑤式に $P=100$を代入すると，長期の均衡為替レートも同様に $E=100$円/ドルのように得られる（図8-5の点 $Q_0$）。

**解答(2)** 短期では物価は $P=100$から変化しない。したがって，④式に $P=100$，$M^s=8{,}000$を代入すると，短期の均衡為替レート $E=104.8$円/ドルが得られる（図8-5の点 $Q_1$）。これに対し，長期では物価が変動する。④⑤式および $M^s=8{,}000$より，長期の均衡為替レート $E=103.4$円/ドルが得られ

る（図 8-5 の点 $Q_2$）。

初期の為替レート $E=100$ 円/ドルと比較すると，短期における為替レートの変動幅が大きく，オーバーシューティングが起きていることがわかる。

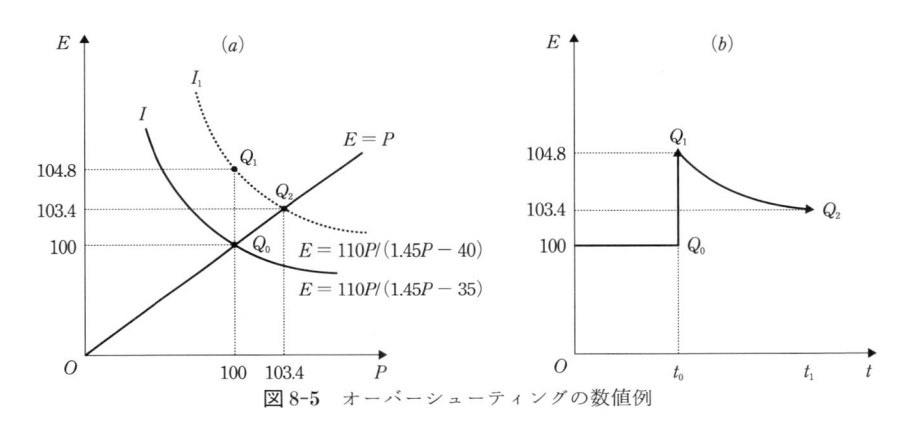

図 8-5　オーバーシューティングの数値例

## 文献案内

Grauwe, Paul de (1996) *International Money: Postwar Trends and Theories*, 2nd ed., Oxford: Oxford University Press（寿崎雅夫ほか監訳『国際通貨——外国為替レートと為替相場制度の理論と実際』東洋経済新報社，2001年）.
　　＊為替レート決定の理論と実証についての多様な議論をまとめている。

McKinnon, Ronald and Kenichi Ohno (1997) *Dollar and Yen: Resolving Economic Conflict between the United States and Japan*, Cambridge: MIT Press（『ドルと円——日米通商摩擦と為替レートの政治経済学』日本経済新聞社，1998年）.
　　＊1971年以降の円の動きを米国の対日通商圧力という点から検討している。

浜田宏一（1996）『国際金融』岩波書店。
　　＊為替レート決定の基本的な理論についてわかりやすく説明している。

# 第 9 章

# 経常収支の決定

―― この章で学ぶこと ――――――――――――――――――――――

　この章では，経常収支の決定について学ぶ。経常収支の決定理論には，①弾力性アプローチ（貿易収支），②アブソープション・アプローチ（経常収支），③マネタリー・アプローチ（国際収支）などがある。弾力性アプローチは為替レートの変化が貿易収支に及ぼす影響について検討する。アブソープション・アプローチは経常収支の不均衡を国内不均衡（国内総生産と国内総支出の差額）との関係から説明する。マネタリー・アプローチは国際収支の不均衡を貨幣市場の不均衡から検討する。21世紀初頭以降，米国の経常収支赤字とアジアの経常収支黒字というグローバルインバランスが注目をあつめている。経常収支の不均衡は，資金の借入れと返済が順調に行えれば，それ自体は問題ではない。異時点間の貿易によってこの点を最後に検討する。

**キーワード**

　弾力性アプローチ　価格弾力性　実質為替レート　マーシャル＝ラーナー条件　Jカーブ効果　アブソープション・アプローチ　国内アブソープション　貯蓄投資ギャップ　マネタリー・アプローチ　異時点間の生産可能性フロンティア　異時点間の貿易

## 9.1　弾力性アプローチとアブソープション・アプローチ

### 9.1.1　弾力性アプローチ

　弾力性アプローチは，経常収支（貿易収支＋貿易外収支）のなかで貿易収支に焦点を当てる。為替レートの変化が経常収支に及ぼす影響を検討する際に，このアプローチが注目するのは輸出や輸入の**価格弾力性**である。経常収支（貿

易収支）$CA$ は，純要素の受け取りを捨象すれば，つぎのように表すことができる。

$$CA = X - EM$$

$X$ は円建て輸出額，$M$ はドル建て輸入額，$E$ は為替レートを表す。輸出需要関数 $X$ は，外国所得を所与とすれば，$X=X(EP^*/P)$ のように**実質為替レート**（相対価格）の関数になる。為替レート $E$ が減価すれば，輸出 $X$ は増大する。輸入需要関数 $M$ も，自国所得を所与とすれば，$M=M(EP^*/P)$ のように実質為替レート（相対価格）の関数になる。為替レート $E$ が減価すれば，輸入 $M$ は減少する。

為替レート $E$ が変化した場合の経常収支 $CA$ への効果は以下のように表される。

$$\Delta CA = \Delta X - (M\Delta E + E\Delta M)$$

$\Delta$ は変化分を表す。為替レートが変化した場合の経常収支への効果 $\Delta CA$ は，輸出の変化 $\Delta X$ と輸入の変化（$M\Delta E + E\Delta M$）からなる。円建て輸入額の変化は，ドル建て輸入額が変化しない場合の効果 $M\Delta E$ と，ドル建て輸入額が変化した場合の効果 $E\Delta M$ に分けられる。この式の両辺を $\Delta E$ で割ると，次式を得る。

$$\Delta CA/\Delta E = \Delta X/\Delta E - (M + E\Delta M/\Delta E)$$

さらに，以下のような関係を考慮しよう。

$$\Delta X/\Delta E = (\Delta X/\Delta E)(E/X)(X/E) = \eta_X(X/E)$$
$$\Delta M/\Delta E = (\Delta M/\Delta E)(E/M)(M/E) = \eta_M(M/E)$$

ここで，$\eta_X = (\Delta X/\Delta E)(E/X)$ は輸出需要の価格弾力性，$\eta_M = -(\Delta M/\Delta E)(E/M)$ は輸入需要の価格弾力性である。輸入の価格弾力性は負で定義する。これを先の式に代入し，初期に貿易収支が均衡している（$X/E = M$）とする

と，為替レートが変化した場合の経常収支への効果はつぎのように得られる。

$$\Delta CA/\Delta E = (\eta_X + \eta_M - 1)M$$

この式から，為替レートの切り下げが経常収支を改善する条件（**マーシャル＝ラーナー条件**）が以下のように得られる。

$$\eta_X + \eta_M - 1 > 0$$

初期に経常収支が均衡している場合に，為替レートの切り下げが経常収支を改善する条件は，輸出と輸入の価格弾力性の和（$\eta_X + \eta_M$）が1よりも大きいことである。ここで，この条件の導出において重要な点は，為替レートが変化する場合に自国と外国の所得が変化しないと仮定していることである。経常収支が初期に均衡していない場合や為替レートが所得に影響する場合には，この条件はもう少し複雑になる。

為替レートの変化は，実際には経常収支にどのような影響を及ぼすのであろうか。マーシャル＝ラーナー条件は現実に満たされているのだろうか。この点でよく指摘されるのがJカーブ効果である。**Jカーブ効果**とは，為替レートの切り下げが経常収支を短期的には悪化（赤字化）させるが，長期的には改善（黒字化）する効果である。

Jカーブ効果は，通貨切り下げの経常収支への効果が短期と長期では異なることを表している。輸出や輸入の価格弾力性は，実際には短期的には比較的小さく，長期的には大きくなる傾向がある。このような傾向が価格弾力性にあると，マーシャル＝ラーナー条件は，長期的には満たされるが，短期的には満たされないことになる。この結果，為替レートの切り下げが経常収支に及ぼす効果は，長期的には経常収支を改善するが，短期的には悪化させる。

図9-1は，縦軸に経常収支，横軸に時間をとり，為替レート切り下げのJカーブ効果について表したものである。為替レート切り下げ後の経常収支の時間経路がJの字に似ているので，このような名前がつけられている。時点 $t_0$ で為替レートが切り下げられると，初期には，数量調整は緩慢で価格効果しか現

第III部　国際マクロ経済理論

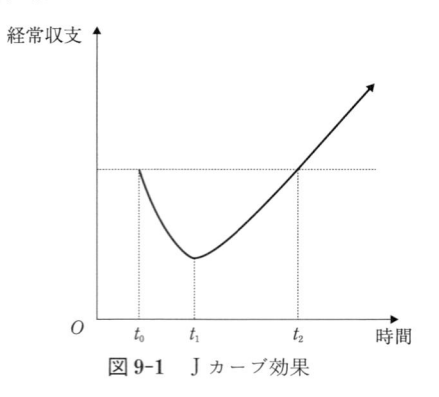

図9-1　Jカーブ効果

れない。このとき，輸入額が輸出額を上回るので，経常収支は悪化する。時点 $t_1$ を過ぎると数量調整の効果が現れ，輸出が増大し，輸入が減少し，経常収支が改善し始める。経常収支が為替レートの切り下げ時点 $t_0$ の状態を上回るのは，時点 $t_2$ 以降である。

### 9.1.2　アブソープション・アプローチ

アブソープション・アプローチは，経常収支の不均衡があるとすれば，それがつねに国内不均衡（国内総生産と総支出の差額）を伴っている点に注目する。これは，弾力性アプローチが経常収支それ自体（居住者の受取と非居住者への支払いの差額）を問題にしたのとは異なる。

マクロ経済の国民経済計算からはじめよう。国内総生産を $Y$，消費支出を $C$，投資支出を $I$，政府支出を $G$，輸出を $X$，輸入を $M$ で表すと，マクロ経済の会計恒等式は以下のように表される。

$$Y=C+I+G+X-M$$

**国内アブソープション** $A$ を $A=C+I+G$，経常収支 $CA$ を $CA=X-M$ で表すと，マクロ経済の恒等式は以下のように書き換えられる。

$$CA=Y-A$$

この式から，経常収支 $CA$ は，国内総生産 $Y$ と国内アブソープション $A$ の差によって表される。国内アブソープション $A$ が国内総生産 $Y$ を下回る場合には，経常収支 $CA$ は黒字になる。これに対して，国内アブソープション $A$ が国内総生産 $Y$ を上回る場合，すなわち超過需要がある場合には，経常収支 $CA$ は赤字になる。

アブソープション・アプローチによれば，経常収支 $CA$ の黒字とは，国内総生産の一部が国内では需要されずに海外需要に吸収される状態を表す。これに対して，経常収支 $CA$ の赤字は，国内総生産以上に国内に超過需要が存在するため，海外生産の一部が国内需要で吸収される状態を表している。経常収支の赤字が問題になる場合には，超過需要を緩和するような政策，すなわち国内総生産 $Y$ を増大させるような政策か，国内アブソープション $A$ を削減するような政策が必要になる。

ここで租税 $T$ を考慮し，民間貯蓄を $S=Y-T-C$ のように定義すれば，先の式は以下のように書き換えられる。

$$CA=(S-I)+(T-G)$$

この式から，民間部門の**貯蓄投資ギャップ** $S-I$ が大きく，政府部門の財政黒字 $T-G$ が大きいほど，経常収支 $CA$ の黒字は大きくなる。また，例え政府部門の財政収支が赤字（$T-G<0$）であっても，民間部門の貯蓄投資ギャップ（$S-I>0$）が十分に大きければ，経常収支 $CA$ は黒字になる。

ここで，消費支出を $C=C_0+c(Y-T)$，輸入を $M=M_0+mY$ としよう。$c$ は限界消費性向，$C_0$ は基礎消費，$m$ は限界輸入性向，$M_0$ は基礎輸入である。これを先の式に代入して整理すると，次式を得る。

$$CA=-mY+(X-M_0) \qquad ①$$
$$(S-I)+(T-G)=sY-(C_0+I)+(cT-G) \qquad ②$$

$s=1-c$ は限界貯蓄性向を表す。①式は経常収支 $CA$ と国民所得 $Y$ との関係

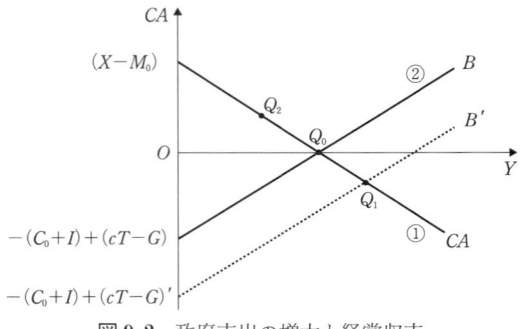

図9-2 政府支出の増大と経常収支

を表し，国民所得の増大は経常収支を悪化させる。②式は貯蓄投資 $(S-I)+(T-G)$ と国民所得 $Y$ との関係を表し，国民所得の増大は貯蓄投資を増加させる。

図9-2は，縦軸に経常収支 $CA$ と貯蓄投資 $(S-I)+(T-G)$ をとり，横軸に国民所得 $Y$ をとり，経常収支曲線 $CA$ と貯蓄投資曲線 $B$ を表す。初期に点 $Q_0$ で経常収支が均衡しているとする。このとき，政府支出 $G$ の増大によって国内アブソープションが増大すると，貯蓄投資曲線 $B$ は下方にシフトし，点 $Q_1$ において経常収支は赤字になる。図のように乗数理論が成立するならば，政府支出の増大は乗数過程を通じて国民所得 $Y$ や国内アブソープション $(C+I+G)$ を増加させ，輸入 $M$ を増大するので，経常収支を赤字にする。

景気後退期に投資支出 $I$ が減少したり，財政赤字の補填のために増税 $\Delta T$ が行われたりする場合には，経常収支にどのような影響があるだろうか。このような場合には，国内アブソープションが減少し，貯蓄投資曲線 $B$ が上方にシフトする。均衡点は点 $Q_2$ に移動し，経常収支は黒字になる。投資支出の減少や増税は国民所得を低下させ，輸入を減少させ，経常収支を黒字にする。

アブソープション・アプローチは，経常収支の変動を国内や海外の景気変動と結びつけるものである。このようなアプローチは，短期的には経常収支の変動をかなり説明していると言われている。例えば，日本の短期的な経常収支の変動は，日本や最大の貿易相手国である米国の景気変動と密接な関係がある。

## 9.2 マネタリー・アプローチと異時点間モデル

### 9.2.1 マネタリー・アプローチ

マネタリー・アプローチは，国際収支（経常収支＋資本収支）の決定を貨幣的側面から検討する。マネタリー・アプローチの貢献は，国際収支の不均衡を貨幣市場の不均衡から説明した点にある。固定為替レート制下の小国開放経済を想定しよう。価格は伸縮的であり，購買力平価が成立するとしよう。

実質貨幣供給 $M^s/P$ が実質貨幣残高需要 $L(i, Y)$ に等しいとき，貨幣市場は均衡する。貨幣需要 $L$ は，利子率 $i$ と国民所得 $Y$ の関数とする。また貨幣残高に超過需要がある場合には，以下のように貨幣供給の増加 $\Delta M^s$ によって満たされるとする。

$$\Delta M^s = PL(i, Y) - M^s$$

貨幣供給 $M^s$ は，貨幣乗数を1とし，中央銀行の保有する外国資産を $F$，中央銀行が保有する国内資産を $B$ とすると，以下のように表される。

$$M^s = F + B$$

これを増分の形に書き換えると，次式を得る。

$$\Delta M^s = \Delta F + \Delta B$$

中央銀行が保有する外国資産の変化 $\Delta F$ は国際収支を表す。上の2式から，国際収支の黒字 $\Delta F$ は以下のように表される。

$$\Delta F = PL(i, Y) - M^s - \Delta B \qquad ③$$

マネタリー・アプローチの議論はこの③式に要約される。右辺第1項の $PL(i, Y)$ は名目貨幣残高需要を表す。名目貨幣残高需要の増大は国際収支の黒字をもたらし，この国際収支の黒字は貨幣供給を増大させる。第2項 $M^s$ は貨

第III部　国際マクロ経済理論

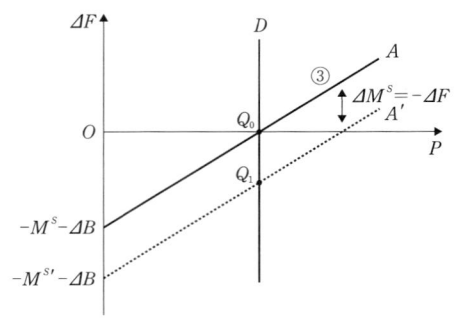

図 9-3　貨幣供給の増大と国際収支

幣供給である。第3項の $\Delta B$ は中央銀行の国内資産の増加を表す。貨幣供給や国内資産の増大は国際収支の赤字をもたらす。貨幣供給が増大するとき，貨幣市場を均衡させるためには国際収支を赤字にして貨幣供給を減少させなければならない。

図 9-3は，縦軸に国際収支 $\Delta F$，横軸に物価水準 $P$ をとり，貨幣供給 $M^s$ の増大が国際収支 $\Delta F$ に及ぼす影響を表す。曲線 $A$ は③式を表し，曲線 $D$ は物価水準 $P$ を表す。小国開放経済の仮定から，物価水準は $P=EP^*$ のように，為替レート $E$ と外国の物価水準 $P^*$ によって決定される。貨幣供給の増大は，曲線 $A$ を曲線 $A'$ のように下方にシフトさせ，均衡点を $Q_0$ から $Q_1$ に移動させる。したがって，短期的には，国際収支は，貨幣供給の増加と等しい国際収支の赤字をもたらす（$\Delta F=-\Delta M^s$）。

しかし，長期的には国際収支の赤字は改善される。国際収支の赤字は貨幣供給を減少させる。この貨幣供給の減少は曲線 $A'$ を上方に移動させる。こうして，均衡点は $Q_1$ から $Q_0$ に向かって移動する。国際収支の赤字がある限り貨幣供給は減少し，曲線 $A'$ は上方に移動する。長期均衡は点 $Q_0$ で達成される。

**平価切り下げの効果**：平価切り下げが経常収支に及ぼす効果について検討しよう。図 9-4は，平価切り下げ $\Delta E$ が国際収支 $\Delta F$ に及ぼす影響を表す。購買力平価（$P=EP^*$）が成立しているので，平価の切り下げは国内の物価水準 $P$ を上昇させる。このような平価切り下げの効果は曲線 $D$ を曲線 $D'$ のように

第⑨章　経常収支の決定

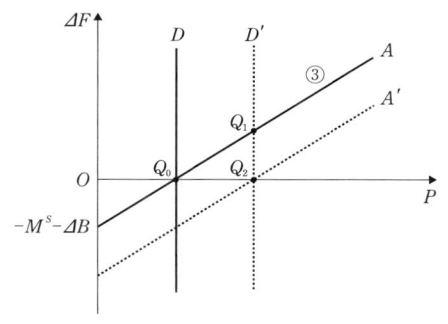

図 9-4　平価切り下げと国際収支

右に移動させる。

　物価水準 $P$ の上昇は貨幣残高需要 $PL(i, Y)$ を増大させる。このような貨幣残高需要の増大は，支出削減による国際収支の黒字 $\Delta F>0$ によって，貨幣供給を増大させることにより満たされる。図 9-4 では，これは，曲線 $A$ 上の点 $Q_0$ から点 $Q_1$ への移動によって表される。点 $Q_1$ で国際収支は黒字になる。平価切り下げによって国際収支は黒字になるが，その原因は相対価格が変わるからではない。物価水準の上昇が名目貨幣残高需要を増大させるからである。したがって，短期的には平価切り下げ $\Delta E$ は国際収支を黒字にする。

　しかし，長期的には国際収支の黒字は減少する。国際収支の黒字は貨幣供給を増大させる。この貨幣供給の増大は曲線 $A$ を下方に移動させる。こうして，均衡点は点 $Q_1$ から点 $Q_2$ に向かって移動する。国際収支の黒字がある限り貨幣供給は増加し，曲線 $A$ は下方に移動する。長期均衡は点 $Q_2$ で達成される。長期均衡では国際収支は均衡し，物価水準が平価切り下げと同じだけ上昇している。

　**貨幣需要の増大**：図 9-5 は，貨幣需要の外生的増大 $\Delta L$ が国際収支 $\Delta F$ に及ぼす影響を表す。貨幣需要の外生的増大は，例えば資本ストックの増大や生産技術の改善などによる産出量 $Y$ の外生的増大によって引き起こされる。

　貨幣需要の外生的増大 $\Delta L$ によって，国際収支を表す曲線 $A$ は曲線 $A'$ のように切片を中心に反時計回りに回転する。この結果，均衡点は点 $Q_0$ から点

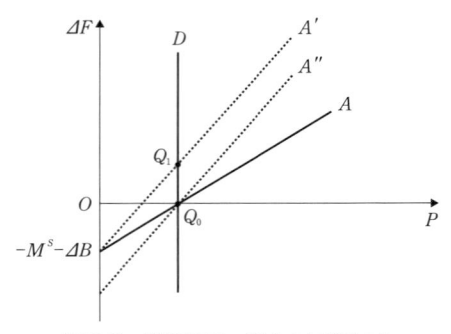

図9-5 貨幣需要の増大と国際収支

$Q_1$ に移動する．点 $Q_1$ において国際収支は黒字になる．貨幣需要の増大によって，支出を減らし，短期的に国際収支が黒字になる．

しかし，長期的には国際収支の黒字は減少する．国際収支の黒字は貨幣供給を増加させる．この貨幣供給の増加は曲線 $A'$ を曲線 $A''$ のように下方に移動させる．こうして，均衡点は点 $Q_1$ から点 $Q_0$ に向かって移動する．長期均衡は点 $Q_0$ で達成される．長期均衡では，国際収支の黒字は解消され，国際収支は均衡する．

**マネタリー・アプローチの特徴**：マネタリー・アプローチには以下のような特徴がある．

第1に，貨幣供給の増大は国際収支を悪化させる．しかし，そのメカニズムは必ずしも明確ではない．貨幣供給が増大すると，貨幣市場が超過供給になる．このような状況で個人は，支出を増加させることによって，超過貨幣供給を削減する．しかし，貨幣供給の増大がどのように個人の支出を増加させるのかは必ずしも明確ではない．この点は，ケインズ・モデルとの相違である．ケインズ・モデルでは，貨幣供給の増大は利子率を低下させ，投資支出を増大する．

第2に，マネタリー・アプローチは価格伸縮性を仮定し，物価水準の変動が国際収支に及ぼす影響を検討することができる．ケインズ・モデルでは物価は一定で変化しない．マネタリー・アプローチでは，国民所得 $Y$ は完全雇用の仮定によって変化しないが，物価水準は購買力平価によって変動する．物価水

準が上昇すると，貨幣残高需要を増大させ，国際収支を黒字にする。

## 9.2.2 消費と投資の異時点間モデル

経常収支の不均衡は，資金が順調に借り入れられれば，それ自体は問題ではない。投資や消費の異時点間の配分モデルによってこの点を検討しよう。

異時点間の配分モデルでは，経常収支は生産や消費と同時に決定される。したがって，経常収支は生産関数や消費関数に影響を及ぼす要因によって決定される。このとき，国際的な借り入れが順調に行われるとすれば，経常収支が赤字になったとしても，それ自体は問題ではない。というのは，将来において経常収支の黒字によって資金の借り入れを返済すればいいからである。

2財・2期間の小国モデルによって検討しよう。図9-6は，縦軸に将来財 $X_1$，横軸に現在財 $X_0$ をとり，異時点間の生産可能性フロンティアを描く。現在の総資源量が $X_{00}$ 単位のとき，現在財の生産に $X_{01}$ 単位使い，$X_{00}-X_{01}$ 単位を将来財の生産に投資するとしよう。このとき，点 $Q_0$ のように現在財が $X_{01}$ 単位，将来財が $X_{11}$ 単位得られる。将来財への投資を増大すると，現在財の生産は減少し，将来財の生産は増加する。したがって，投資が増大するにつれて，経済は異時点間の生産可能性フロンティア上を左上に動く。

2期間の生産と消費の予算制約式は，実質利子率を $i$ で表すと，以下のようになる。

$$X_{01}+X_{11}/(1+i)=C_{01}+C_{11}/(1+i)$$

$1/(1+i)$ は将来財の価格，$C_{01}$ は現在の消費，$C_{11}$ は将来の消費を表す。これを書き換えると，次式を得る。

$$X_{11}=-(1+i)X_{01}+[(1+i)C_{01}+C_{11}] \qquad ④$$

異時点間の生産可能性フロンティアと予算制約線の接点 $Q_0$ で生産が行われる。最適な消費は，予算制約線上で効用を最大にする点 $Q_1$ である。この点で今期の消費は $C_{01}$ であり，生産は $X_{01}$ であるので，生産以上に消費が行われる。

第III部　国際マクロ経済理論

**図 9-6**　異時点間の生産可能性フロンティア

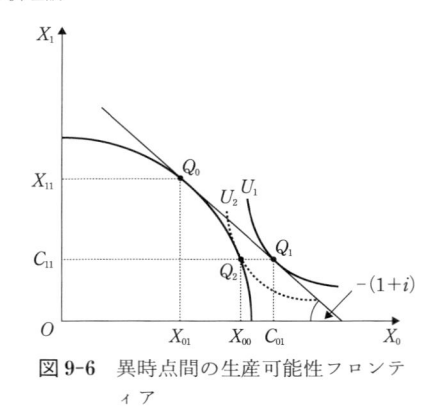

この超過分 $C_{01}-X_{01}>0$ は輸入によって賄われる。貿易収支は赤字になり，借り入れが必要になる。他方，次期には，$X_{11}-C_{11}>0$ であるので，この分の輸出が行われる。この輸出によって借り入れの返済が行われる。

異時点間の貿易がある場合の消費点 $Q_1$ と，生産点と消費点が一致し貿易がない閉鎖経済の場合の消費点 $Q_2$ を比較しよう。消費点 $Q_1$ の経済厚生 $U_1$ は消費点 $Q_2$ の経済厚生 $U_2$ よりも高い。今期において生産を上回る消費が可能になるのは，海外から資金の借り入れが行われるからである。このような借り入れ資金の返済は将来時点において消費を上回る生産による輸出 $X_{11}-C_{11}$ によって行われる。現在時点の借り入れは将来時点の元利返済によって可能になる。

このような異時点間分析の重要な点は，投資や消費の異時点間の最適配分の結果として経常収支が赤字になったとしても，それ自体は問題ではなく，むしろそれによって経済厚生が改善される場合があることを示していることである。

### Question 9.1　弾力性・アブソープション・アプローチ

**問題(1)**　次の①〜④のうちJカーブ効果に関する記述として適切なものを選びなさい。

① 　Jカーブ効果は，輸出の価格弾力性と輸入の価格弾力性の和が短期的に1より大きく，長期的に1より小さい場合に見られる現象である。

② Jカーブ効果は，マーシャル＝ラーナー条件が満たされているにもかかわらず，経常収支の不均衡が生じる現象である。
③ Jカーブ効果は，為替レートの変化に対して輸出量や輸入量の数量調整に時間がかかるために生じる現象である。
④ Jカーブ効果は，為替レートの変化が当初は経常収支の不均衡を拡大させ，その後徐々に経常収支の不均衡を縮小させる現象である。

**問題(2)** 国民経済計算について以下の関係式が成立するものとする。

$$Y_D = C + I + G + X - M$$
$$Y_S = C + S + T$$
$$Y_D = Y_S$$

$Y_D$：総需要，$C$：消費，$I$：投資
$G$：政府支出，$X$：輸出，$M$：輸入
$Y_S$：総供給，$S$：貯蓄，$T$：税収

このとき，貿易収支（$X-M$），財政収支（$T-G$）および IS バランス（$S-I$）に関する記述として適切なものをつぎから選びなさい。

① 貿易収支が均衡し，財政収支が赤字ならば，投資は貯蓄を上回る。
② 貯蓄と投資が等しく，財政収支が赤字ならば，貿易収支は黒字である。
③ 財政収支が均衡し，貿易収支が黒字ならば，貯蓄は投資を上回る。
④ 貿易収支が赤字，財政収支が黒字ならば，貯蓄は投資を上回る。
⑤ 貯蓄が投資を上回り，財政収支が黒字ならば，貿易収支は赤字である。

## Answer 9.1

**解答(1)** 適切な説明は③と④である。Jカーブ効果は，為替レートの変動によって短期的に貿易収支の不均衡が拡大する現象である。これは，為替レートの変化に対して輸出量や輸入量の数量調整に時間がかかるため，短期的には輸出の価格弾力性と輸入の価格弾力性の和が1より小さく，マーシャル＝ラーナー条件が満たされないために発生する。長期的には，輸出の価格弾力性と輸入の価格弾力性の和が1より大きくなり，マーシャル＝ラーナー条件が満たされ，貿易収支の不均衡は徐々に縮小する。

**解答(2)** 適切なのは③である。国民経済計算の関係式を書き換えると，以下の

式を得る。

$$貿易収支(X-M)=民間収支(S-I)+財政収支(T-G)$$

この関係式より，各記述の正誤を判断する。
① ×　→貿易収支が均衡し，財政収支が赤字ならば，投資は貯蓄を下回る。
② ×　→貯蓄と投資が等しく，財政収支が赤字ならば，貿易収支も赤字となる。
③ ○
④ ×　→貿易収支が赤字，財政収支が黒字ならば，貯蓄は投資を下回る。
⑤ ×　→貯蓄が投資を上回り，財政収支が黒字ならば，貿易収支も黒字となる。

### Question 9.2　マネタリー・アプローチ

貨幣需要関数が次式で与えられるとしよう。

$$L=Y-400i \qquad ①$$

ただし，$L$ は実質貨幣残高需要，$Y$ は国民所得，$i$ は利子率を表す。また，国際収支はマネタリー・アプローチに基づき，次式のように決定されるとする。

$$\varDelta F=PL-M^s-\varDelta B \qquad ②$$

$\varDelta F$ は国際収支，$P$ は物価水準，$M^s$ は貨幣供給，$\varDelta B$ は中央銀行の国内資産の増分を表す。このとき，以下の問いに答えなさい。

**問題(1)**　$Y=120$，$i=0.05$，$M^s=50$，$\varDelta B=0$ のとき，国際収支均衡における物価水準を求めなさい。

**問題(2)**　貨幣供給が $M^s=30$ に減少した場合，短期と長期における国際収支を求めなさい。

**問題(3)**　利子率が $i=0.1$ に上昇した場合，短期と長期における国際収支を求めなさい。

第⓽章　経常収支の決定

## Answer 9.2

**解答(1)**　①式に $Y=120$, $i=0.05$ を代入すると, 貨幣需要 $L=100$ が得られる。②式に $L=100$, $M^S=50$, $\varDelta B=0$ を代入すると, 国際収支は以下のように決定される。

$$\varDelta F = 100P - 50 \qquad ③$$

③式より, $\varDelta F=0$ のとき, 物価水準は $P=0.5$ となる。

**解答(2)**　②式に $L=100$, $M^S=30$, $\varDelta B=0$ を代入すると, 次式を得る。

$$\varDelta F = 100P - 30 \qquad ④$$

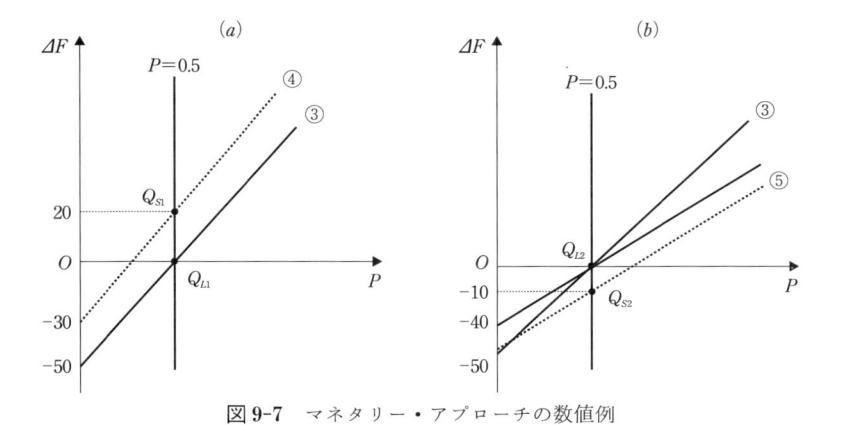

図 9-7　マネタリー・アプローチの数値例

短期では, $P=0.5$ と④式より $\varDelta F=20$ となり, 国際収支は黒字になる（図9-7(a)の点 $Q_{S1}$）。長期では, 貨幣供給が増加し, $\varDelta F=0$ となり国際収支は均衡する（図9-7(a)の点 $Q_{L1}$）。

**解答(3)**　①式に $Y=120$, $i=0.1$ を代入すると, 貨幣需要 $L=80$ が得られる。②式に $L=80$, $M^S=50$, $\varDelta B=0$ を代入すると, 次式を得る。

$$\varDelta F = 80P - 50 \qquad ⑤$$

短期では，$P=0.5$と⑤式より $\varDelta F=-10$ となり，国際収支は赤字になる（図 9-7(b) の点 $Q_{S2}$）。長期では，貨幣供給が減少し，$\varDelta F=0$ となり，国際収支は均衡する（図 9-7(b) の点 $Q_{L2}$）。

**文献案内**

Eichengreen, Barry（2006）*Global Imbalances and the Lessons of Bretton Woods,* Cambridge: MIT Press（畑瀬真理子ほか訳『グローバル・インバランス――歴史からの教訓』東洋経済新報社，2010年）．
　　＊世界経済におけるグローバル・インバランスについて歴史的に検討している。

松林洋一（2010）『対外不均衡とマクロ経済――理論と実証』東洋経済新報社。
　　＊家計・企業・政府の行動様式から各国の対外不均衡を検討している。

小宮隆太郎（1994）『貿易黒字・赤字の経済学――日米摩擦の愚かさ』東洋経済新報社。
　　＊日米貿易摩擦の問題をマクロ経済学の視点から説明している。

# 第10章

# 開放経済の国民所得

―― この章で学ぶこと ――

　この章では，ケインズ的な開放マクロ経済モデルを用いて国民所得の決定について学ぶ。ケインズ的な世界では，生産物価格は所与と仮定され，需要と供給の不一致は数量調整によって是正される。このような数量調整は不完全雇用と余剰生産能力によって可能になる。この章の開放経済モデルでは，貿易は行われるが，資本移動は規制されている。このようなケインズ的な開放経済モデルにおいて，国民所得の決定，$IS$-$LM$ 分析，金融政策・財政政策・支出転換政策の効果，2国モデルにおける国民所得の決定などについて学ぶ。

**キーワード**
　有効需要の原理　非自発的失業　過少雇用均衡　貿易乗数　2国ケインズ・モデル　スワン・ダイアグラム　国内均衡　対外均衡　支出転換政策　政策目標　政策手段　割当問題　割当ルール　$IS$-$LM$ 分析　$IS$ 曲線　$LM$ 曲線　財政政策　金融政策

## 10.1　国民所得の決定

### 10.1.1　国民所得と貿易乗数

　開放マクロ経済の財市場の均衡について検討しよう。ケインズ的な世界では国民所得の大きさは総需要の水準によって決定される。これは**有効需要の原理**と呼ばれる。総需要 $Y_D$ は消費支出・投資支出・政府支出・純輸出から構成される。$Y$ を国内総生産（総供給），$Y_D$ を総需要，$C$ を消費支出，$I$ を投資支出，$G$ を政府支出，$X$ を輸出，$M$ を輸入とすれば，財市場の均衡条件は以下のように表される。

$$Y = Y_D = C + I + G + X - M$$

消費関数 $C$ は次式のように可処分所得 $Y-T$ によって決定される。$c$ は限界消費性向（$0<c<1$），$C_0$ は基礎消費，$T$ は租税を表す。

$$C = c(Y-T) + C_0$$

同様に，輸入関数 $M$ を以下のように想定する。$m$ は限界輸入性向，$M_0$ は基礎輸入を表す。

$$M = m(Y-T) + M_0$$

このような輸入関数を考慮すると，貿易収支 $CA = X - M$ は，次式のように表すことができる。

$$CA = -mY + (X + mT - M_0) \qquad ①$$

消費関数 $C$ と輸入関数 $M$ を総需要関数 $Y_D$ に代入すると，以下のように書き換えられる。

$$Y_D = (c-m)Y + C_0 + I + G + X - (c-m)T - M_0 \qquad ②$$

図10-1は，縦軸に総需要 $Y_D$ や消費 $C$，投資 $I$，政府支出 $G$ などをとり，横軸に国民所得 $Y$ をとる。曲線 $Y_D$ は総需要，点線の45度線は総供給を表す。財市場の均衡はこの2つの曲線の交点 $Q_0$ で得られる。②式から曲線 $Y_D$ の傾きは $c-m$ であり，切片 $\psi$ は $\psi = C_0 + I + G + X - (c-m)T - M_0$ である。曲線 $CA$ は①式の貿易収支を表し，その傾きは $-m$，切片は $X + mT - M_0$ である。$Y^*$ は均衡国民所得であり，財市場の均衡条件から，以下のように決定される。

$$Y^* = [1/(1-c+m)][C_0 + I + G + X - (c-m)T - M_0] \qquad ③$$

国民所得 $Y_0$ が均衡水準を下回る場合（$Y_0 < Y^*$）には，財市場に超過需要が

第10章 開放経済の国民所得

図 10-1 国民所得の決定

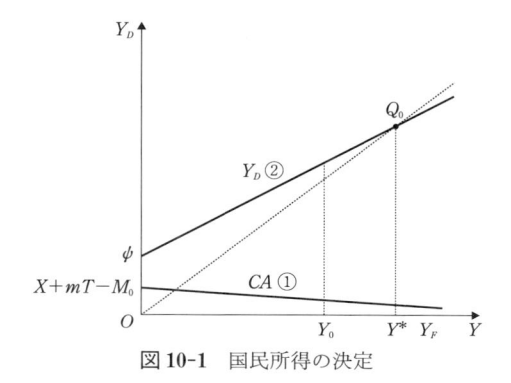

存在する。このとき，総需要に等しくなるように，供給量が増加する。反対に，財市場に超過供給がある場合には，総需要に応じて供給量が削減される。

均衡国民所得 $Y^*$ の水準は，財市場を均衡させるが，労働市場において完全雇用をもたらすような国民所得 $Y_F$ に一致するとは限らない。**非自発的失業**が存在する状態は，**過少雇用均衡**である。過少雇用均衡は硬直的な賃金によってもたらされている可能性がある。失業がある場合には，長期的には賃金が低下するが，ケインズ的な世界は短期的な世界であり，賃金調整は行われない。

政府支出 $G$ の増加が均衡国民所得 $Y^*$ に及ぼす効果は以下のように得られる。

$$\Delta Y^*/\Delta G = 1/(1-c+m)$$

$1/(1-c+m)$ は**貿易乗数**である。この乗数は，$m$ が $0<m<1$ とすれば，閉鎖経済の場合の乗数 $1/(1-c)$ よりも小さくなる。ここでは，政府支出の効果について検討したが，投資 $I$ や輸出 $X$ などが増加した場合でも，同様の効果がある。

輸出 $X$ の増大が貿易収支に及ぼす影響を検討しよう。輸出の増大が均衡国民所得に及ぼす影響は，$\Delta Y^*/\Delta X = 1/(1-c+m)$ である。これを用いて，貿易収支 $CA$ に及ぼす効果を見ると，次式を得る。

$$\Delta CA = \Delta X - m\Delta Y$$
$$= \Delta X - m[1/(1-c+m)]\Delta X$$
$$= [(1-c)/(1-c+m)]\Delta X$$

輸出が増加しても，所得の増大が輸入を増大するので，輸出が貿易収支に与える効果は，輸出増大の外生的効果よりも小さくなる。

### 10.1.2　2国ケインズ・モデル

ケインズ・モデルを2国モデルに拡張しよう。世界は自国と外国の2国からなるとしよう。これまで輸出は外生変数として扱われてきたが，自国の輸出は外国の所得に依存し，外国の輸出も自国の所得に依存するとしよう。こうして自国と外国は輸出入を通じて相互依存関係になる。

自国の輸出関数を外国の可処分所得 $Y^F - T^F$ の関数としよう。$X_0$ は外生的輸出，$m^F$ は外国の限界輸入性向，$Y^F$ は外国の国民所得，$T^F$ は外国の租税を表す。

$$X = X_0 + m^F(Y^F - T^F)$$

これを③式に代入すると，次式を得る。

$$Y = [1/(1-c+m)][m^F Y^F + \psi']　　　　　　　④$$

ただし，$\psi' = C_0 + I + G + X_0 - m^F T^F - (c-m)T - M_0$ である。

図10-2は，縦軸に自国の国民所得 $Y$，横軸に外国の国民所得 $Y^F$ をとる。曲線 $Y$ は④式の関係を表したものである。この曲線の傾きは $m^F/(1-c+m)$ であり，一般的には1より小さい。曲線 $Y$ は，自国の国民所得 $Y$ が輸出入を通じて外国の国民所得 $Y^F$ に依存することを表している。外国の国民所得が増大すれば，自国の国民所得も増大する。反対に，外国の国民所得が減少すれば，自国の国民所得も減少する。

外国についても同様の関係を想定しよう。外国の国民所得 $Y^F$ も，輸出入

図10-2　2国ケインズ・モデル

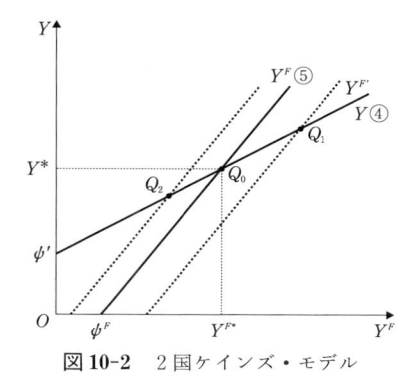

を通じて自国の国民所得 $Y$ に依存している。

$$Y^F = [1/(1-c^F+m^F)][mY+\psi^F] \qquad ⑤$$

ただし，$\psi^F = C_0^F + I^F + G^F + X_0^F - mT - (c^F-m^F)T^F - M_0^F$ である。上付き添字 $F$ は外国を表す。図10-2の曲線 $Y^F$ は⑤式の関係を表す。両国の均衡国民所得（$Y^*$, $Y^{F*}$）は点 $Q_0$ において決定される。

　外国において政府支出 $G^F$ が増大した場合の効果について検討しよう。このような政府支出 $G^F$ の増大は，図10-2の曲線 $Y^F$ を右方にシフトさせる。均衡点は $Q_0$ から $Q_1$ に移動し，均衡国民所得は自国も外国も増大する。外国の政府支出が増大すると，外国の国民所得が増大する。これは，外国の輸入＝自国の輸出を増大する。こうして，自国の国民所得が増大する。この自国の国民所得は，自国の輸入＝外国の輸出を増大し，外国の国民所得をさらに増大させる。反対に，外国で景気が後退すれば，曲線 $Y^F$ を左方にシフトさせ，均衡点は $Q_0$ から $Q_2$ に移動する。自国の輸出が減少し，両国の均衡国民所得が減少する。

　このような国民所得の相互依存関係は，例えば1977-78年の日米西独の機関車論において想定されていた。最近では，2008年のリーマン・ショックのような世界経済の大きな変動局面において，各国の国民所得の相互依存関係が観察される。

## 10.2 国内均衡と対外均衡

ここでは，まず国内均衡と対外均衡について検討する。その後，財市場に貨幣市場を加えて，開放経済における国民所得の決定について検討しよう。

### 10.2.1 スワン・ダイアグラム

貿易収支が赤字になった場合，各国の選択肢は2つある。1つは対外借り入れを行うという選択肢であり，もう1つは貿易収支の赤字削減のために経済政策を実施するというものである。ここでは，貿易収支の赤字削減のためのマクロ経済政策について検討しよう。特に，総需要抑制政策と支出転換政策の組み合わせについて検討する。総需要抑制政策は所得と雇用を削減して貿易赤字を削減するものであり，支出転換政策は所得と雇用を増大させることによって貿易赤字を削減しようとするものである。

政府は2つの政策目標を持っているとしよう。1つは，**対外均衡**の達成であり，ここでは貿易収支の均衡とする。もう1つは，**国内均衡**の達成である。ここでは完全雇用の達成とする。政策目標が2つある場合には，一般的に政策手段も2つ必要になる。ここでは，2つの政策手段は，総需要抑制政策と支出転換政策である。支出転換政策は為替レートの切り下げ政策を想定する。

政府支出 $G$ の増大が貿易収支 $CA$ と国民所得 $Y$ に及ぼす影響について検討しよう。貿易収支 $CA$ は⑥式のように国民所得 $Y$ と為替レート $E$ の関数である。$\eta$ は為替切り下げが貿易収支の改善に及ぼす限界効果である。⑦式は財市場の均衡条件を表す。

$$CA = -mY + \eta E - M_0 \qquad ⑥$$
$$(S-I)+(T-G) = sY - (C_0+I)+(cT-G) \qquad ⑦$$

図10-3は，縦軸に経常収支 $CA$ と貯蓄投資 $(S-I)+(T-G)$ をとり，横軸に国民所得 $Y$ をとり，経常収支曲線 $CA$ と貯蓄投資曲線 $A$ を表す。点 $Y_F$

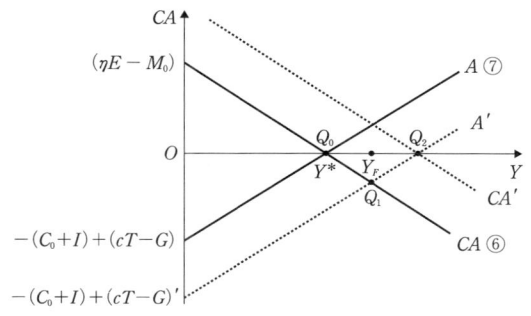

図 10-3 政府支出増大・為替切り下げと貿易収支

は完全雇用国民所得を表す。点 $Q_0$ で初期に貿易収支が均衡しているとする。このとき，均衡国民所得 $Y^*$ は完全雇用以下であり（$Y^* < Y_F$），失業が存在する。失業を削減するために政府支出 $G$ を増大すると，貯蓄投資曲線 $A$ が下方にシフトし，経済は点 $Q_1$ に到達する。この点 $Q_1$ では，完全雇用国民所得は達成されるが（$Y^* = Y_F$），貿易収支 $CA$ は赤字になる。したがって，点 $Q_0$ では，対外均衡は達成されているが，失業が存在しているので国内均衡は達成されていない。点 $Q_1$ では，国内均衡は達成されているが，貿易収支が赤字なので，対外均衡は達成されていない。

**支出転換政策**（為替レート $E$ の切り下げ）が貿易収支と国民所得に及ぼす効果について検討しよう。図10-3の点 $Q_1$ と点 $Q_2$ を比較しよう。点 $Q_1$ では，国内均衡は達成されているが，貿易収支は赤字である。貿易収支改善のために，為替レートを切り下げると，曲線 $CA$ が右方にシフトする。点 $Q_2$ では，為替切り下げによって純輸出が増大し，貿易収支は改善されるが，財市場に超過需要が生じる。したがって，為替レートが割高な点 $Q_1$ では，国内均衡（$Y^* = Y_F$）は達成されているが，対外不均衡（$CA < 0$）が存在する。為替レートが割安な点 $Q_2$ では，対外均衡（$CA = 0$）は達成されるが，国内不均衡（$Y^* > Y_F$）が存在する。

**対外均衡**：対外均衡を達成するような総需要抑制政策 $G$ と為替切り下げ政策 $E$ について検討しよう。図10-4の(a)は図10-3と同様に，国内均衡と対外

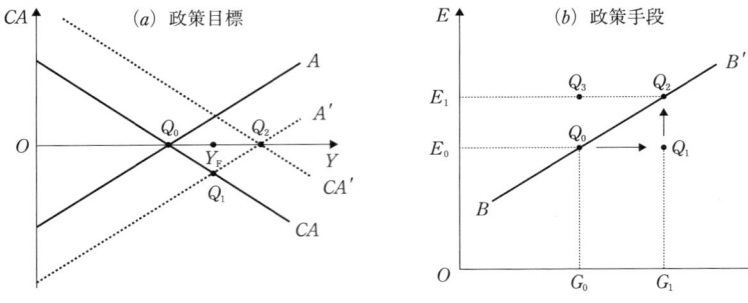

図10-4 政策の組み合わせと対外均衡

均衡という2つの**政策目標**を表す．同図($b$)は2つの**政策手段**を表し，縦軸に為替レート $E$，横軸に政府支出 $G$ をとる．曲線 $BB'$ は対外均衡を表す．図($a$)と図($b$)の3つの点 $Q_0$, $Q_1$, $Q_2$ はそれぞれ対応している．

初期に，点 $Q_0$ のように政府支出 $G_0$ と為替レート $E_0$ のもとで，対外均衡と国内不均衡が存在するとしよう．国内均衡の達成のために，政府が政府支出を $G_0$ から $G_1$ に増大すると，図($a$)のように曲線 $A$ は右にシフトする．この結果，経済は点 $Q_1$ に移動し，国内均衡（$Y^* = Y_F$）は達成される．しかし，国民所得の増大によって輸入が増大し，貿易収支が赤字になり，対外不均衡になる．図($b$)の点 $Q_1$ では，対外不均衡（貿易収支の赤字）が存在する．

対外不均衡を解消するために，政府が為替レートを $E_0$ から $E_1$ に切り下げるとしよう．為替レート $E$ の切り下げによって図($a$)の曲線 $CA$ は右にシフトし，経済は点 $Q_2$ に移動し，対外均衡が回復される．為替レートの切り下げは輸出を増大し，国民所得を増大させる．点 $Q_2$ において，対外均衡は達成されるが，国民所得は完全雇用水準を超過し，国内不均衡の状態になる．図($b$)の点 $Q_2$ では，対外均衡が回復される．

以上のように，対外均衡を達成するような政府支出 $G$ と為替レート $E$ の組み合わせは曲線 $BB'$ のように右上がりになる．この曲線から外れた政府支出 $G$ と為替レート $E$ の組み合わせは，対外不均衡をもたらす．曲線 $BB'$ の下方，例えば点 $Q_1$ では，先のように貿易収支は赤字になる．点 $Q_0$ と同じ政府支出 $G_0$ のもとで為替レートを $E_0$ から $E_1$ に切り下げると，輸出が増大し貿易

第10章　開放経済の国民所得

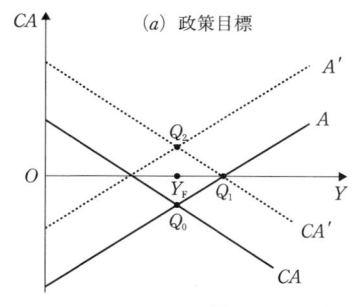

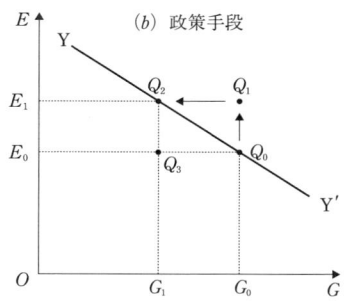

図 10-5　政策の組み合わせと国内均衡

収支が黒字になる。したがって，曲線 $BB'$ の上方，例えば点 $Q_3$ では貿易収支は黒字になる。

**国内均衡**：国内均衡を達成するような総需要抑制政策 $G$ と為替切り下げ政策 $E$ について検討しよう。図 10-5 の (b) の曲線 $YY'$ は国内均衡を表す。同図の (a) 政策目標と (b) 政策手段の 3 つの点 $Q_0$, $Q_1$, $Q_2$ はそれぞれ対応している。

初期に，点 $Q_0$ のように政府支出 $G_0$ と為替レート $E_0$ のもとで，国内均衡と対外不均衡（貿易赤字）が存在するとしよう。対外均衡の達成のために，政府が為替レートを $E_0$ から $E_1$ に切り下げると，図 (a) のように曲線 $CA$ は右にシフトする。この結果，経済は点 $Q_1$ に移動し，対外均衡は回復する。しかし，輸出の増大によって国民所得が増大し，国内不均衡になる。図 (b) の点 $Q_1$ では，国民所得は完全雇用水準を上回る。

国内均衡を達成するために，政府支出を $G_0$ から $G_1$ に削減するとしよう。政府支出の削減によって図 (a) の曲線 $A$ は左にシフトし，経済は点 $Q_2$ に移動し，国内均衡が回復される。政府支出の削減は国民所得を低下させ，輸入を削減する。点 $Q_2$ において，国内均衡は達成されるが，貿易収支が黒字になり，対外不均衡の状態になる。図 (b) の点 $Q_2$ では，国内均衡は回復される。

国内均衡を達成するような政府支出 $G$ と為替レート $E$ の組み合わせは曲線 $YY'$ のように右下がりになる。この曲線から外れた政府支出 $G$ と為替レート $E$ の組み合わせは，国内不均衡をもたらす。曲線 $YY'$ の上方，例えば点 $Q_1$ では，先のように国民所得は完全雇用水準を上回る。点 $Q_0$ と同じ為替レート

第III部　国際マクロ経済理論

**図10-6　スワン・ダイアグラム**

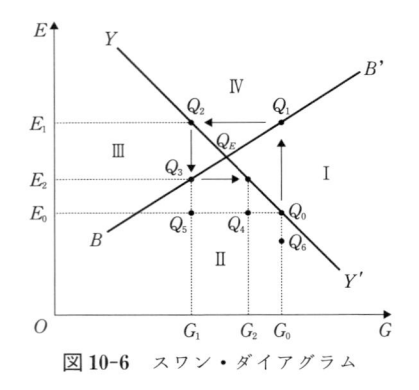

$E_0$ のもとで政府支出が $G_0$ から $G_1$ に削減されると，国民所得が減少し国内不均衡になる。曲線 $YY'$ の下方（例えば点 $Q_3$）では，国民所得は完全雇用水準を下回る。

**スワン・ダイアグラム**：図10-6は，曲線 $BB'$ と曲線 $YY'$ を組み合わせて，政策の組み合わせを検討するものである。国内均衡と対外均衡が同時に達成されるのは2つの曲線が交わる点である。2つの曲線によって，対外不均衡と国内不均衡の4つの領域が区別される。領域Iは，貿易赤字と超過需要になるような政府支出 $G$ と為替レート $E$ の組み合わせである。領域IIは，貿易赤字と失業の組み合わせである。領域IIIは，貿易黒字と失業の組み合わせである。領域IVは，貿易黒字と超過需要の組み合わせである。

国内不均衡と対外不均衡の状態から完全な均衡状態に移るには，政府支出 $G$ と為替レート $E$ の2つの政策を用いなければならない。点 $Q_4$ は領域IIにあり，この領域では貿易赤字と失業が存在している。この状態で，政府支出 $G$ を増大すれば，貿易赤字を拡大しながら，完全雇用の状態を達成することができる。他方，政府支出 $G$ を削減すれば，失業を拡大しながら，貿易収支を均衡させることもできる。しかし，政府支出を削減しながら，為替レートを切り下げれば，国内均衡と対外均衡を同時に達成することができる。点 $Q_5$ は，点 $Q_4$ と同じように領域IIにあり，貿易赤字と失業が存在している。しかし，国内均衡と対外均衡を達成するための政策の組み合わせは異なる。この場合に

**割当問題**：国内均衡と対外均衡という2つの政策目標の達成において，財政政策（政府支出）と為替政策の2つの政策手段をどのように割り当てるべきであろうか。**割当ルール**の選択は，曲線 $YY'$ と曲線 $BB'$ の傾きの大きさによって決定される。スワン・ダイアグラムを用いてこのような政策の割当問題を検討しよう。

図10-6のように，曲線 $YY'$ の傾き（絶対値）が曲線 $BB'$ の傾きより大きい場合において，為替政策を対外均衡に，財政政策を国内均衡に割り当てるルールを検討しよう。この割当ルールの下では，貿易収支が赤字になれば，為替レートを切り下げ，貿易収支が黒字になれば，為替レートを切り上げる。国民所得が完全雇用水準を下回れば，財政支出を増大し，国民所得が完全雇用水準を上回れば，財政支出を削減する。2つの政策は交互に1期毎に行うとしよう。

初期状態が点 $Q_0$，すなわち貿易収支が赤字で失業が存在するとしよう。貿易収支が赤字なので，貿易収支の均衡を回復するように，点 $Q_1$ に達するまで為替レート $E$ を切り下げる。為替レートの切り下げによって輸出が増大すると，点 $Q_1$ では国民所得が完全雇用水準を上回って増大し超過需要の状態になる。したがって，今度は完全雇用が回復するように，点 $Q_2$ に達するまで財政支出 $G$ を削減する。点 $Q_2$ では，国民所得は完全雇用水準を回復するが，国民所得の低下によって輸入が削減され，貿易収支は黒字になる。つぎに，この貿易収支の黒字を削減し，貿易収支の均衡が回復する点 $Q_3$ に達するまで，為替レート $E$ を切り上げる。このような政策を均衡点 $Q_E$ に達するまで実施する。

以上のような割当ルールによる政策の繰り返しが均衡点 $Q_E$ に収束するのは，曲線 $YY'$ の傾き（絶対値）が曲線 $BB'$ の傾きより大きいからである。もし曲線 $YY'$ の傾き（絶対値）が曲線 $BB'$ の傾きより小さい場合には，割当ルールを変更し，為替政策を国内均衡に，財政政策を対外均衡に割り当てなければならない。

図10-7 IS曲線の導出

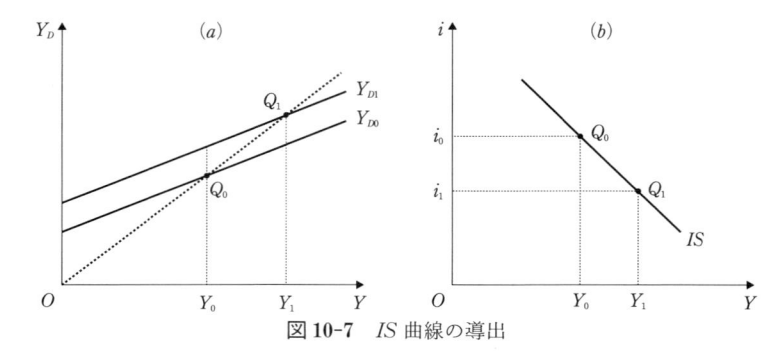

### 10.2.2　IS-LM 分析

　財市場だけではなく貨幣市場も考慮して開放経済の国民所得の決定について検討しよう。財市場では国民所得が決定され，貨幣市場では利子率が決定される。ここでは，財市場と貨幣市場の均衡を同時に分析することによって，国民所得と利子率の同時決定について検討する。このような分析において最も標準的な方法は IS-LM 分析である。

**IS-LM 分析**　**IS 曲線**：IS 曲線は，財市場を均衡させるような国民所得と利子率の関係を表す曲線である。IS 曲線を導出しよう。投資支出 $I$ は先には所与としていたが，利子率 $i$ に依存するとしよう。利子率が低下すると，投資支出が増大する。反対に，利子率が上昇すると，投資支出は減少する。これによって，②式の総需要関数 $Y_D$ は以下のように書き換えられる。

$$Y_D = (c-m)Y + C_0 + I(i) + G + X - (c-m)T - M_0 \qquad ②'$$

財市場の均衡は総需要 $Y_D$ と総供給 $Y$ が一致するように決定されるので，財市場の均衡条件以下のようになる。

$$Y = (c-m)Y + C_0 + I(i) + G + X - (c-m)T - M_0 \qquad ②''$$

これが，財市場を均衡させるような国民所得 $Y$ と利子率 $i$ の関係である。

　図10-7は IS 曲線の導出を表す。財市場の均衡を達成するような利子率と国

図10-8　$LM$ 曲線の導出

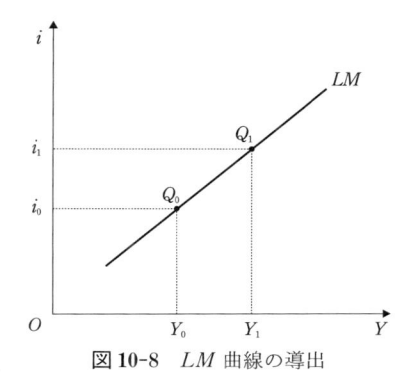

民所得の組み合わせの一つを $(i_0, Y_0)$ としよう。利子率 $i_0$ が与えられると、投資支出の水準 $I_0(i_0)$ が決定され、総需要 $Y_D$ の大きさが決定される。この総需要 $Y_{D0}$ の大きさによって国民所得 $Y_0$ の水準が決定される。このような利子率と国民所得の組み合わせ $(i_0, Y_0)$ が図(a)と(b)の点 $Q_0$ である。

利子率が $i_0$ から $i_1$ に低下した場合に国民所得 $Y$ に及ぼす効果について検討しよう。利子率の低下は、投資支出 $I$ を増加させる。投資支出の増加は総需要を $Y_{D0}$ から $Y_{D1}$ に増大させ、国民所得を $Y_0$ から $Y_1$ に増大させる。このような利子率と国民所得の組み合わせ $(i_1, Y_1)$ は図(a)と(b)の点 $Q_1$ で表される。利子率が低下する場合、財市場が均衡するように、国民所得は増加する。したがって、図(b)のように IS 曲線は右下がりになる。

**$LM$ 曲線**：$LM$ 曲線は、貨幣市場を均衡させるような国民所得と利子率の関係を表す曲線である。実質貨幣供給 $M^s/P$ が実質貨幣残高需要 $L(i, Y)$ に等しいとき、貨幣市場は均衡する。貨幣需要 $L$ は、利子率 $i$ と国民所得 $Y$ の関数として表される。

$$M^s/P = L(i, Y) \qquad ⑧$$

図10-8は $LM$ 曲線を表す。実質貨幣供給残高 $M^s/P$ は所与とする。貨幣市場が均衡するような初期の利子率と国民所得の組み合わせを $(i_0, Y_0)$ としよう。これは図では点 $Q_0$ で表される。国民所得が $Y_0$ から $Y_1$ に増大し、貨幣需

第III部　国際マクロ経済理論

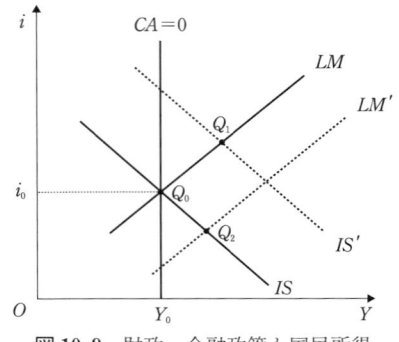

図10-9　財政・金融政策と国民所得

要が増大したとしよう。このとき，貨幣市場を均衡させるためには，利子率を $i_0$ から $i_1$ に上昇させ，貨幣の資産需要を削減することによって貨幣需要 $L$ を減らさなければならない。このような利子率と国民所得の組み合わせ（$i_1, Y_1$）は点 $Q_1$ で表される。国民所得が増大する場合，貨幣市場が均衡するように，利子率は上昇する。したがって，LM曲線は右上がりの曲線になる。

**財政・金融政策**　　IS-LM分析を用いて国民所得の決定について検討しよう。為替レートが固定され，資本移動が規制されているとする。資本移動が規制されているので，利子率は国内市場で決定されることになる。資本移動がある場合については第11章で扱う。

　**財政政策**：政府支出 $G$ が増加する場合に，国民所得と利子率および貿易収支に及ぼす効果について検討しよう。図10-9には，IS曲線，LM曲線，貿易収支均衡線 $CA=0$ が描かれている。貿易収支均衡線は利子率に依存しないので，垂直線になる。

　財市場と貨幣市場が均衡するような初期の利子率と国民所得の組み合わせを点 $Q_0(i_0, Y_0)$ としよう。政府支出 $G$ の増加は，どのような利子率の水準においても国民所得を増大させるので，IS曲線を右方にシフトさせる。国民所得の増大は貨幣需要を増大させる。貨幣供給が一定であるので，貨幣市場を均衡させるためには，利子率が上昇し，貨幣需要を減少させなければならない。国民所得の増大は，輸入を増大し，貿易収支を赤字にする。こうして，点 $Q_1$ で

表されるように，政府支出の増大は，国民所得を増大し，利子率を上昇させ，貿易収支を赤字にする。

**金融政策**：貨幣供給 $M^s$ を増大させる場合に，国民所得と利子率および貿易収支に及ぼす効果について検討しよう。

初期の利子率と国民所得の組み合わせを点 $Q_0(i_0, Y_0)$ としよう。貨幣供給 $M^s$ の増大は，所与の国民所得の水準において貨幣需要を増大させるために利子率を低下させる。この結果，$LM$ 曲線が下方にシフトする。利子率の低下は投資支出を増大させる。投資支出の増大は総需要を増大させ，国民所得を増大させる。国民所得の増大は輸入を増大し，貿易収支を赤字にする。こうして，点 $Q_2$ で表されるように，貨幣供給の増大は，利子率を低下させ，国民所得を増大し，貿易収支を赤字にする。

## Question 10.1　国民所得の決定

次のような開放マクロ経済モデルを考えよう。

$$Y = C + I + G + X - M \quad \text{①}$$
$$C = 30 + 0.6(Y - T) \quad \text{②}$$
$$M = 10 + 0.4(Y - T) \quad \text{③}$$

ただし，$Y$ は国民所得，$C$ は消費，$I$ は投資，$G$ は政府支出，$X$ は輸出，$M$ は輸入，$T$ は租税を表す。このとき，以下の問いに答えなさい。

**問題(1)**　$I = 160$，$X = 100$，$G = T = 0$ の場合，均衡国民所得を求めなさい。

**問題(2)**　政府による財政拡大政策によって政府支出が40増加した場合，国民所得と貿易収支への効果を求めなさい。

**問題(3)**　輸出が20増加した場合に，国民所得と貿易収支への効果を求めなさい。

## Answer 10.1

②③式を①式に代入して整理すると，均衡国民所得式が以下のように得られる。

第III部　国際マクロ経済理論

$$0.8Y = 20 - 0.2T + I + G + X \qquad ④$$

④式を変化分の関係式に直すと，国民所得の変化分は以下のようになる。

$$0.8\varDelta Y = -0.2\varDelta T + \varDelta I + \varDelta G + \varDelta X \qquad ⑤$$

また，③式を変化分の関係式に直すと，輸入の変化分について以下の式が得られる。

$$\varDelta M = 0.4\varDelta Y - 0.4\varDelta T \qquad ⑥$$

**解答(1)** ④式に $I=160$，$G=T=0$，$X=100$ を代入し，国民所得 $Y$ について整理すると，$0.8Y=280$ となる。よって，均衡国民所得は $Y=350$ となる。

**解答(2)** ⑤式に $\varDelta T=\varDelta I=\varDelta X=0$ を代入すると，国民所得の変化分 $\varDelta Y$ と政府支出の変化分 $\varDelta G$ の関係は $0.8\varDelta Y=\varDelta G$ となる。したがって，$\varDelta G=40$ のときの国民所得の増加分は $\varDelta Y=(5/4)\varDelta G=50$ となる。このとき，輸入の変化分は⑥式より $\varDelta M=20$ となるので，貿易収支の変化分は $\varDelta CA=\varDelta X-\varDelta M=-20$ となる。

**解答(3)** ⑤式に $\varDelta T=\varDelta I=\varDelta G=0$ を代入すると，国民所得の変化分 $\varDelta Y$ と輸出の変化分 $\varDelta X$ の関係は $0.8\varDelta Y=\varDelta X$ となる。したがって，$\varDelta X=20$ のとき，国民所得の増加分は $\varDelta Y=(5/4)\varDelta X=25$ となる。このとき，輸入の変化分は⑥式より $\varDelta M=10$ となるので，貿易収支の変化分は $\varDelta CA=\varDelta X-\varDelta M=10$ となる。

## Question 10.2　国内均衡と対外均衡

次のような開放マクロ経済モデルを考えよう。

$$\begin{aligned}
Y &= C + I + G + X - M & &① \\
C &= 50 + 0.5(Y - T) & &② \\
I &= 200 - 1000i & &③ \\
M &= 50 + 0.2(Y - T) & &④
\end{aligned}$$

$$M^s/P = L \qquad ⑤$$

$$L = 0.4Y - 2000i \qquad ⑥$$

$$P = 1 \qquad ⑦$$

ただし，$Y$ は国民所得，$C$ は消費，$I$ は投資，$G$ は政府支出，$X$ は輸出，$M$ は輸入，$T$ は租税，$M^s$ は貨幣供給，$L$ は貨幣需要，$i$ は利子率，$P$ は物価水準を表す。このとき，以下の問いに答えなさい。

**問題(1)** $G = T = 600$，$M^s = 300$ のとき，貿易収支が均衡するとしよう。このとき，均衡国民所得と均衡利子率を求めなさい。

**問題(2)** 政府による財政拡大政策によって政府支出が90増加した場合，国民所得，利子率，貿易収支の変化分を求めなさい。

**問題(3)** 中央銀行による金融緩和政策によって貨幣供給が90増加した場合，国民所得，利子率，貿易収支の変化分を求めなさい。

## Answer 10.2

②③④式を①式に代入し整理すると，IS 曲線が以下のように得られる。

$$0.7Y = 200 - 0.3T - 1000i + G + X \qquad ⑧$$

⑧式を変化分の関係式に直すと，以下のようになる。

$$0.7\Delta Y = -0.3\Delta T - 1000\Delta i + \Delta G + \Delta X \qquad ⑨$$

また，⑥⑦式を⑤式に代入し整理すると，LM 曲線が以下のように得られる。

$$M^s = 0.4Y - 2000i \qquad ⑩$$

⑩式を変化分の関係式に直すと，以下のようになる。

$$\Delta M^s = 0.4\Delta Y - 2000\Delta i \qquad ⑪$$

さらに④式を変化分の関係式に直すと，輸入の変化分が以下のように得られる。

$$\Delta M = 0.2\Delta Y - 0.2\Delta T \qquad ⑫$$

**解答(1)** ②③式および $G=T=600$，$X=M$ を①式に代入し整理すると，$IS$ 曲線の式は

$$0.5Y = 550 - 1000i$$

となる。この式と $LM$ 曲線⑩式より，均衡国民所得 $Y=1000$ と均衡利子率 $i=0.05$ が得られる。

**解答(2)** ⑨⑪式に $\Delta T = \Delta X = \Delta M^s = 0$ と $\Delta G = 90$ を代入すると，以下の式が得られる。

$$0.7\Delta Y = -1000\Delta i + 90$$
$$0.4\Delta Y - 2000\Delta i = 0$$

この 2 式より $\Delta Y = 100$，$\Delta i = 0.02$ が求まり，このときの輸入の変化分は⑫式より $\Delta M = 20$ である。貿易収支の変化分は $\Delta CA = \Delta X - \Delta M = -20$ となる。

**解答(3)** ⑨⑪式に $\Delta T = \Delta G = \Delta X = 0$ と $\Delta M^s = 90$ を代入すると，次式が得られる。

$$0.7\Delta Y = -1000\Delta i$$
$$0.4\Delta Y - 2000\Delta i = 90$$

この 2 式より $\Delta Y = 50$，$\Delta i = -0.035$ が得られる。このとき，輸入の変化分は⑫式より $\Delta M = 10$ であり，貿易収支の変化分は $\Delta CA = \Delta X - \Delta M = -10$ となる。

## 文献案内

Mankiw, Gregory (2010) *Macroeconomics* 7th ed., New York: Worth Pub-

lishers（足立英之ほか訳『マンキュー マクロ経済学 I II 第3版』東洋経済新報社，2011年）．
　＊本書と並行して読む初級のマクロ経済学のテキスト．

松林洋一（2010）『対外不均衡とマクロ経済——理論と実証』東洋経済新報社．
　＊理論と実証によってマクロ経済の家計・企業・政府の行動様式を検討している．

小野善康（1999）『国際マクロ経済学』岩波書店．
　＊マクロ経済動学を扱った上級のテキスト．

# 第Ⅳ部　国際マクロ経済政策

# 第11章

# 為替制度とマクロ経済政策

---

**この章で学ぶこと**

この章では，開放経済におけるマクロ経済政策の効果について学ぶ。特に重要な問題は，国際資本移動が存在する場合に，為替制度の相違によってマクロ経済政策の効果にどのような相違が生じるかを明らかにすることである。為替制度については，固定為替レート制と変動為替レート制を区別する。開放経済下の基本モデルであるマンデル＝フレミング・モデルを構成し，為替制度の相違や資本移動の程度の相違によって，財政政策や金融政策が国民所得や国際収支に及ぼす効果がどのように異なるかについて検討する。

**キーワード**

固定為替レート制　変動為替レート制　資本移動　マンデル＝フレミング・モデル
資本の移動性　財政政策　金融政策

---

## 11.1　固定為替レート制と財政・金融政策

### 11.1.1　固定為替レート制とマンデル＝フレミング・モデル

**マンデル＝フレミング・モデル**：マンデル＝フレミング・モデルは $IS$-$LM$ 分析に国際収支部門を組み入れたモデルであり，開放経済における財政政策や金融政策の効果を分析するためによく用いられる。

固定為替レート制下のマンデル＝フレミング・モデルは，財市場（$IS$），貨幣市場（$LM$），国際収支（$BP$）の3つの均衡条件によって構成される。

$$\text{財市場 }(IS): Y = (c-m)Y + C_0 + I(i) + G + X - (c-m)T - M_0 \quad \text{①}$$

貨幣市場（$LM$）：$M^s/P = L(i, Y)$　　　　　　　　　　　　②

国際収支（$BP$）：$i = (m/k)Y - (1/k)(X - M_0 + KA_0) + i_F$　　③

$IS$ 曲線（①式）と $LM$ 曲線（②式）は第10章で用いた $IS$ 曲線（190頁②″式）と $LM$ 曲線（191頁⑧式）と同じである。$IS$ 曲線は財市場を均衡させる利子率 $i$ と国民所得 $Y$ の関係を表す。$LM$ 曲線は貨幣市場を均衡させる利子率 $i$ と国民所得 $Y$ の関係を表す。

**国際収支曲線**：国際収支（$BP$）曲線は，国際収支を均衡させるような利子率 $i$ と国民所得 $Y$ の関係を表す。国際収支は経常収支 $CA$ と資本収支 $KA$ から構成されている。経常収支 $CA$ は国民所得 $Y$ と為替レートの関数であるが，ここでは固定為替レート制を想定しているので，為替レートの項を捨象する。

$$CA = -mY + (X - M_0)$$

資本収支 $KA$ は資本移動によって影響を受ける。**資本移動**は国内利子率 $i$ と海外利子率 $i_F$ の格差によって生じる。為替レート予想については，現在の為替レートが将来的に続くという静学的予想を仮定する。自国は外国の利子率に影響を与えることができない小国とする。したがって，資本収支 $KA$ は内外金利格差 $i - i_F$ の関数になる。

$$KA = k(i - i_F) + KA_0$$

$k$ は国際資本移動の反応係数，$KA_0$ は金利格差に依存しない資本収支の基礎的な部分である。国際収支を均衡させる利子率 $i$ と国民所得 $Y$ の関係は以下のように表すことができる。

$$BP = CA + KA = -mY + (X - M_0) + k(i - i_F) + KA_0 = 0$$

これを書き直すと，以下のようになる。

$$i = (m/k)Y - (1/k)(X - M_0 + KA_0) + i_F$$

**図 11-1** $BP$ 曲線

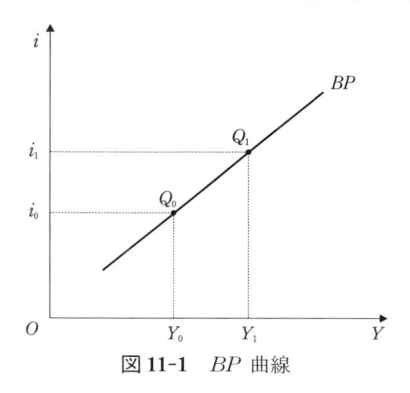

図 11-1 は横軸に国民所得 $Y$，縦軸に利子率 $i$ をとり，$BP$ 曲線を表す。国際収支が均衡するような初期の利子率と国民所得の組み合わせを ($i_0$, $Y_0$) としよう。これは図では点 $Q_0$ で表される。国民所得が $Y_0$ から $Y_1$ に増大し，輸入が増大し，貿易収支が悪化したとする。このとき，国際収支の均衡を回復するためには，資本収支を黒字にしなければならない。利子率が $i_0$ から $i_1$ に上昇すれば，国内に資本が流入し，資本収支は黒字になる。このような利子率と国民所得の組み合わせ ($i_1$, $Y_1$) は点 $Q_1$ で表される。したがって，国民所得が増大する場合，国際収支が均衡するためには利子率が上昇しなければならない。よって，$BP$ 曲線は右上がりになる。

$BP$ 曲線の傾き $1/k$ は**資本の移動性**に依存する。資本の移動性が高いほど，$k$ が大きく，$BP$ 曲線の傾きは緩やかになる。このとき，国民所得の増大によって輸入が増大し，経常収支が赤字になっても，わずかな利子率の上昇によって大きな資本流入が生じ，資本収支が黒字になり，国際収支の均衡は回復する。これに対して，$k$ が小さいほど，$BP$ 曲線の傾きは急になる。$k=0$ のとき，$BP$ 曲線は垂直になり，$k=\infty$ のとき，$BP$ 曲線は水平になる。

### 11.1.2 財政政策

政府支出 $G$ の増加が国民所得や利子率に及ぼす効果について検討しよう。マクロ経済政策の効果は資本の移動性（反応係数 $k$）によって異なる。3 つの

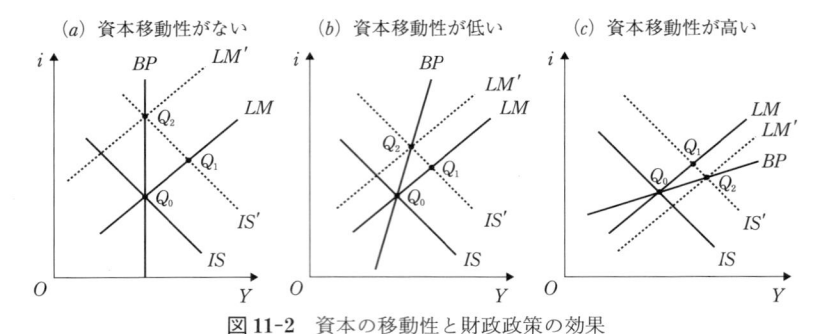

第IV部　国際マクロ経済政策

(a) 資本移動性がない　　(b) 資本移動性が低い　　(c) 資本移動性が高い

**図 11-2**　資本の移動性と財政政策の効果

場合に分けて検討しよう。

**資本移動性がない**：資本移動性がない場合（図 11-2(a)），政府支出 $G$ が増大した場合の国際収支への影響は経常収支だけであり，資本収支への影響はない。利子率が変化しても国際収支は変化せず，$BP$ 曲線は垂直になる。

初期状態を点 $Q_0$ としよう。政府支出 $G$ の増大は $IS$ 曲線を $IS'$ 曲線のように右方にシフトさせる。均衡点は点 $Q_0$ から点 $Q_1$ に移動し，国民所得 $Y$ は増大し，利子率 $i$ も上昇する。点 $Q_1$ では，国民所得が増加するので，輸入が増大し，貿易収支が赤字になる。ここで，利子率が上昇しているが，資本の移動性がないので，資本収支の変化はない。短期均衡点 $Q_1$ では，国民所得 $Y$ が増大し，利子率 $i$ が上昇し，国際収支 $BP$ が赤字になる。

貿易収支赤字＝国際収支赤字は外貨準備を減少させ，国内の貨幣供給を減少させる。貨幣供給の減少は $LM$ 曲線を左方にシフトさせ，利子率を上昇させる。利子率の上昇は投資支出を減少させ，国民所得を減少させる。国民所得の減少と共に輸入が減少し，国際収支の赤字も減少する。この過程は国際収支の赤字がなくなるまで続く。長期均衡は点 $Q_2$ で達成され，この点で国民所得 $Y$ は初期状態と同じになり，利子率 $i$ は上昇する。

**資本移動性が低い**：資本移動性が低い場合（図 11-2(b)），政府支出 $G$ が増大し利子率が変化したとき，資本収支への影響は小さく，$BP$ 曲線の傾きは $LM$ 曲線よりも急である。

初期状態を点 $Q_0$ とする。政府支出 $G$ の増大は $IS$ 曲線を $IS'$ 曲線に右方に

シフトさせる。均衡点は点 $Q_0$ から点 $Q_1$ に移動し，国民所得 $Y$ は増大し，利子率 $i$ も上昇する。点 $Q_1$ は $BP$ 曲線よりも右下にあり，国際収支は赤字である。点 $Q_1$ では，国民所得が増加するので，貿易収支が赤字になる。しかし利子率が上昇しているので，資本が流入し資本収支が黒字になる。ただし，資本収支の黒字が小さいので，国際収支は赤字である。短期均衡点 $Q_1$ では，国民所得 $Y$ が増大し，利子率 $i$ が上昇し，国際収支 $BP$ が赤字になる。

点 $Q_1$ では，国際収支赤字によって外貨準備が減少し，国内の貨幣供給が減少する。貨幣供給の減少は $LM$ 曲線を左方にシフトさせ，利子率を上昇させる。利子率の上昇は投資支出を減少させ，国民所得を減少させる。長期均衡点 $Q_2$ では，利子率 $i$ が上昇し，国民所得 $Y$ は短期均衡点 $Q_1$ よりは小さいが初期状態よりも大きい。

**資本移動性が高い**：資本移動性が十分に高い場合（図 11-2(c)），利子率が変化したときに資本収支への影響が大きく，$BP$ 曲線の傾きが $LM$ 曲線よりも緩やかになる。

初期状態を点 $Q_0$ とする。政府支出の増大は $IS$ 曲線を右方にシフトさせる。均衡点は点 $Q_0$ から点 $Q_1$ に移動し，国民所得 $Y$ は増大し，利子率 $i$ も上昇する。この場合の相違点は，点 $Q_1$ が $BP$ 曲線よりも上にあり，国際収支が黒字になることである。点 $Q_1$ では，国民所得が増加し，貿易収支は赤字になる。しかし利子率が上昇し，資本が流入し資本収支は黒字になる。この資本収支の黒字が十分に大きいので，国際収支は黒字になる。短期均衡点 $Q_1$ では，国民所得 $Y$ が増大し，利子率 $i$ が上昇し，国際収支 $BP$ が黒字になる。

点 $Q_1$ では，国際収支黒字によって外貨準備が増大し，国内の貨幣供給が増加する。貨幣供給の増加は $LM$ 曲線を右方にシフトさせ，利子率を低下させる。利子率の低下は投資支出を増大させ，国民所得を増大させる。長期均衡点 $Q_2$ では，利子率 $i$ が上昇し，国民所得 $Y$ は短期均衡点 $Q_1$ よりもさらに大きく増大する。

第IV部　国際マクロ経済政策

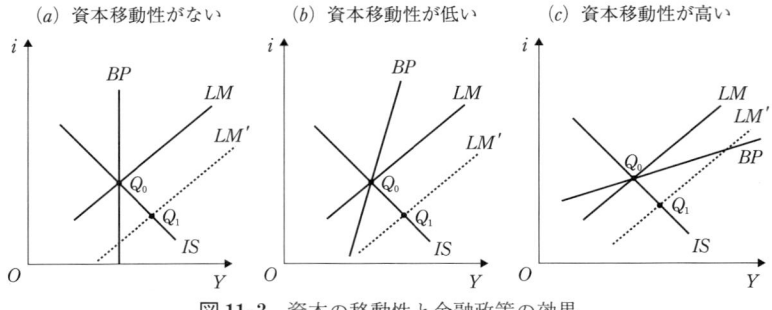

図11-3　資本の移動性と金融政策の効果

### 11.1.3　金融政策

　貨幣供給 $M^S$ の増加が国民所得や利子率に及ぼす効果について検討しよう。この場合も金融政策の効果は資本の移動性（反応係数 $k$ の大きさ）によって異なる。同様に，3つの場合に分けて検討しよう。

　**資本移動性がない**：資本移動性がない場合（図11-3($a$)），貨幣供給 $M^S$ が増大しても資本収支への影響はない。貨幣供給の増大は $LM$ 曲線を $LM'$ 曲線のように右方にシフトさせる。均衡点は点 $Q_0$ から点 $Q_1$ に移動し，利子率 $i$ が低下し，投資支出が増大し，国民所得 $Y$ が増大する。国民所得が増加するので，輸入が増大し，貿易収支が赤字になる。利子率が低下しているが，資本移動がないので，資本収支は変化しない。短期均衡点 $Q_1$ では，利子率が低下し，国民所得 $Y$ が増大し，国際収支 $BP$ が赤字になる。

　国際収支の赤字は外貨準備を減少させ，国内の貨幣供給を減少させる。貨幣供給の減少は $LM$ 曲線を左方にシフトさせ，利子率を上昇させる。利子率の上昇は国民所得を減少させると共に輸入を減少させるので，国際収支の赤字も減少する。長期均衡は点 $Q_0$ で達成され，国民所得 $Y$ も利子率 $i$ も初期状態に戻る。

　**資本移動性が低い**：資本移動性が低い場合（図11-3($b$)），貨幣供給 $M^S$ が増大しても，資本収支への影響は小さく，$BP$ 曲線の傾きは $LM$ 曲線よりも急である。貨幣供給の増大は $LM$ 曲線を $LM'$ 曲線のように右方にシフトさせる。点 $Q_1$ では，利子率 $i$ が低下し，国民所得 $Y$ は増大する。点 $Q_1$ では，国民所

得が増加するので，貿易収支が赤字になる．利子率が低下しているので，資本収支も赤字になる．均衡点 $Q_1$ では，利子率 $i$ が低下し，国民所得 $Y$ は増大し，国際収支 $BP$ が赤字になる．

点 $Q_1$ から長期均衡点 $Q_0$ への移動も，資本移動性がない場合と同じである．国際収支赤字によって外貨準備が減少し，国内の貨幣供給が減少する．貨幣供給の減少は $LM$ 曲線を左方にシフトさせ，利子率を上昇させる．利子率の上昇は国民所得を減少させる．長期均衡点 $Q_0$ では，利子率 $i$ も国民所得 $Y$ も初期の状態に戻る．

**資本移動性が高い**：資本移動性が十分に高い場合（図11-3(c)），利子率変化の資本収支への影響が大きく，$BP$ 曲線の傾きが $LM$ 曲線よりも緩やかになる．

貨幣供給 $M^s$ の増大は，$LM$ 曲線を $LM'$ 曲線のように右方にシフトさせ，国民所得 $Y$ を増加させ，利子率 $i$ を低下させる．点 $Q_1$ では，国民所得が増加し，貿易収支は赤字になる．利子率が低下するので，資本収支も赤字になる．短期均衡点 $Q_1$ では，国民所得 $Y$ が増大し，利子率 $i$ が低下し，国際収支 $BP$ が赤字になる．

点 $Q_1$ から長期均衡点 $Q_0$ への移動も，資本移動性がない場合や資本移動性が低い場合と同じである．長期均衡点 $Q_0$ では利子率 $i$ も国民所得 $Y$ も初期の水準に戻る．資本移動性が高い場合の相違点は，金利格差に対する資本移動性が高いので，外貨準備の減少が速く，長期均衡への移動が速くなることである．

## 11.2　変動為替レート制と財政・金融政策

### 11.2.1　変動為替レート制とマンデル＝フレミング・モデル

**マンデル＝フレミング・モデル**：今日，マクロ経済政策の実施において重要な点は，第1に変動為替レート制下において為替レートが市場で決定されることであり，第2に国際金融市場において資本の移動性がきわめて高いことであ

る。

変動為替レート制下のマンデル＝フレミング・モデルも，財市場（$IS$），貨幣市場（$LM$），国際収支（$BP$）の3つの均衡条件によって構成される。

$$IS: Y=(c-m)Y+C_0+I(i)+G+X-(c-m)T-M_0+\eta E \quad ①'$$
$$LM: M^s/P=L(i, Y) \quad ②$$
$$BP: i=(m/k)Y-(1/k)(\eta E+X-M_0+KA_0)+i_F \quad ③'$$

$LM$ 曲線（②式）は固定為替レート制の場合と同じである。$IS$ 曲線（①'式）と $BP$ 曲線（③'式）は為替レート $E$ の影響を受ける。$\eta$ は為替レート変動の貿易収支への反応係数を表す。

為替レート $E$ は，国際収支が均衡するように調整されるとしよう。国際収支が赤字の場合には，外貨の超過需要によって為替レート $E$ は減価する。国際収支が黒字の場合には，外貨の超過供給によって為替レート $E$ は増価する。為替レート $E$ が減価すれば純輸出が増大し，貿易収支は改善する。反対に，為替レート $E$ が増価すれば純輸出が減少し，貿易収支は悪化する。

### 11.2.2 財政政策

変動為替レート制において政府支出 $G$ の増大が国民所得や利子率に及ぼす効果について検討しよう。変動為替レート制下では国際収支は為替レートの調整によって均衡する。固定為替レート制の場合と同様に，マクロ経済政策の効果は資本の移動性（反応係数 $k$ の大きさ）によって異なる。3つの場合に分けて検討しよう。

**資本移動性がない**：資本移動性がないとき（図11-4($a$)），政府支出 $G$ が増大した場合の国際収支への影響は貿易収支だけであり，資本収支への影響はない。このとき，$BP$ 曲線は垂直になる。

政府支出 $G$ の増大は $IS$ 曲線を $IS'$ 曲線のように右方にシフトさせる。均衡点は点 $Q_0$ から点 $Q_1$ に移動し，国民所得 $Y$ は増大し，利子率 $i$ も上昇する。点 $Q_1$ では，国民所得が増加するので，輸入が増大し，貿易収支が赤字になる。

第11章　為替制度とマクロ経済政策

(a) 資本移動性がない　(b) 資本移動性が低い　(c) 資本移動性が高い

図 11-4　資本の移動性と財政政策の効果

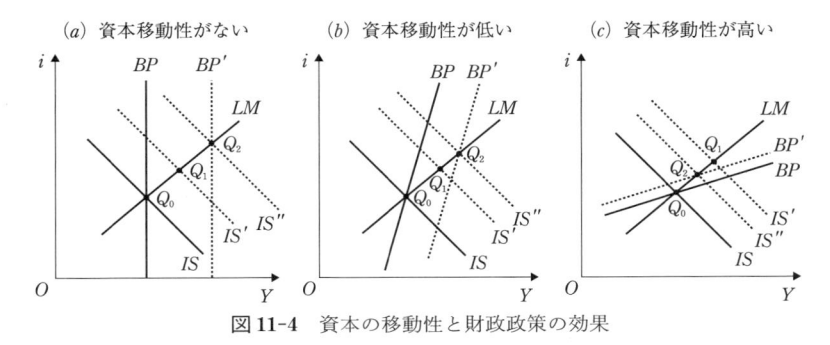

短期均衡点 $Q_1$ では，国民所得が増大し，利子率が上昇し，国際収支が赤字になる。

貿易収支赤字＝国際収支赤字は変動為替レート制下では為替レートによって調整され，為替レートが減価する。変動為替レート制においては，外貨準備の変動がないので，貨幣供給量は変化せず，$LM$ 曲線は動かない。為替レート $E$ の減価は，マーシャル＝ラーナー条件が満たされていれば，純輸出を増大させ，$IS$ 曲線をさらに右方にシフトさせ，国民所得を増大させる。また為替レート $E$ の減価は $BP$ 曲線を右方にシフトさせる。長期均衡は点 $Q_2$ で達成される。この点で国際収支は均衡し，国民所得 $Y$ と利子率 $i$ は上昇する。

**資本移動性が低い**：資本移動があると，利子率が上昇した場合に，資本が流入し，資本収支が改善される。ただし，資本移動性が低い場合（図 11-4(b)）には，政府支出 $G$ が増大し，利子率が変化したとき，資本収支への影響は小さい。

政府支出 $G$ の増大は $IS$ 曲線を $IS'$ 曲線のように右方にシフトさせる。均衡点は点 $Q_0$ から点 $Q_1$ に移動し，国民所得 $Y$ が増大し，利子率 $i$ も上昇する。点 $Q_1$ では，国民所得が増加するので，貿易収支は赤字になる。しかし利子率が上昇しているので，資本が流入し資本収支は黒字になる。ただし，資本収支の黒字が十分に小さいので，国際収支は赤字である。

国際収支の赤字は為替レートによって調整され，為替レートが減価する。為替レート $E$ の減価は純輸出を増大させ，$IS'$ 曲線を $IS''$ 曲線のようにさらに

209

右方にシフトさせる。資本収支の黒字があるために為替レートの減価幅が小さいので、資本移動性がない場合よりも $IS''$ 曲線のシフトは小さい。為替レート $E$ の減価は $BP$ 曲線も右方にシフトさせる。長期均衡 $Q_2$ では、国際収支は均衡し、国民所得 $Y$ は増大し、利子率 $i$ は上昇する。

**資本移動性が高い**：資本移動性が十分に高い場合（図11-4($c$)）、利子率が変化したときに資本収支への影響が大きく、$BP$ 曲線の傾きが $LM$ 曲線よりも緩やかになる。

政府支出 $G$ の増大は $IS$ 曲線を $IS'$ 曲線のように右方にシフトさせる。均衡点は点 $Q_0$ から点 $Q_1$ に移動し、国民所得 $Y$ は増大し、利子率 $i$ も上昇する。点 $Q_1$ では、国民所得が増加し、貿易収支は赤字になる。しかし利子率が上昇し、資本収支の黒字が十分に大きいので、国際収支は黒字になる。

国際収支の黒字によって為替レート $E$ が増価する。為替レートの増価は純輸出を減少させ、$IS'$ 曲線を $IS''$ 曲線のように左方にシフトバックさせる。為替レート $E$ の増価は $BP$ 曲線を上方にシフトさせる。長期均衡点 $Q_2$ で、国際収支は均衡し、国民所得 $Y$ は増大し、利子率 $i$ は上昇する。ただし、貿易収支は赤字で、資本収支は黒字である。

変動為替レート制においては、資本移動性が高くなるのに応じて、財政政策の有効性は低下する。政府支出 $G$ の増大によって国民所得 $Y$ は増大する。しかし、国民所得の増大は、資本の移動性がない場合にもっとも大きい。資本移動性が高いほど、国民所得の増加は小さくなる。これは固定為替レート制の結論と正反対である。

このモデルが適切な事例は1980年代のレーガン政権下の米国経済である。大幅な政府支出の増大によって、財政赤字が発生すると共に、米国の利子率が上昇した。その結果、海外から大量の資本が米国に流入し、ドルの増価をもたらした。

### 11.2.3 金融政策

変動為替レート制において貨幣供給 $M^s$ の増加が国民所得や利子率に及ぼす

第11章 為替制度とマクロ経済政策

(a) 資本移動性がない　　(b) 資本移動性が低い　　(c) 資本移動性が高い

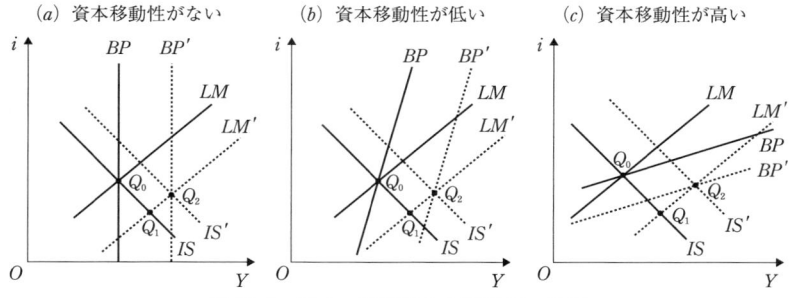

図 11-5　資本の移動性と金融政策の効果

効果について検討しよう。これまでと同様に，金融政策の効果は資本の移動性（反応係数 $k$ の大きさ）によって異なるので，3 つの場合に分けて検討しよう。

**資本移動性がない**：資本移動性がない場合（図 11-5($a$)），貨幣供給 $M^S$ が増大しても資本収支への影響はない。貨幣供給の増大は $LM$ 曲線を $LM'$ 曲線のように右方にシフトさせる。均衡点は点 $Q_0$ から点 $Q_1$ に移動し，利子率 $i$ が低下し，国民所得 $Y$ が増大する。国民所得が増加するので，輸入が増大し，貿易収支が赤字になる。点 $Q_1$ では，利子率 $i$ が低下し，国民所得 $Y$ が増大し，国際収支 $BP$ が赤字になる。

国際収支の赤字は為替レート $E$ を減価させる。為替レートの減価は，純輸出を増大させ，$IS$ 曲線と $BP$ 曲線を右方にシフトさせる。純輸出の増大は国際収支の赤字を削減する。長期均衡は点 $Q_2$ で達成され，初期状態と比較し国民所得 $Y$ は増大し，利子率 $i$ は低下する。国際収支 $BP$ は均衡状態に戻る。

**資本移動性が低い**：資本移動性が低い場合（図 11-5($b$)），貨幣供給 $M^S$ が増大しても，資本収支への影響は小さく，$BP$ 曲線の傾きは $LM$ 曲線よりも急である。貨幣供給の増大は $LM$ 曲線を $LM'$ 曲線のように右方にシフトさせる。点 $Q_1$ では，利子率 $i$ が低下し，国民所得 $Y$ は増大する。点 $Q_1$ では，国民所得が増加するので，貿易収支が赤字になる。また利子率が低下しているので，資本収支も赤字になる。均衡点 $Q_1$ では，利子率 $i$ が低下し，国民所得 $Y$ は増大し，国際収支 $BP$ が赤字になる。

国際収支の赤字は貿易収支赤字と資本収支赤字の総合であり，為替レートは，

資本移動がない場合よりも大きく減価する。為替レートの大幅な減価は，純輸出を増大させ，$IS$ 曲線や $BP$ 曲線をより大きく右方にシフトさせる。長期均衡点 $Q_2$ では，利子率 $i$ は低下し，国民所得 $Y$ は，資本移動がない場合よりも大きく増大する。

**資本移動性が高い**：資本移動性が十分に高い場合（図 11-5($c$)），利子率変化の資本収支への影響が大きく，$BP$ 曲線の傾きが $LM$ 曲線よりも緩やかになる。貨幣供給 $M^s$ の増大は，$LM$ 曲線を $LM'$ 曲線のように右方にシフトさせ，国民所得 $Y$ を増大させ，利子率 $i$ を低下させる。点 $Q_1$ では，国民所得が増大し，貿易収支は赤字になる。利子率が低下し，資本収支も赤字になる。

資本移動性が高いほど，金融政策の有効性は高くなる。点 $Q_1$ から長期均衡点 $Q_2$ への移動も，資本移動性がない場合や資本移動性が低い場合と同じである。資本移動性が高い場合の相違点は，金利格差に対する資本移動性が高いので，資本収支の赤字が大きく，為替レートがより大きく減価し，$IS$ 曲線の右方シフトが大きいことである。この結果，国民所得増大への効果も最も大きくなる。

### 11.2.4 完全資本移動とマクロ経済政策

グローバリゼーションの進展のもとで今日，各国間の資本の移動性はかなり高い。資本移動が完全な場合には，マクロ経済政策の有効性はどのようになるだろうか。固定為替レート制と変動為替レート制に分けて検討しよう。どちらの場合も資本移動性が完全な場合には，$BP$ 曲線が水平になり，国内の利子率は海外の水準に縛られる。

**固定為替レート制と資本移動の完全性**　**財政政策**：図 11-6($a$)は固定為替レート制下の財政政策の効果を表す。政府支出 $G$ の増大は $IS$ 曲線を右方にシフトさせる。点 $Q_1$ において国民所得が増大し，利子率が上昇する。利子率の上昇によって資本が流入し，外貨準備が増大すると，固定為替レート制下では貨幣供給が増大する。この結果，$LM$ 曲線が $LM'$ 曲線のように右方にシフトする。このようなシフトは金利格差がなくなるまで続く。点 $Q_2$ におけ

第11章 為替制度とマクロ経済政策

(a) 財政政策　　　　　　　(b) 金融政策

**図 11-6**　固定為替レート制と資本移動の完全性

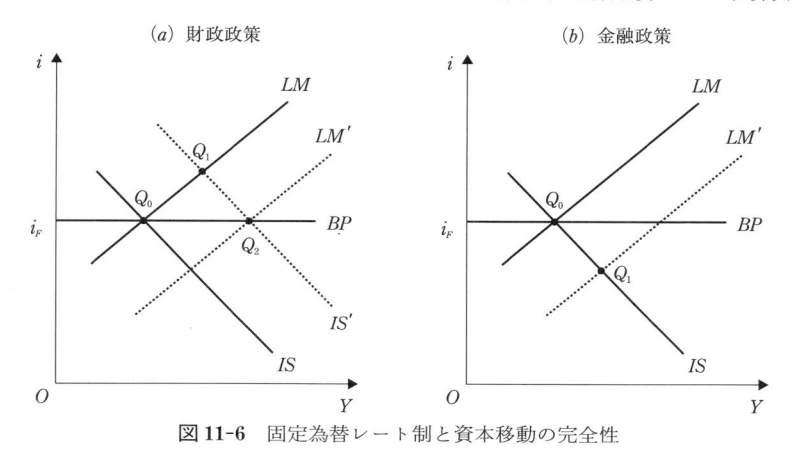

る国民所得 $Y$ は点 $Q_1$ よりも大きい。資本移動が完全な場合，固定為替レート制下の財政政策は有効である。

**金融政策**：図 11-6(b)は固定為替レート制下の金融政策の効果を表す。貨幣供給 $M^S$ の増加は $LM$ 曲線を $LM'$ 曲線のように右方にシフトさせる。点 $Q_1$ において利子率が低下するので，資本流出がおきる。この資本流出は外貨準備を減少させ，貨幣供給を削減し，$LM'$ 曲線をシフトバックさせる。このシフトバックは点 $Q_0$ において利子率が元の水準に戻るまでおきる。したがって，資本移動が完全な場合，固定為替レート制下の金融政策は国民所得を変化させない。

以上のように，資本移動が完全な場合には，固定為替レート制下では財政政策は有効であるが，金融政策は有効ではない。国民所得の水準は $IS$ 曲線によってのみ決定される。EUにおける通貨統合は，資本移動の規制がない固定為替レート制と同じ経済状況である。したがって，各国は金融政策の独立性を失うことになる。

**変動為替レート制と資本移動の完全性**

**財政政策**：図 11-7(a)は変動為替レート制下の財政政策の効果を表す。政府支出 $G$ の増加は $IS$ 曲線を右方にシフトさせる。点 $Q_1$ において国民所得が増大し，利子率が上昇する。利

第IV部　国際マクロ経済政策

(a) 財政政策　　　　　　　　　　　(b) 金融政策

図 11-7　変動為替レート制と資本移動の完全性

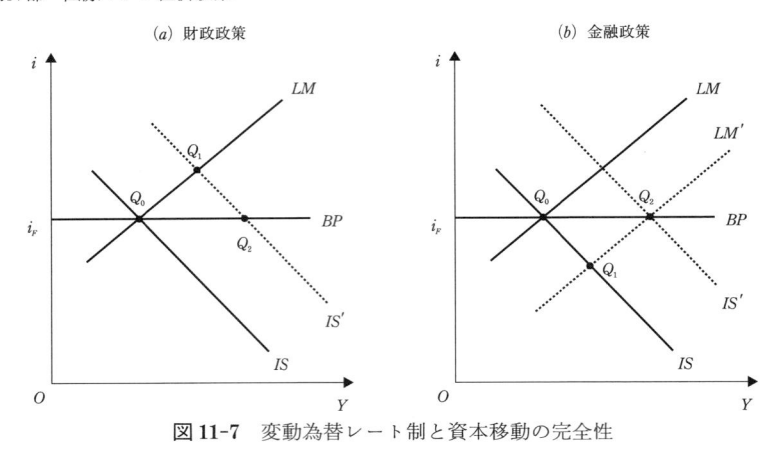

子率の上昇によって資本が流入すると，変動為替レート制下では為替レートが増価する。この結果，$IS$ 曲線がシフトバックする。このような $IS$ 曲線のシフトは，金利格差がなくなる点 $Q_0$ まで続く。このように資本移動が完全な場合，変動為替レート制下の財政政策は有効ではない。

**金融政策**：図 11-7(b) は変動為替レート制下の金融政策の効果を表す。貨幣供給 $M^S$ の増加は $LM$ 曲線を $LM'$ 曲線のように右方にシフトさせる。点 $Q_1$ において利子率が低下するので，資本流出がおきる。この資本流出は為替レートを減価させ，$IS$ 曲線を右方にシフトさせる。このシフトは，点 $Q_2$ において利子率が元の水準に戻るまで続く。したがって，資本移動が完全な場合，変動為替レート制下の金融政策は国民所得を増大させる。

以上のように，資本移動が完全な場合には，変動為替レート制下では金融政策は有効であるが，財政政策は有効ではない。これは固定為替レート制下の結果とは対照的である。

### Question 11.1　固定為替レート制と財政・金融政策

図 11-8 は，資本移動が完全な場合におけるマンデル＝フレミング・モデル（小国モデル）を表したものである。世界利子率が $i_F$ であり，初期に点 $Q_0$ で

第11章 為替制度とマクロ経済政策

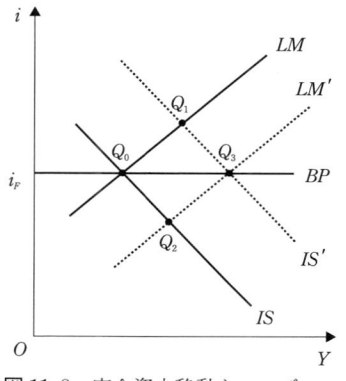

図11-8 完全資本移動とマンデル＝
フレミング・モデル

均衡しているとしよう。このとき，以下の財政政策と金融政策に関する記述のなかで適切なものはどれか。ただし，物価水準は一定とする。

① 固定為替レート制において，財政拡大により IS 曲線が IS′ にシフトした場合，長期均衡点は点 $Q_0$ である。
② 固定為替レート制において，財政拡大により IS 曲線が IS′ にシフトした場合，長期均衡点は点 $Q_1$ である。
③ 固定為替レート制において，金融緩和により LM 曲線が LM′ にシフトした場合，長期均衡点は点 $Q_2$ である。
④ 変動為替レート制において，財政拡大により IS 曲線が IS′ にシフトした場合，長期均衡点は点 $Q_3$ である。
⑤ 変動為替レート制において，金融緩和により LM 曲線が LM′ にシフトした場合，長期均衡点は点 $Q_3$ である。

**Answer 11.1**
適切な記述は⑤である。
①×，②×　→固定為替レート制において，財政拡大により IS 曲線が IS′ にシフトした場合の短期均衡は点 $Q_1$ である。その後，利子率の上昇によって

資本が流入すると，$LM$ 曲線が右にシフトし，長期均衡は点 $Q_3$ となる。

③× →固定為替レート制において，金融緩和により $LM$ 曲線が $LM'$ にシフトした場合の短期均衡は点 $Q_2$ である。その後，利子率の低下によって資本が流出すると，$LM$ 曲線が左にシフトするので，長期均衡は点 $Q_0$ となる。

④× →変動為替レート制において，財政拡大により $IS$ 曲線が $IS'$ にシフトした場合の短期均衡は点 $Q_1$ である。その後，利子率の上昇によって資本が流入し，自国通貨が増価する。その結果，純輸出が減少して $IS$ 曲線が左にシフトするので，長期均衡は点 $Q_0$ となる。

⑤○ →変動為替レート制において，金融緩和により $LM$ 曲線が $LM'$ にシフトした場合の短期均衡は点 $Q_2$ である。その後，利子率の低下によって資本が流出し，自国通貨が減価する。その結果，純輸出が増加し $IS$ 曲線が右にシフトするので，長期均衡は点 $Q_3$ である。

### Question 11.2　変動為替レート制と財政・金融政策

以下のような変動為替レート制下で資本移動が完全な開放マクロ経済を想定しよう。

$$Y = C + I + G + B \quad ①$$
$$C = 20 + 0.8Y \quad ②$$
$$I = 38 - 50i \quad ③$$
$$B = 40 - 0.1Y + 0.2E \quad ④$$
$$0.2Y - 300i = M^S \quad ⑤$$
$$i = i^* \quad ⑥$$

ただし，$Y$ は国民所得，$C$ は消費，$I$ は投資，$G$ は政府支出，$B$ は純輸出，$i$ は国内利子率，$E$ は自国通貨建て為替レート，$M^S$ は貨幣供給量，$i^*$ は世界利子率を表す。このとき，以下の問題に答えなさい。

**問題(1)**　$G = 50$，$M^S = 98$，$i^* = 0.04$ のとき，均衡国民所得と為替レートを求めなさい。

## 第11章 為替制度とマクロ経済政策

**問題(2)** 政府支出が5増加した場合，為替レートの変化分を求めなさい。

**問題(3)** 中央銀行による金融緩和政策によって貨幣供給が4増加した場合，国民所得と為替レートの変化分を求めなさい。

### Answer 11.2

②③④式を①式に代入し為替レート $E$ について整理すると，$IS$ 曲線は以下のようになる。

$$0.2E = 0.3Y + 50i - G - 98 \qquad ⑦$$

貨幣市場の均衡を表す⑤式を国民所得 $Y$ について整理すると，以下のように $LM$ 曲線が得られる。

$$0.2Y = M^s + 300i \qquad ⑧$$

**解答(1)** ⑧式に $M^s=98$，$i=i^*=0.04$を代入すると，均衡国民所得 $Y=550$が求まる。⑦式に $Y=550$，$G=50$，$i=i^*=0.04$を代入すると，均衡為替レート $E=95$が得られる。

**解答(2)** 国内利子率 $i$ が世界利子率 $i^*$ で一定であることに注意し，⑦⑧式の変化分の関係として，以下の式が得られる。

$$0.2\varDelta E = 0.3\varDelta Y - \varDelta G \qquad ⑨$$
$$0.2\varDelta Y = \varDelta M^s \qquad ⑩$$

変動為替レート制下で資本移動が完全な場合，財政政策は無効となるので，$\varDelta Y=0$である。⑨式に $\varDelta Y=0$および $\varDelta G=5$を代入すると，$\varDelta E=-25$となる。

**解答(3)** ⑩式に $\varDelta M^s=4$を代入すると，$\varDelta Y=20$が求まる。⑨式に $\varDelta Y=20$と $\varDelta G=0$を代入すると，$\varDelta E=30$が得られる。

## 文献案内

De Grauwe, Paul (2009) *Economics of Monetary Union*, 8th ed., Oxford: Oxford University Press(田中素香ほか訳『通貨同盟の経済学——ユーロの理論と現状分析』勁草書房,2011年).
 ＊ユーロ圏における財政政策や金融政策について検討している。

植田和男編(2010)『世界金融・経済危機の全貌——原因・波及・政策対応』慶應義塾大学出版会。
 ＊リーマンショック後の各国のマクロ経済政策による対応について分析している。

河合正弘(1994)『国際金融論』東京大学出版会。
 ＊すこし上級の小国開放経済下のマクロ経済政策の理論を説明している。

# 第12章

# 相互依存とマクロ政策協調

―― この章で学ぶこと ――――――――――――――――――――――

この章では，変動為替レート制における各国の経済的相互依存とマクロ経済政策の国際協調について学ぶ。変動為替レート制における各国の相互依存の要因は，1つは資本移動・為替レート変動・純輸出変動によるものであり，もう1つは為替レートの変動が純輸出以外の要因によって及ぼす影響である。この章では，2国間のマンデル＝フレミング・モデルを用いて，財政政策や金融政策が2国間の経済に及ぼす影響について検討する。各国間の経済的相互依存の進展はマクロ経済政策の国際協調の必要性を高める。この章では，政策協調が囚人のジレンマになる可能性があることを示すと共に，政策協調を行う上での課題についても検討する。

**キーワード**

相互依存　2国マンデル＝フレミング・モデル　財政政策　金融政策　近隣窮乏化　ロールセン＝メッツラー＝ハーバーガー効果　政策協調　機関車論　ボン・サミット　プラザ合意　囚人のジレンマ　合意形成のコスト　コミットメント　リーマン・ショック

―――――――――――――――――――――――――――――――

## 12.1 マクロ経済の相互依存

### 12.1.1 2国マンデル＝フレミング・モデル

各国の相互依存とマクロ経済政策の国際協調を検討するために，変動為替レート制における米国と日本の2国マンデル＝フレミング・モデルを構成しよう。ここでは，資本移動の完全性を仮定する。資本の完全な移動性は，分析が容易であるだけではなく，今日の先進資本主義諸国間の状況をより適切に表現して

(a) 米　国　　　　　　　　　　(b) 日　本

図 12-1　2国マンデル＝フレミング・モデル

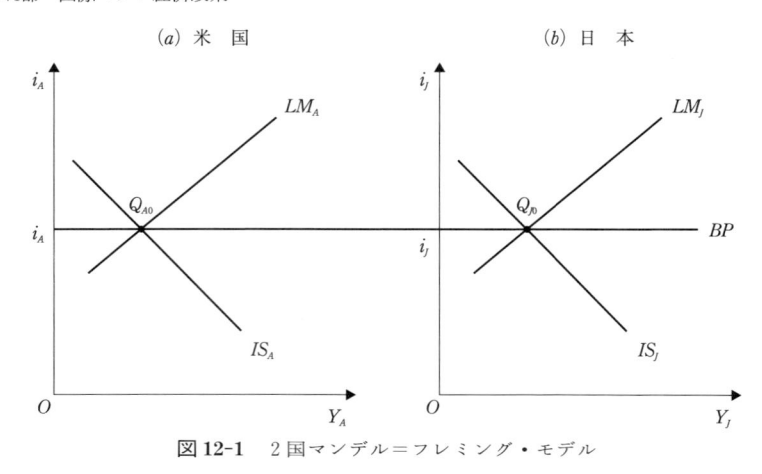

いる。また，為替レート予想については，静学的予想，すなわち現在の為替レートが将来も持続すると仮定する。

　変動為替レート制下の2国マンデル＝フレミング・モデルは，両国の財市場（$IS_i$），両国の貨幣市場（$LM_i$），国際収支（$BP$）の5つの均衡条件によって構成される。$i=A, J$で，$A$ は米国を，$J$ は日本を表す。

$$IS_i : Y_i = (c_i - m_i) Y_i + C_{0i} + I_i(i_i) + G_i + X_i - (c_i - m_i) T_i - M_{0i} + \eta_i E \quad ①$$
$$LM_i : M_i^S / P_i = L_i(i_i, Y_i) \quad ②$$
$$BP : i_A = i_J \quad ③$$

$IS_i$ 曲線は財市場の均衡条件であり，為替レート $E$ の影響を受ける。為替レート $E$ が減価（増価）すれば，純輸出が増加（減少）し，貿易収支は改善（悪化）する。$\eta_i$ は為替レートが変化した場合に貿易収支への効果を表す反応係数である。$LM_i$ 曲線は貨幣市場の均衡条件である。資本移動の完全性と静学的な為替レート予想によって両国の利子率は等しくなるので，$BP$ 曲線は水平になる。

　図 12-1は2国マンデル＝フレミング・モデルを表す。図 12-1の(a)は米国，(b)は日本を表す。各国の国内経済は，財市場の均衡条件を表す $IS_i$ 曲線，貨

第12章 相互依存とマクロ政策協調

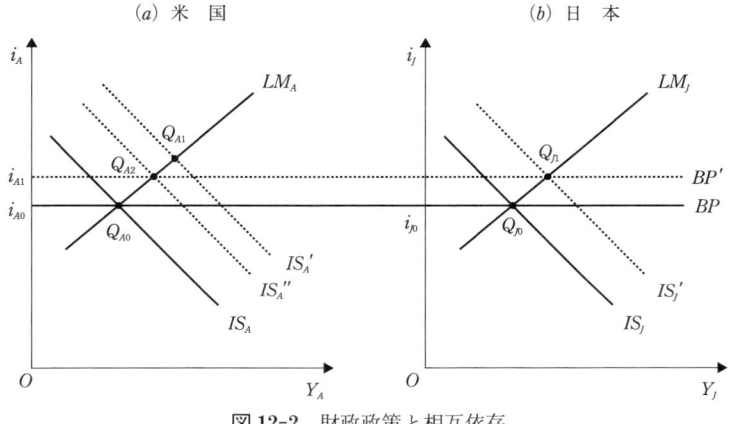

(a) 米国　　　　　　　　　　(b) 日本

図 12-2　財政政策と相互依存

幣市場の均衡条件を表す $LM_i$ 曲線，国際収支の均衡を表す $BP$ 曲線によって描かれる。完全な資本移動性のもとで $BP$ 曲線は水平になる。日米の利子率は裁定取引と為替レートの静学的予想によって等しくなる（$i_A = i_J$）。両国間の利子率に相違があれば，無限の資本移動によって金利格差は解消される。

## 12.1.2　財政政策

図 12-2 は，米国の政府支出 $G_A$ の増大が日米両国の国民所得 $Y_i$ と利子率 $i$ に及ぼす影響について表す。米国の政府支出は，為替レートの変動によって日本の純輸出に影響を及ぼし，米国と日本の国民所得を増大させることを確認しよう。

米国が政府支出 $G_A$ を増加すると，$IS_A$ 曲線が右方にシフトし，均衡点は点 $Q_{A0}$ から点 $Q_{A1}$ に移動する。点 $Q_{A1}$ では利子率が上昇しているので，資本が流入する。その結果，為替レートが増価し，米国の純輸出が減少し，$IS_A$ 曲線は左方にシフトバックする。為替レートの増価と $IS_A$ 曲線のシフトバックは，資本移動が完全であるために，日米金利格差が解消されるまで続く。

日米金利格差の解消は初期の均衡点 $Q_{A0}$ に戻る前に達成される。米国のドルが増価するということは，日本の円が減価することである。したがって，ド

ルが増価し,米国の $IS_A$ 曲線がシフトバックするとき,円が減価し,日本の $IS_J$ 曲線が右方にシフトする。米国では利子率が点 $Q_{A1}$ から低下し,日本では利子率が点 $Q_{J0}$ から上昇する。各国の $LM_i$ 曲線との交点での利子率が等しくなるまで,両国の $IS_i$ 曲線はシフトする。それぞれの交点,点 $Q_{A2}$ と点 $Q_{J1}$ は曲線 $BP'$ 上にある。

点 $Q_{A2}$ において米国の国民所得 $Y_A$ は増加し,利子率 $i_A$ は上昇している。点 $Q_{J1}$ において日本の国民所得 $Y_J$ と利子率 $i_J$ も上昇している。変動為替レート制のもとで資本の移動性が完全な場合には,第11章で検討したように,小国では財政政策は国民所得を増加することができず,有効ではなかった。小国の場合には,外国の利子率に影響を及ぼすことができず,外国の利子率に拘束されるために,財政政策は有効ではないのである。

しかし,外国の利子率に影響を及ぼすことができる大国の場合には,財政政策は有効である。大国の場合,財政政策によって国内利子率が上昇するとき,外国の利子率も上昇させることができる。図12-2では,日本の利子率 $i_J$ の上昇の程度に応じて米国の利子率 $i_A$ も上昇し,その利子率の上昇の程度に応じて米国の国民所得も増大する。

1980年代前半のレーガン大統領の時期に,米国は減税政策(1981年)と国防予算の増大を実施した。これによって米国の利子率は上昇し,日欧から大量の資本が流入し,ドル高になった。このドル高によって米国の貿易収支は赤字に陥ったが,日欧の貿易収支の黒字は拡大した。米国の拡張的な財政政策は,米国だけではなく日欧の国民所得も増大させた。ただし,米国は拡張的な財政政策によって財政赤字と経常収支赤字という双子の赤字に陥ることになった。

### 12.1.3 金融政策

図12-3は米国の貨幣供給 $M_A^S$ の増大が日米両国の国民所得と利子率に及ぼす影響について表す。米国の貨幣供給の増大は,米国の国民所得を増大させるが,為替レートの変動によって日本の純輸出を減少させ,日本の国民所得を減少させることを確認しよう。

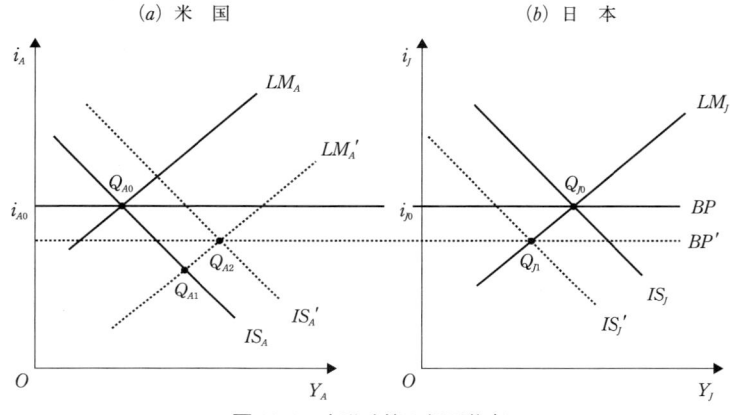

第12章 相互依存とマクロ政策協調

(a) 米 国　　　　　　　　　(b) 日 本

図12-3　金融政策と相互依存

　米国の貨幣供給の増大は，$LM_A$ 曲線を右方にシフトさせる。均衡点は一時的に点 $Q_{A1}$ に移動し，利子率が低下する。この利子率の低下は米国から資本を流出させ，ドルを減価させる。ドル減価は米国の純輸出を増大し，$IS_A$ 曲線を右方にシフトさせ，国民所得を増大させる。国民所得の増大と共に，利子率は上昇する。$IS_A$ 曲線の右シフトと利子率の上昇は，資本移動が完全であるために，日米金利格差が解消されるまで続く。

　日米金利格差の解消は利子率が初期の水準に戻る前に達成される。ドルの減価は円の増価であり，米国の $IS_A$ 曲線が右シフトするとき，日本の $IS_J$ 曲線が左方にシフトする。米国の利子率が上昇すると共に，日本の利子率は低下する。米国の $LM_A$ 曲線と $IS_A$ 曲線の交点が点 $Q_{A2}$ になり，日本の $LM_J$ 曲線と $IS_J$ 曲線の交点が点 $Q_{J1}$ になるとき，両国の利子率は等しくなる。このとき，為替レートの変動，利子率の調整，両国の IS 曲線のシフトが終わる。

　点 $Q_{A2}$ において米国の国民所得 $Y_A$ は増大し，利子率 $i_A$ は低下している。点 $Q_{J1}$ において日本の国民所得 $Y_J$ と利子率 $i_J$ は低下している。変動為替レート制のもとで資本の移動性が完全な場合には，第11章で検討したように，小国では金融政策は国民所得を増大させる。小国の場合には，外国の利子率の水準まで戻るようにドルが減価し，純輸出が増大し，国民所得を大きく増大させる。

しかし，外国の利子率に影響を及ぼすことができる大国の場合には，金融政策の有効性は小国の場合よりは劣る。大国の場合には，金融政策によって米国の利子率が低下するとき，ドル安円高によって日本の純輸出が減少する。その結果，$IS_J$ 曲線が左方にシフトし，日本の利子率が低下する。図 12-3 では，日本の利子率の低下の程度に応じて米国の利子率の上昇が抑制され，利子率上昇の抑制に応じて米国の国民所得の増大も抑制される。

以上のように，貨幣供給を増大させる米国は国民所得を増大させるが，資本流入によって円高ドル安になる日本は国民所得を減少させることになる。大国の金融緩和は，自国の利子率を低下させるだけではなく，外国の利子率も低下させる。

### 12.1.4　為替変動による貿易収支以外の相互依存

為替レートの変動は，貿易収支以外の①貨幣市場効果，②貯蓄効果，③サプライサイド効果などによって各国の経済的相互依存関係をもたらす。

**為替レート変動の貨幣市場効果**：実質貨幣残高はここまでは国内生産物価格によって測られた。実質貨幣残高が国内生産物価格ではなく，消費者物価に依存するとしよう。このとき，為替レートの変動は貨幣市場（$LM$ 曲線）に影響を及ぼす。為替レートが減価すれば（円安），輸入消費財価格が上昇するので消費者物価が上昇する。この消費者物価の上昇は，実質貨幣残高を減少させ，$LM$ 曲線を左方にシフトさせ，国民所得を減少させる。

図 12-4 は，米国の金融引き締めが日本経済に及ぼす効果を表す。米国の金融引き締めが為替レートを減価させれば，日本の国民所得を増大する効果は抑制される。これは図では点 $Q_{J1}$ から点 $Q_{J2}$ への移動によって示される。円安によって日本の $IS_J$ 曲線が右方にシフトし，国民所得が増大するが，消費者物価の上昇によって $LM_J$ 曲線が左方にシフし，国民所得増大の効果は抑制される。他方，為替レートの減価が米国の政府支出の増大によるものであれば，米国の政府支出の増加が日本の国民所得を増大させる効果も抑制される。

1979 年 10 月，米国はインフレ抑制政策として金融引き締め政策を実施した。

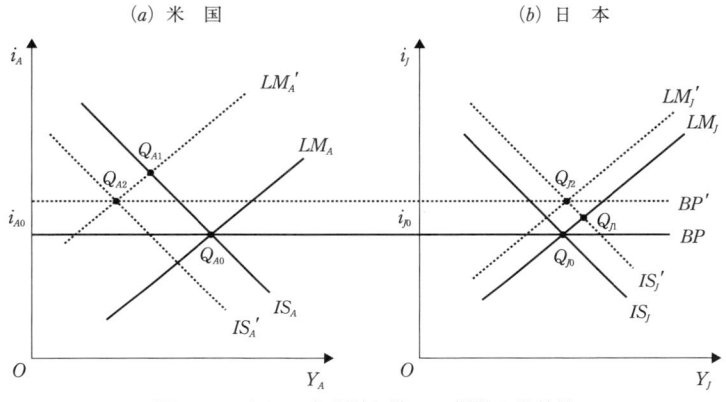

第12章 相互依存とマクロ政策協調

(a) 米 国　　　　　　　　　　(b) 日 本

図12-4　米国の金融引き締めと貨幣市場効果

この結果，米国の利子率は上昇し，米国に資本が流入し，ドル高になった。ドル高＝円安によって日本からの純輸出が増大し，日本の景気は好転した。しかし，円安によって日本の輸入物価水準が上昇し，インフレーションが輸入された。米国のインフレ抑制的な金融引き締めは外国には輸入インフレをもたらし，**近隣窮乏化的効果**をもたらすことになった。

　**為替レート変動の貯蓄効果**：為替レートが減価し，交易条件（＝輸出価格/輸入価格）が悪化すると，自国財と輸入財で表した実質所得が減少する。実質所得の減少は，生活水準を維持しようとすれば，貯蓄を減少させる。交易条件の悪化が貯蓄を減少させ，消費支出を増加させる効果を**ロールセン＝メツラー＝ハーバーガー効果**と呼ぶ。

　米国の財政支出の増大によって，12.1.2のように円安になったとしよう。円安は日本の純輸出を増大させ，国民所得を増大させる。このとき，ロールセン＝メツラー＝ハーバーガー効果が働けば，日本の国民所得はさらに増大する。米国の財政支出の増大は日本の国民所得を増大させる。他方，米国の金融引き締めによって，上のように円安が生じるとしよう。このとき，米国の国民所得は減少するが，日本の国民所得は増大する。

　**為替レート変動のサプライサイド効果**：為替レートの減価によって石油のよ

225

うな輸入中間財価格が上昇すると，企業の供給曲線は上方にシフトする。その結果，国内物価が上昇し，国内生産が減少することになる。また，労働者の賃金が輸入物価にスライドしている場合には，賃金コストが上昇し，その結果，国内生産が減少することになる。このようなサプライサイドの生産縮小効果は，マンデル＝フレミング・モデルの経済効果に修正を及ぼす。

## 12.2　マクロ経済政策の国際協調

　グローバリゼーションや経済的相互依存の進展のもとで，国際的な政策協調の重要性が高まっている。国際的な政策協調を促進するための機関や制度には，IMF，OECD，G10（先進10ヵ国財相・中央銀行総裁会議），G7サミット（米，日，英，独，仏，伊，加），G8サミット（1997年にロシアが参加），G20などがある。

　国際的な政策協調の中でも重要な会議は，1978年7月のG7のボン・サミットと1985年9月のG5（米，日，英，独，仏）のプラザ合意である。**ボン・サミット**では，1974年の石油ショック以降の世界的な景気後退から脱出するために，米国，日本，西独が拡張的な政策を行い，世界経済を牽引する機関車になること（**機関車論**）に合意した。この合意を受け，日本は1978年度のGDP成長率7％を公約し，2.5兆円の公共投資を実施した。米国もインフレ抑制と石油節約を公約した。しかし，サミットで政策協調の合意には成功したが，目標の達成には成功しなかった。

　1985年の**プラザ合意**では，ドル高と対外不均衡—米国の経常収支赤字と日独の経常収支黒字—のもとで，ドル暴落と世界恐慌を回避するために各国がドル高是正に協調介入することに合意した。この後，ドル高是正は急激に進み，合意前後の240円台から1987年末には120円台まで円高が進んだ。このようなドル高是正の背景には各国の政策協調と共に市場の信認があったと言われている。

### 12.2.1　政策協調のゲーム

　マクロ経済政策の国際協調の重要性について，仮説的数値例を用いて検討し

第12章 相互依存とマクロ政策協調

表12-1 政策協調ゲーム

| A \ J | 緩やか | 厳しい |
|---|---|---|
| 緩やか | $p=-2, u=2$ <br> $p^*=-2, u^*=2$ | $p=-4, u=3.5$ <br> $p^*=0, u^*=-1$ |
| 厳しい | $p=0, u=-1$ <br> $p^*=-4, u^*=3.5$ | $p=-2.5, u=3$ <br> $p^*=-2.5, u^*=3$ |

よう。各国政府が協調的政策を実施すれば，すべての国にとって望ましい結果を得ることができる。しかし，国際協調に失敗すれば，すべての国にとって望ましくない結果が生じる。これはゲーム理論における**囚人のジレンマ**の一つの例である。

米国と日本がインフレ抑制と失業率低下のための政策協調を検討しているとしよう。各国は政策手段として金融引き締め（貨幣供給抑制）によってインフレを抑制しようとしている。ただし，各国が金融政策を引き締めすぎると，利子率が上昇し，景気後退がすすみ，失業率が上昇する。利子率の上昇はまた，資本流入をもたらし，為替レートの増価，純輸出の減少，景気の後退をもたらす。他方，金融引き締めの度合いが相手国よりも弱いと，利子率が相対的に低くなり，為替レートが減価し，輸入インフレによってインフレ抑制効果が十分に得られない。

表12-1は各国の経済政策の効果について仮説的な数値例によって表したものである。各国には2つの政策手段がある。1つは緩やかな金融政策であり，もう1つは厳しい金融政策である。各行は米国の2つの選択肢を表し，各列は日本の2つの選択肢を表す。それぞれのセルの左下が米国の利得（$p^*, u^*$），右上が日本の利得（$p, u$）を表す。$p^*$ と $u^*$ は米国のインフレ率と失業率の変化を表す。$p$ と $u$ は日本のインフレ率と失業率の変化を表す。

両国が緩やかな金融政策をとれば，両国のインフレ率（$p^*, p$）は2％低下し，失業率（$u^*, u$）は2％上昇する。両国が厳しい金融政策をとれば，両国ともインフレ率は2.5％低下し，失業率は3％上昇する。緩やかな金融政策はインフレ抑制も緩やかであるが，失業率の上昇を抑えることができる。厳しい金融

表 12-2 政策協調の利得

| A＼J | 緩やか | 厳しい |
|---|---|---|
| 緩やか | (1, 1) | (0, 1.14) |
| 厳しい | (1.14, 0) | (0.83, 0.83)* |

(注) *はナッシュ均衡を表す。

政策はインフレ抑制に有効であるが，失業率の上昇をもたらすことになる。

日本が緩やかな金融政策を実施し，米国が厳しい金融政策を実施するとしよう。このとき，米国の金利が相対的に高くなり，為替レートが増価（ドル高）するので，米国のインフレ率を4％低下させるが，失業率を3.5％上昇させる。米国のこのような政策は，日本の為替レートの減価（円安）によって，日本の失業率を1％低下させるが，インフレ抑制には効果がない（0％）。日本が厳しい金融政策をとり，米国が緩やかな金融政策をとった場合には，反対の効果が生じる。すなわち，日本のインフレ率を4％低下させ，失業率を3.5％上昇させる。米国の失業率を1％低下させ，インフレ率を0％低下させる。

表12-2は上の表を政策利得によって表したものである。各国の政府は，インフレ抑制を最大にし，失業率を最小にするように行動するとしよう。ここで，政策利得 $\pi$ を失業率1ポイント当たりのインフレ率抑制ポイント，$\pi = -p/u$ によって定義しよう。このとき，各国の政府はこの政策利得を最大にするように行動することになる。

この政策協調ゲームのナッシュ均衡（各国が自国の利益を追求する均衡）は，米国も日本も厳しい金融政策を実施するという政策の組である。日本が緩やかな金融政策をとるとき，米国は厳しい金融政策を実施した場合に利得が大きくなる（1.14＞1）。日本が厳しい金融政策を実施する場合も，米国は厳しい金融政策を実施した場合に利得が大きくなる（0.83＞0）。したがって，米国は日本の政策にかかわらず厳しい金融政策を実施することになる。利得行列は対称的なので，日本も米国がどちらの政策を選択しても，厳しい金融政策を実施する。したがって，どちらの国も厳しい金融政策を実施することになる。

しかし，このようなナッシュ均衡は両国にとって必ずしも好ましい結果では

ない。両国が共に緩やかな金融政策を実施すれば，ナッシュ均衡よりも望ましい結果を得ることができる（1＞0.83）。このような政策をとった場合には，インフレ率は抑制され，失業率の上昇は緩やかに維持される。こうして，両国とも緩やかな金融政策を実施するという**政策協調**が実施される可能性がある。政策協調の可能性があるのは，各国の経済政策が相互依存関係にあり，政策協調によってより望ましい結果が得られるからである。

このように政策協調を実施すれば，より好ましい結果を得ることができる。しかし，このような政策協調の実現は容易ではない。なぜなら，このような政策協調は安定的ではないからである。政策協調によって両国とも緩やかな金融政策を実施している場合に，例えば米国が一方的に厳しい金融政策を実施すれば，利得を増大させることができる。したがって，米国には政策協調の約束を反故にして，厳しい金融政策を実施する誘因がある。同様に，日本も政策協調を裏切る誘因がある。

### 12.2.2 政策協調の課題

各国の経済政策が相互依存関係にある場合，より望ましい結果を得るために各国は政策協調を行うことに利益がある。しかし，政策協調を実現し，望ましい結果を得るためには，①政策モデルの不確実性，②政策協調の実現可能性，③政策協調の利益，④指導国の利害と強要，⑤第三のプレイヤーの存在などの課題がある。

**政策モデルの不確実性**：各国が政策協調するためには，国際経済の構造，各国の政策目標，政策の波及メカニズム，政策効果，利益配分など政策モデルに関する十分な知識を共有している必要がある。しかし，政策モデルに関するこれらの知識は，各国が独自に政策モデルを構築している場合には，相違する可能性がある。

政策モデルに関する認識が相違する場合には，政策協調に合意できない可能性がある。政策モデルについて共通の認識がないと，政策協調の利益や利益配分が不確実になる。このとき，この不確実性のために**合意形成のコスト**が政策

協調の利益を上回ると，合意それ自体が困難になる。また例え合意形成ができたとしても，各国が合意できる政策協調の範囲が狭められる可能性がある。

　政策モデルに関する認識の相違をもたらす一つの原因は，マクロ経済に関する経済観の相違である。マクロ経済に関してはケインジアンと新古典派＝マネタリストの間で異なる経済理論が構成されている。理論的なアプローチが異なれば，経済変数間の相互依存関係や政策手段と政策目標との関係についての認識も異なる。どのような理論的アプローチを用いるのが望ましいかという点については，明確な結論は得られていない。

　**政策協調の実現可能性**：各国の政策協調が望ましい結果をもたらすことがわかっていたとしても，各国が独自に自国の利益を優先する場合には，政策協調は実現しない可能性がある。

　先の分析において見たように，政策協調は囚人のジレンマになる場合がある。囚人のジレンマの状況では，各国は相手国の犠牲によって自国の経済厚生を高めようとする。したがって，政策協調を実現するためには，各国の行動に対する**コミットメント（拘束力のある約束）**が必要になる。しかし，分権的な国際社会には，強制力のある国際機関や国際法は存在しない。このような分権的国際社会において，政策協調をどのように実現するのかというのは重要な問題である。

　政策協調が実現される一つの可能性は，政策協調ゲームが1回限りではなく，時間の経過を通じて反復される場合（繰り返しゲーム）である。このような場合には，例え自国の利得を優先する国であっても，政策協調に合意する場合がある。政策協調が繰り返される場合には，ある国が合意の約束を反故にすると，つぎの時点以降相手国が政策協調をやめ報復する可能性がある。この報復によって受ける利得の損失と，約束を反故することによって得られる利益を比較し，報復による損失が十分に大きい場合には，各国は政策協調の合意を遵守する誘因を持つ。

　**政策協調の利益**：政策協調のシミュレーション分析によると，自国の経済政策が相手国のマクロ経済に及ぼす影響は，自国の経済政策が自国のマクロ経済

に及ぼす影響に比べると，きわめて小さい。したがって，政策協調が各国の経済厚生を改善する便益は限られている。このように政策協調の利益が限定的な場合やそれが不確実な場合には，政策協調を行う誘因が低下する。

しかし，政策協調の利益が小さかったり不確実であったりしても，国際経済が危機的な局面にある場合には，危機回避の政策協調が必要になる。例えば，1985年のプラザ合意前の米国の大幅な経常収支赤字とドル高の時期や，2008年のリーマン・ショック後のように国際経済秩序が大きな危機に直面する場合には，政策協調の利益が不確実であったとしても，政策協調の姿勢は不可欠であろう。

**指導国の利害と強要**：分権的な国際社会において政策協調を行うためには，強力なリーダーシップが必要になる。しかし，リーダーシップを発揮する指導国は，独自の政策目標を持っている場合には，全体の利益を考慮して政策協調に参加するとは限らない。特に政策モデルに関する情報を指導国が専有する場合には，指導国は政策協調の名の下に利己的な内政干渉を行う可能性がある。

米国と日・EU間の政策協調の場合には，指導国である米国が一方的に自国の政策目標を日本やEUに押しつける場合がある。日本やEUは，経済的に米国市場への依存が大きかったり政治的に米国への依存が大きかったりするために，政策協調において米国の強要を拒否することは難しい場合がある。

**第三のプレイヤーの存在**：政策協調において各国の政策当局以外に第三のプレイヤーが存在する場合には，政策協調によって経済厚生が改善しない場合がある。第三のプレイヤーとしてよく指摘されるのは民間経済主体である。例えば，各国の政策当局が国民所得（産出量）の増大を目指して拡張的金融政策に関して政策協調を実施するとしよう。このとき，民間経済主体は，拡張的金融政策によって物価水準が上昇すると予想するだろう。民間経済主体が実質賃金率を維持するように名目賃金率を引き上げると，産出量の増大はおきない。したがって，拡張的な金融政策は政策目標を十分に達成できないことになる。

第VI部　国際マクロ経済政策

## Question 12.1　マクロ経済の相互依存

資本移動が完全な $A$ 国と $B$ 国の2国マンデル＝フレミング・モデルを想定しよう。図12-5は $A$ 国経済を表す。$A$ 国は変動為替レート制を採用し，国内利子率は世界利子率 $i^*$ の影響を受け，物価水準は一定とする。このとき，世界利子率に影響を及ぼすことができる $B$ 国が金融緩和政策を実施したとする。以下の問いに答えなさい。

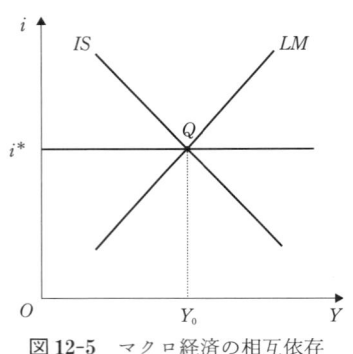

図12-5　マクロ経済の相互依存

**問題(1)**　下記の空欄を埋めなさい。

　　$B$ 国が金融緩和政策を実施した場合，世界利子率は（　①　）する。$A$ 国が何ら経済政策を実施しなかった場合，$A$ 国では世界利子率の（　①　）により資本の流入が起こり，為替レートが（　②　）し，純輸出が（　③　）する。この結果，$IS$ 曲線が（　④　）側にシフトし，$A$ 国の国民所得は（　⑤　）する。

　　また，$B$ 国の金融緩和政策と同時に $A$ 国が金融緩和政策を実施した場合には，$A$ 国において $LM$ 曲線が（　⑥　）側にシフトする。その結果，$A$ 国の国民所得は，何ら経済政策を実施しなかった場合と比較し，少なくとも（　⑦　）することになる。

**問題(2)**　以下のそれぞれの政策効果を図で示しなさい。

　（$a$）$B$ 国が金融緩和政策を実施し，$A$ 国が何ら経済政策を実施しない場合。
　（$b$）$B$ 国が金融緩和政策を実施し，$A$ 国が金融緩和政策を実施する場合。

## Answer 12.1

**解答(1)** ①低下　②増価　③減少　④左　⑤減少　⑥右　⑦増加

**解答(2)** 図12-6は $B$ 国が金融緩和政策を実施した場合の $A$ 国への経済効果を表したものである。同図の左($a$)は，$A$ 国が何も政策を実施しなかった場合を表す。$B$ 国の金融緩和政策によって金利が低下し，為替レートが増価するので $IS$ 曲線が左方にシフトする。よって $A$ 国の国民所得は減少する。同図右($b$)は $A$ 国が金融緩和政策を実施した場合を表す。金融緩和によって利子率が低下し，為替レートが減価し，$IS$ 曲線が右方にシフトバックする。$IS$ 曲線のシフトバックによって，$A$ 国の国民所得は増大する。$A$ 国の国際経済への影響力に応じて，利子率や国民所得への効果は異なる。

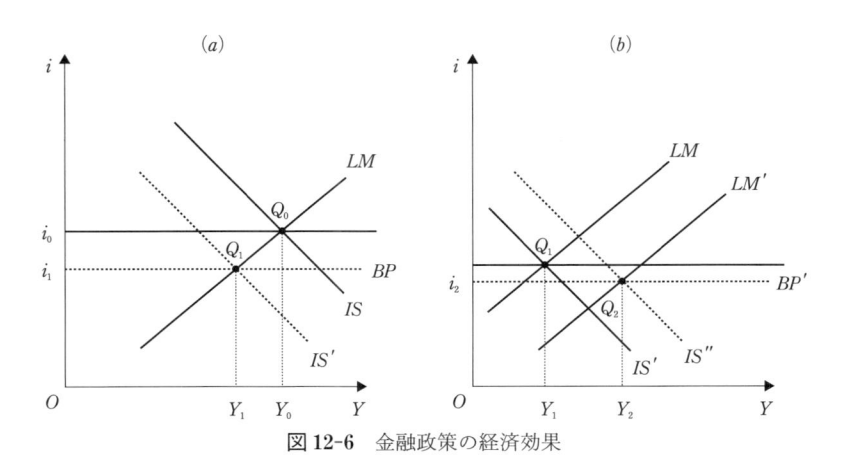

図12-6　金融政策の経済効果

## Question 12.2　マクロ政策の国際協調

$A$ 国と $B$ 国の2国による金融政策ゲームを考えよう。両国ともにフィリップス曲線は共通で，図12-7のように与えられているとする。フィリップス曲線とは，インフレ率 $p$ と失業率 $u$ の間にあるトレードオフの関係を表したものである。

各国の戦略は金融緩和か金融引締かのいずれかとする。両国ともに金融緩和を選択すれば，両国の経済は点 $Q_2$ が実現し，両国ともに金融引締を選択すれ

第VI部　国際マクロ経済政策

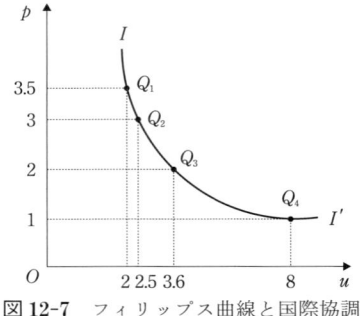

**図12-7**　フィリップス曲線と国際協調

ば，両国の経済は点 $Q_3$ が実現するとしよう．もし両国が異なる選択をすれば，金融緩和を選択した国の経済は点 $Q_1$ が実現し，金融引締を選択した国の経済は点 $Q_4$ が実現するとする．各国の政策利得を $\pi=1/pu$ によって定義しよう．このとき，このゲームのナッシュ均衡を求め，囚人のジレンマに陥っていないか確認しなさい．

## Answer 12.2

表12-3は，各国の戦略の組み合わせによって決定されるインフレ率 $p$ と失業率 $u$ の水準を表したものである．

**表12-3**　政策協調ゲーム

| A \ B | 金融緩和 | 金融引締 |
|---|---|---|
| 金融緩和 | $p=3, u=2.5$ / $p^*=3, u^*=2.5$ | $p=1, u=8$ / $p^*=3.5, u^*=2$ |
| 金融引締 | $p=3.5, u=2$ / $p^*=1, u^*=8$ | $p=2, u=3.6$ / $p^*=2, u^*=3.6$ |

表12-3と利得関数 $\pi=1/pu$ から，表12-4のような利得表を得ることができる．ただし，利得表の左側が $A$ 国の利得，右側が $B$ 国の利得を表す．

表 12-4 政策協調の利得

| A＼B | 金融緩和 | 金融引締 |
|---|---|---|
| 金融緩和 | (2/15, 2/15)* | (1/7, 1/8) |
| 金融引締 | (1/8, 1/7) | (5/36, 5/36) |

（注）＊はナッシュ均衡を表す。

　表12-4をもとに$A$国の最適戦略を考えよう。$B$国が金融緩和と金融引締のいずれの戦略を選択しても，$A$国の最適戦略は金融緩和である（2/15＞1/8，1/7＞5/36）。同様に，$A$国が金融緩和と金融引締のいずれの戦略をとっても，$B$国の最適戦略は金融緩和である。したがって，$A$国と$B$国がともに金融緩和を選択するのがナッシュ均衡となる。

　ここで，もし両国が戦略を金融引締へと変更すれば，インフレ抑制によって両国共に利得を2/15から5/36へと増大させることができる。したがって，ナッシュ均衡はパレート最適ではなく，このゲームは囚人のジレンマに陥っている。

## 文献案内

植田和男編（2010）『世界金融・経済危機の全貌——原因・波及・政策対応』慶應義塾大学出版会。
　　＊リーマン・ショック以降の世界金融・経済危機の波及について検討している。
中林伸一（2012）『G20の経済学——国際協調と日本の経済成長』中公新書。
　　＊リーマン・ショック以降のG20の国際協調について検討している。
舟橋洋一（1988）『通貨烈烈』朝日新聞社。
　　＊1985年のプラザ合意（政策協調）に関するジャーナリストによる検証。

# 第13章

# 為替制度の選択

---

**この章で学ぶこと**

　この章では，多様な為替制度について学ぶ。為替制度には，大きく分けると変動為替レート制，固定為替レート制，これらの中間の制度の3つの制度がある。変動為替レート制は，為替レートの決定を外国為替市場の需要と供給に委ねる制度である。固定為替レート制は，通貨当局が公定平価を決め，このレートを維持するために必要に応じて外国為替市場に介入する制度である。中間的な制度には，①ターゲット・ゾーン，②バスケット・ペッグ，③クローリング・ペッグ，④アジャスタブル・ペッグなど多様な制度がある。このような多様な制度の中で，各国はどのような為替制度を選択すべきであろうか。

**キーワード**

　変動為替レート制　固定為替レート制　金融政策のトリレンマ　コーナー仮説　クリーン・フロート　管理フロート　風向きに逆らう介入政策　バンドワゴン効果　ノミナル・アンカー　カレンシーボード　ドル化　通貨同盟　ユーロ　ターゲット・ゾーン　欧州通貨制度（EMS）　バスケット・ペッグ　実効為替レート　クローリング・ペッグ　タブリータ　アジャスタブル・ペッグ　ブレトンウッズ体制

---

## 13.1　変動為替レート制と固定為替レート制

### 13.1.1　金融政策のトリレンマと多様な為替制度

　資本移動の自由化が進展する世界において，通貨危機の危険性がある諸国の場合には，為替制度の選択は重要な政策課題である。その理由は，金融政策に関わる3つの政策，すなわち①為替レートの安定化，②資本移動の自由化，③

第Ⅳ部　国際マクロ経済政策

```
                    ①為替レートの安定化

    独自の金融政策の放棄         資本移動の規制

      ②資本移動の自由化   変動為替レート制   ③金融政策の独立性
```

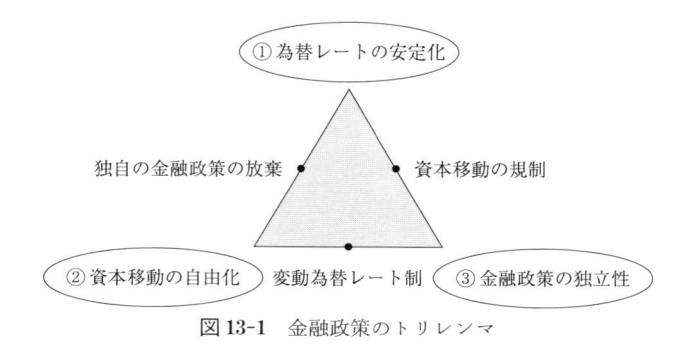

図 13-1　金融政策のトリレンマ

金融政策の独立性を同時に達成することが難しいからである。これを**金融政策のトリレンマ**という。金融政策のトリレンマのなかで，各国は何を優先し，何を犠牲にするのかを選択しなければならない。

　図13-1を用いて，金融政策のトリレンマについて検討しよう。

　第1に，③金融政策の独立性を維持しながら，①為替レートの安定化を行うためには，資本移動を規制しなければならない。為替レートの安定化のために固定為替レート制を採用し，国内の景気回復のために金融政策によって利子率を低下させるとしよう。このとき，資本移動の規制がない場合には，内外金利差によって資本が流出する。資本流出によって外貨準備が減少し，貨幣供給が減少すれば，利子率が上昇する。したがって，固定為替レート制のような安定的な為替レートにおいて金融政策によって利子率を低下させようとすれば，資本移動を規制しなければならず，②資本移動の自由化を維持できない。

　第2に，②資本移動の自由化を進めながら，①為替レートの安定化を図るとしよう。この場合には③金融政策の独立性を放棄しなければならない。資本移動が自由化されていると，わずかな内外金利差が生じても，資本移動が急激におき，為替レートは不安定化する。為替レートを安定的に維持しようとすれば，内外金利差が起きないように金融政策によって国内利子率をつねに調整しなければならない。したがって，金融政策は国内の景気回復のために独自に利用することはできない。

　第3に，②資本移動の自由化のもとで，国内の景気回復のために③金融政策

表 13-1　多様な為替制度

| 基本的な分類 | 多様な為替制度 |
|---|---|
| 変動為替レート制 | ① クリーン・フロート<br>② 管理フロート |
| 中間的制度 | ③ ターゲット・ゾーン<br>④ バスケット・ペッグ<br>⑤ クローリング・ペッグ<br>⑥ アジャスタブル・ペッグ |
| 固定為替レート制 | ⑦ 固定為替レート<br>⑧ カレンシーボード<br>⑨ ドル化<br>⑩ 通貨同盟 |

を緩和するとしよう。この場合には，①為替レートを安定化させることは難しい。金融緩和によって利子率が低下すると，資本流出が起きる。このとき，変動為替レート制の場合には，為替介入の必要はないが，資本流出によって為替レートは下落する。したがって，為替レートを安定的に維持するのは難しい。

　以上のように3つの政策目標を同時に達成することが困難であるために，どのような政策目標を優先するかによって多様な為替制度が選択される。例えば，タイやインドネシアでは，1997年の通貨危機以前には固定為替レート制下で資本移動の自由化をすすめ，独自の金融政策を放棄していた。しかし，通貨危機後には変動為替レート制に移行し，資本移動の自由化をすすめながら金融政策の独自性を維持しようとしている。

　表13-1は多様な為替制度を分類したものである。為替制度は大きく，①変動為替レート制，②固定為替レート制，③中間的制度に分けられる。**変動為替レート制**は，為替レートの決定を外国為替市場の需要と供給に委ねる制度である。**固定為替レート制**は，通貨当局が公定平価を決め，この平価を維持するために必要に応じて外国為替市場に介入する制度である。中間的制度は，変動為替レート制と固定為替レート制の中間的な制度である。

　1990年代に通貨危機を経験した東アジア諸国やラテンアメリカ諸国の経験から，為替制度の選択についてコーナー仮説が提起されている。**コーナー仮説**と

第IV部　国際マクロ経済政策

図13-2　外国為替市場

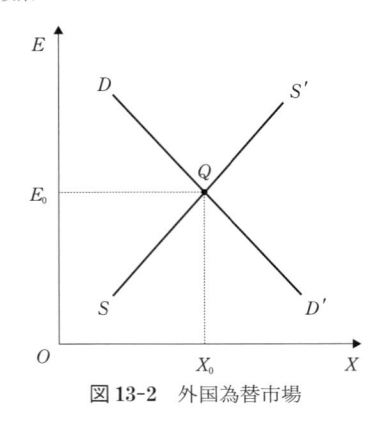

は，資本移動の自由化を前提にすると，中間的な為替レート制度を維持することは難しく，完全な変動為替レート制か，制度的に拘束された固定為替レート制に移行するというものである。資本移動の自由化のもとで，各国は金融政策の独立性（変動為替レート制）を選択するか，為替レートの安定（固定為替レート制）を選択することになる。

### 13.1.2　変動為替レート制

　変動為替レート制には，①クリーン・フロートと②管理フロートがある。**クリーン・フロート**とは，通貨当局が外国為替市場に全く介入しない完全な変動為替レート制である。図13-2のように，為替レートは外国為替市場における需要と供給によって決定される。通貨当局が市場に介入しないので，外貨準備を保有する必要はない。資本移動の自由化のもとで，金融政策の独立性を確保することもできる。

　しかし，クリーン・フロートにおいては，為替レートは名目でも実質でも外生的な撹乱や投資家の予想の変化によって大きく変動する可能性がある。このような為替レートの変動によって資源配分の歪みをもたらす場合がある。

　**管理フロート**とは，通貨当局が何らかの理由にもとづいて為替レートを誘導するために外国為替市場に介入する制度であり，ダーティーフロートと呼ばれ

る場合がある。通貨当局の為替介入政策でよく行われるのは，**風向きに逆らう介入政策**である。自国通貨が減価したときに自国通貨を買う介入を行い，自国通貨が増価するときには自国通貨を売る介入を行う。通貨当局の市場介入は，為替レートの乱高下を回避するものであるが，金融政策について市場に誤ったシグナルを与える場合もある。

**変動為替レート制支持論**：この制度を支持する議論には以下のようなものがある。

第1に，変動為替レート制においては，金融政策の独立性を維持することができる。通貨当局は，為替レートの維持のために金融政策を用いる必要はないので，内外均衡のために金融政策を用いることができる。例えば，景気後退期に金融緩和によって景気を回復しようとすると，利子率が低下し，為替レートが減価する。変動為替レート制下ではこのように為替レートが変動しても，金融政策を国内均衡のために用いることができる。

第2に，変動為替レート制では，ブレトンウッズ体制下のような米国と米国以外の諸国との非対称性はなくなる。ブレトンウッズ体制の固定為替レート制下では，米国以外の諸国は，自国通貨の対ドルレートを維持するために金融政策を割り当てなければならない。しかし，米国は自由に金融政策を決定することができた。変動為替レート制下ではこのような非対称性はなくなる。

第3に，変動為替レート制下では，為替レートは内外均衡の自動安定化装置の機能を果たす。内外不均衡があれば，為替レートの調整によって均衡は回復される。ブレトンウッズ体制下では，基礎的不均衡は平価の変更によって調整された。しかし，変動為替レート制では，このような不均衡は為替レートの調整を通じて行われる。

**変動為替レート制反対論**：変動為替レート制には以下のような反対論がある。

第1に，変動為替レート制においては金融政策の節度が失われ，インフレをもたらす可能性がある。固定為替レート制下では金融政策は為替レートの維持のために制約される。変動為替レート制下では金融政策の独立性が回復されるというよりも，むしろ外貨準備を心配する必要性が低下するので，過度な金融

拡張政策が行われる可能性がある。変動為替レート制下では，1920年代ドイツのようなハイパーインフレの可能性もある。

第2に，変動為替レート制下では投資や投機などの群衆行動によって外国為替市場に不安定性が生じる可能性がある。国際資本移動が自由な世界では，わずかな収益格差の追求やリスク回避のために大規模な資本移動が起きる可能性がある。ひとたび通貨の下落が始まると，いっそうの下落予想が国際金融市場全体に広がり，**バンドワゴン効果**によって予想が実現される。

第3に，為替レートの変動や不確実性のために，貿易取引や金融取引および国際投資などが阻害される可能性がある。通貨価値が変動すると，取引の双方にとって支払額や受取額が不明確になる。このような不確実性は，取引費用を引き上げ，貿易や金融および投資などの取引量や利益を縮小させる。先物為替を利用すれば，為替レートの不確実性は回避されるが，そのための取引費用が生じる。

第4に，為替レート調整に関するルールがない場合には，為替レート切り下げ競争のような状況（政策協調の失敗）になり，国際経済に好ましくない影響を及ぼす。国際経済が全体的に景気後退の局面にある場合には，各国のマクロ政策協調は囚人のジレンマに陥る可能性がある。変動為替レート制ではこのような囚人のジレンマを回避するような強いルールを見いだすのは難しい。

第5に，各国のマクロ経済の相互依存関係のために，変動為替レート制においても各国は経済政策の自律性を制約される可能性がある。変動為替レート制下では通貨当局は貨幣供給量を自由に選択することができる。しかし，為替レートはマクロ経済変数として重要であるので，通貨当局は金融政策の実施において為替レートへの影響を無視することはできない。したがって，変動為替レート制においても金融政策の独立性は制約される。

### 13.1.3　固定為替レート制

固定為替レート制は，通貨当局が平価を決め，このレートを維持するために必要に応じて介入する制度である。固定為替レートは，輸出入業者や国際金融

業者にとって取引費用や不確実性を減らすことができる。また，固定為替レートは，金融政策の**ノミナル・アンカー**としての機能を果たす。しかし固定為替レート制を維持するために，政府は金融政策の独立性を放棄しなければならない。固定為替レート制には，①カレンシーボード（currency board），②ドル化（dollarization），③通貨同盟（currency union）などの形態がある。

**カレンシーボード**：カレンシーボードとは，自国通貨の発行量を中央銀行が保有する外貨準備（ドル）の範囲に規制し，自国通貨を公定平価によって固定することを法律的に取り決める制度である。中央銀行の通貨発行量が外貨準備の保有によって規制されるので，各国は金融政策や為替政策について市場の信認を得ることができる。

**カレンシーボードの利点**：カレンシーボードには以下のような利点がある。

第1に，カレンシーボードは，インフレ抑制の金融政策として用いられる場合があり，裁量よりもルール重視のインフレ抑制の制度とみることができる。この制度では，貨幣供給量が外貨準備によって規制されるので，インフレーションを早期に収拾することができる。また，為替レートをノミナル・アンカーとして物価の安定した国の通貨にペッグすることによって，インフレーションを抑制することができる。

第2に，カレンシーボードは為替政策についても市場の信認を得ることができる。公定平価は法律によって制定されており，容易に変更することはできない。また不胎化政策や為替市場への積極的な介入も制限されているので，為替政策の裁量の余地が限られている。さらに安定的なマクロ経済政策の維持も義務づけられているので，投資家の信認が得やすく，通貨投機の対象になる可能性が低い。

**カレンシーボードの問題**：カレンシーボードには以下のような問題点もある。

第1に，資本移動の自由を認めている場合には，金融政策の独立性が失われる。特に景気後退期に資本が流出し，外貨準備が不足する場合には，貨幣供給が削減され，不況が深刻化する可能性がある。景気後退がさらに深刻化すると，中央銀行（最後の貸し手）による貨幣供給量の増大が必要になる。このとき，

外貨準備に制約された貨幣政策を維持するか，最後の貸し手の機能を復活するかの選択を迫られる。

第2に，カレンシーボードは，一度この制度を採用すると抜け出すことが難しいという「出口問題」がある。新しい制度に移行する際に，金融政策や財政政策の規律を緩めようとしていると，市場に判断される場合がある。このような場合には制度の移行期に混乱が起きる可能性がある。

第3に，カレンシーボードには金融政策の信認に関して内在的な問題がある。カレンシーボードが導入される初期には，インフレーションが急激に抑制され，金融政策の信認が高まる。しかし，金融政策の信認が高まると，外国から資本が流入し，外貨準備が増大する。その結果，貨幣供給量が増大し，インフレが促進される。インフレの促進は実質為替レートを増価させ，経常収支を悪化させ，外貨準備を減少させる。こうして，カレンシーボードに対する信認を低下させることになる。

カレンシーボードは，植民地時代には植民地支配下において多く見られたが，植民地の独立と共に減少した。近年では，香港（1983年），アルゼンチン（1991年），エストニア（1992年），リトアニア（1994年），ブルガリア（1997年），ボスニア・ヘルツェゴビナ（1997年）などで採用された。

**ドル化** ドル化とは，ある国が米ドルを自国の通貨として公式に採用することである。ドル化には2つのタイプがある。1つは，米ドル圏にある国が自国の国民通貨の使用を放棄し，米ドルを法定通貨とする場合である。もう1つは，法定通貨としては国民通貨のみが存在するが，ドル建ての現金・預金・資産の保有を法的に認める場合である。

**ドル化の利点**：ドル化には以下のような利点がある。

第1に，ドル化によって為替リスクを取り除いたり，為替レートを安定化させたりすることができる。為替レートの切り下げ予想が高まっている場合に，ドル化政策を採用することによって，通貨投機を回避し，通貨価値を安定化させることができる。その結果，為替政策に関する投資家の信認を得ることができ，対内投資を促進することができる。

第2に，ドル化はインフレ抑制政策としての役割を果たす。特に自国通貨を放棄する場合には，通貨当局は，金融政策によって裁量的に貨幣供給を増加させることはできない。また財政赤字や政府債務を貨幣発行によってファイナンスすることもできない。したがって，金融政策による景気の過熱や貨幣発行によるインフレ・バイアスを取り除くことができる。

第3に，ドル化によって外貨の取引費用が低下するので，輸出入や金融関連の海外取引が促進される。特に，米国との貿易や金融取引が多い諸国の場合には，ドル化政策の利益は大きくなる。地理的に離れた地域でも，ドル化によって米国や世界経済との経済統合を促進することができる。

**ドル化の問題**：ドル化には以下のような問題がある。

第1に，ドル化によって自国の国民通貨を放棄する場合には，貨幣の発行権がなくなるので，貨幣鋳造税＝通貨発行益が入らなくなる。貨幣を発行する政府は，購買力を手に入れることができる。この購買力は政府が行うある種の課税と同じである。ドル化を実施すると，この貨幣鋳造税は米国政府に帰属することになる。

第2に，通貨政策を米国に依存するために，金融危機や景気後退期に金融政策を十分に実施できないという問題がある。例えば，銀行部門が流動性危機に陥った場合，通貨当局が最後の貸し手として機能するためには，ドルを調達しなければならない。十分なドルが確保できない場合には，流動性不足から銀行の取り付け騒ぎが起きたり，経済危機に発展したりする可能性がある。

第3に，自国通貨を放棄してドル化を行う場合には，再び自国通貨を発行することは難しくなる。ドル化を終了させる時に生じる出口問題は，自国通貨を保有するカレンシーボードの場合よりも深刻であると言われている。したがって，ドル化政策を採用する場合には，長期的な観点から十分に検討する必要がある。

ドル化は米国との経済関係が密接なラテンアメリカ諸国で多く見られる。これまでパナマ（1903年），エクアドル（2000年），エルサルバドル（2000年），グアテマラ（2001年）などで採用された。パナマは独立当初からドルを公定通貨

として認めている。エクアドルは経済危機を回避するためにドル化政策を利用した。エルサルバドルやグアテマラでは，自国通貨とドルが併用されている。

**通貨同盟**　通貨同盟とは，参加国が自国の国民通貨を放棄し，共通の通貨と通貨政策（中央銀行）を採用する制度である。通貨同盟の最も典型的な例は欧州連合 EU において観察される。1992年にマーストリヒト条約が調印された。EU の**経済・通貨同盟**（EMU）は**ユーロ**を共通通貨とし，欧州中央銀行によって共通の通貨政策を決定している。

**通貨同盟の利点**：通貨同盟の結成によって得られる利点は以下の点にある。

第1に，通貨同盟を結成し為替レートを固定することによって，為替レート変動のリスクや不確実性を回避したり，通貨交換のコストを削減したりすることができる。このような貿易や金融における取引費用削減の便益は固定為替レート制によって得られる一般的なものである。

第2に，通貨を単一化することによって，各国は為替レートを維持するために独自に保有しなければならない外貨準備の必要量が少なくなる。共通通貨の交換レートを維持するために外国為替市場への介入が必要な場合でも，通貨同盟の中央銀行が介入を行うことになる。したがって，各国が独自に市場介入をする場合と比べると，各国の外貨準備の必要量は少なくなる。

第3に，通貨同盟の中央銀行が加盟国全体に対して最後の貸し手として流動性を供給することができる。また中央銀行が通貨発行権を保持することによって，貨幣鋳造税を得ることができる。これらはカレンシーボードやドル化にはない通貨同盟の利点である。さらに，中央銀行が厳しい貨幣供給ルールに従えば，かつての高インフレ国はインフレ抑制の便益を得ることができる。

**通貨同盟の問題**：通貨同盟の結成が参加国にもたらす問題は以下の点である。

第1に，共通通貨の導入によって，各国がマクロ経済の政策手段としての金融政策を失うことである。金融政策は共通の中央銀行によって一元化されるので，景気対策として各国が個別に利子率を引き下げるような金融政策を行うことはできなくなる。したがって，各国のマクロ経済政策としては財政政策の重要性が高まり，財政支出が拡大すると，財政危機を招く可能性がある。

第2に，支出切り替え政策としての為替政策を失うことである。各国が国民通貨を保有している場合には，マーシャル＝ラーナー条件が満たされていれば，為替レートを切り下げることによって純輸出を増大させることができた。しかし，共通通貨を導入することによって，経常収支が赤字であっても各国はこのような為替政策を用いることはできない。

　ユーロは，1999年に決済通貨として導入され，2002年に現金の流通が開始された。ユーロ圏は当初は11カ国であったが，現在は17カ国に広がっている。通貨統合に参加していない6カ国でもユーロが利用されているので，ユーロを法定通貨としている国は23カ国（2012年3月現在）ある。通貨統合への参加には厳しい条件が課されている。

## 13.2　中間的な為替レート制度

　中間的な為替レート制度には，①ターゲット・ゾーン（target zone），②バスケット・ペッグ（basket peg），③クローリング・ペッグ（crawling peg），④アジャスタブル・ペッグ（adjustable peg）などがある。

### 13.2.1　ターゲット・ゾーン

　ターゲット・ゾーンとは，中央銀行が平価となる為替レートの中央値やその周りの上限と下限を公表し，為替レートがその範囲内にある場合には為替レートを自由に変動させ，上限や下限に近づくとその範囲内に収まるように外国為替市場に介入する制度である。このような制度では，ターゲット・ゾーンが狭いと固定為替レート制に近くなるが，ターゲット・ゾーンが広いと変動為替レート制に近くなる。代表的なターゲット・ゾーンには1979年に開始された**欧州通貨制度**（EMS：1979-1999年）がある。

　ターゲット・ゾーンの平価となる中央値の決定には2つの方法がある。1つは，中央値をインフレ率やファンダメンタルズに従って決定する方法である。このとき，主要国とのインフレ格差が広がる場合には，中央値は切り下げられ

第IV部　国際マクロ経済政策

**図 13-3　ターゲット・ゾーン**

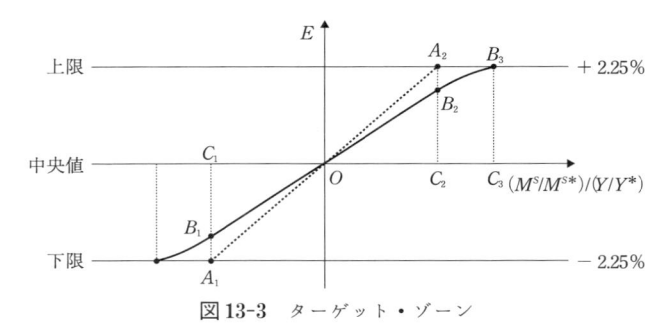

る可能性がある。もう1つは，中央値を固定し，ノミナル・アンカーとして利用する方法である。この場合は，民間経済主体のインフレ期待を引き下げる方向に誘導することができる。

**為替レート変動の安定化**：ターゲット・ゾーン制は，変動為替レート制に比べ，為替レートの変動を安定化することができる。図 13-3 はターゲット・ゾーンによる為替レートの安定化について表す。縦軸は為替レート $E$，横軸はファンダメンタルズ $(M^S/M^{S*})/(Y/Y^*)$ を表す。為替レートは，第8章のマネタリー・アプローチによって決定されるとする。ここで，日本の物価水準を $P=M^S/(L_1Y-L_2i)$，米国の物価水準を $P^*=M^{S*}/(L_1^*Y^*-L_2^*i^*)$ とすると，為替レートは以下のように決定される。

$$E=(M^S/M^{S*})[(L_1^*Y^*-L_2^*i^*)/(L_1Y-L_2i)]$$

これを以下のような簡単な式に書き換えよう。

$$E=\lambda(\Delta E^e)[(M^S/M^{S*})/(Y/Y^*)]$$

$\Delta E^e$ は為替レートの予想減価率である。図中の直線 $A_1A_2$ はこの式による為替レートの決定を表す。ターゲット・ゾーンは中央値から上限が +2.25 と下限が -2.25% とする。

米国の経済成長 $Y^*$ が日本の経済成長 $Y$ を上回るために，為替レートが直線 $A_1A_2$ 上を円安に動き，ターゲット・ゾーンの上限に近づくとしよう。ター

ゲット・ゾーン政策を採っていなければ，為替レートは点 $A_2$ を超えて減価する。ターゲット・ゾーン政策を採っている場合には，為替レートがゾーンの上限に近づくと，通貨当局は金融政策 $M^s$ によって為替市場に介入することになる。

通貨当局の政策介入は，民間経済主体の為替予想 $\Delta E^e$ に影響を及ぼす。為替レートが上限に近づくと，通貨当局の政策介入によって為替レートが増価すると，民間経済主体は予想する（$\Delta E^e<0$）。この結果，民間経済主体がドル需要を削減し，為替レートの減価は抑制される。したがって，ファンダメンタルズが点 $C_2$ のとき，均衡為替レートは点 $A_2$ ではなく点 $B_2$ になる。為替レートが上限の点 $B_3$ に達すのは，ファンダメンタルズが点 $C_3$ になってからである。下限についても，同様のことが起きる。

以上のように，ターゲット・ゾーン制では，民間経済主体の為替予想や投機的行動によって為替レートの変動幅が狭められ，為替レートの変動はより安定的になる。このような民間経済主体の行動をもたらしているものは，通貨当局が必要に応じて政策介入するという公約の存在である。この公約が信頼されている限り，民間経済主体の行動によって，為替レートの変動幅は狭められる。

**ターゲート・ゾーンの問題**：このようにターゲート・ゾーンは為替レートの変動を安定化する機能があるが，以下のような問題もある。

第1に，この制度は，為替レートがターゲット・ゾーンを超えて変動するような場合には，ゾーンの下限か上限に為替レートが固定されることになる。このような為替レートの固定化は，金融政策の独立性に制約を課したり，通貨投機の攻撃対象になったりする可能性がある。

第2に，ターゲット・ゾーンの幅を適切に選択するのは容易ではない。通貨投機を防ぐためには，狭すぎないことが重要になる。しかし他方では，金融政策の信認を維持するためには，ゾーンが広すぎるのも望ましくない。したがって，この制度をうまく運用するためには，この両者の間で適切なゾーンを設定する必要がある。

第IV部　国際マクロ経済政策

## 13.2.2　バスケット・ペッグ

　バスケット・ペッグとは，特定の通貨にペッグさせるのではなく，ドル・ユーロ・円などの複数の通貨からなるバスケットに為替レートをペッグさせる制度である。特定の国とだけ貿易取引や金融取引を行っている場合には，その国の通貨に固定していても，それほど問題は起きない。しかし，取引が国際的に多角化すると，特定の通貨にペッグすると，他の通貨に対して為替レートの変動性が高まる。このような**実効為替レート**（複数の通貨との交換比率を貿易取引で加重したレート）に対する変動性を回避するために，バスケット・ペッグが採用される。

　バスケットレートは以下のようにして決定される。ドルとユーロから構成されるバスケットに対する円レートを検討しよう。ここで，為替レートが1ドル＝90円，1ユーロ＝110円，日本の対米貿易シェア（貿易依存度）を60％，対ユーロ圏貿易シェアを40％としよう。このとき，バスケットにおけるドルの構成比を$x$，ユーロの構成比を$y$とすると，以下のような関係が得られる。

$$90x/(90x+110y)=0.6$$

ここで，$x=1$とおくと，$y=0.54$を得る。このドルとユーロの構成比$x=1$と$y=0.54$を用いると，1単位のバスケット当たりの円レートが以下のように得られる。

$$1 \text{バスケット}=90\times1+110\times0.54=149.4\text{円}$$

この1バスケット＝149.4円を基準レートに，例えば政府は3％の変動範囲でペッグさせるような固定為替レート制を採用するとしよう。このとき，円の対バスケットレートが144.9円から153.9円の範囲に収まるように，政府は市場介入することになる。

　**バスケット・ペッグの問題**：バスケット・ペッグは理論的には優れているが，以下のような問題がある。

　第1に，基準レートの算出方法が複雑である。通貨バスケットの構成比を決

定する基準とその算出方法が複雑でわかりにくい。上の例では，バスケットはドルとユーロの2つの通貨から構成されている。しかし，バスケットの中の通貨の数が多くなると，各通貨の構成比を決める作業が複雑になる。また，貿易取引だけではなく金融取引をも考慮すると，経済取引の依存度の基準を何にするのかということも重要になる。

第2に，バスケット・ペッグには市場介入の運用上の問題がある。バスケットの構成通貨のすべてに対して市場介入するとすれば，バスケットの通貨が多くなると，実際の介入作業が複雑になる。他方，市場介入を単純化するためにいくつかの特定の通貨に限定して介入すれば，基準レートを維持できなくなる。

第3に，バスケット・ペッグ制には制度の透明性に問題がある。通貨当局がバスケット通貨と当該国通貨を固定していたとしても，個々の通貨と当該国通貨との為替レートは変動する。したがって，バスケット・ペッグが完全に実施されているのかどうかを第三者が確認するのは難しい。

### 13.2.3　クローリング・ペッグとアジャスタブル・ペッグ

**クローリング・ペッグ**　クローリング・ペッグとは，インフレによって実質為替レートが過大評価にならないように，主要な貿易相手国とのインフレ格差にもとづいて平価を定期的（例えば週毎）に調整する制度である。この制度では，実質為替レートを一定に維持することが重要になり，為替レートの小刻みな調整が行われる。

クローリング・ペッグは，高いインフレが存在する諸国においてインフレ抑制政策として導入された。1970年代にアルゼンチンで採用された**タブリータ**では，事前に公表された為替レートの調整率はインフレ率よりも低く設定された。この制度によってインフレ率を抑制することが期待された。

インフレ抑制策としてのクローリング・ペッグには以下のような問題がある。

第1に，この制度には**慣性インフレ**（持続的なインフレ）を発生させるという問題がある。為替レートの調整が過去のインフレ率を基準に実施されるために，インフレがあると為替レートが切り下げられる。この為替レートの切り下

げがインフレをさらに促進し，インフレを持続させるという問題がある。こうして，平価はノミナル・アンカーとしての機能を失う可能性がある。

第2に，クローリング・ペッグをインフレ抑制政策として利用する場合には，金融政策や財政政策のようなオーソドックスな政策を併用しないと有効に機能しない。金融規律や財政規律が遵守されていないと，インフレ圧力が存在し，為替レートをノミナル・アンカーとする為替政策だけでインフレーションを抑制するのは難しい。

**アジャスタブル・ペッグ** アジャスタブル・ペッグとは，「調整可能な釘付け制度」とも呼ばれ，固定為替レート制を採用している諸国において，基礎的不均衡が大きくなったときに，平価を変更することをあらかじめ定めている制度のことである。例えば，交易条件が大幅に悪化したり，経常収支の赤字が拡大したり，外貨準備が減少したりした場合に，平価の切り下げが行われる可能性がある。

この制度は，第2次大戦後の資本移動が完全には自由化されていなかった時期に**ブレトンウッズ体制**のもとで広く採用された。各国は自国の通貨をドルに固定し，ドルは1オンス＝35ドルで金に固定された。

### Question 13.1　変動為替レート制と固定為替レート制

図13-4は，金融政策のトリレンマについて表したものである。この図について，以下の問いに答えなさい。

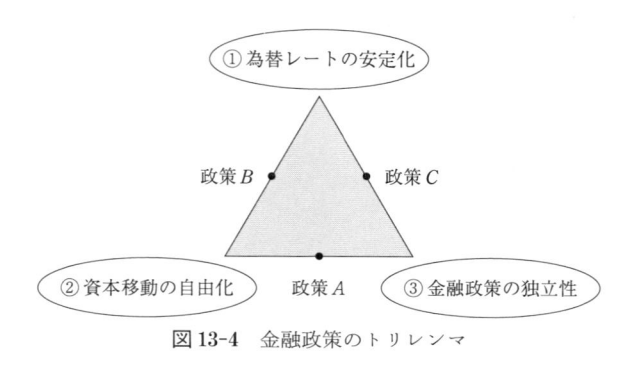

図13-4　金融政策のトリレンマ

問題(1) マンデル＝フレミング・モデルにおいて資本移動が完全な場合に，金融政策のトリレンマに陥ることを示しなさい。

問題(2) 図 13-4 の政策 $A \sim C$ に関して，どのような政策の組み合わせを実施しているのかについて具体的な国名をあげながら説明しなさい。

## Answer 13.1

解答(1) マンデル＝フレミング・モデルにおいて資本移動が完全な場合，固定為替レート制を維持するためには，金融政策の独立性を放棄しなければならない。また，逆に金融政策の独立性を維持するためには，固定為替レート制（為替レートの安定化）を維持することはできない。したがって，①為替レートの安定化，②資本移動の自由化，③金融政策の独立性という 3 つの政策目標を同時に達成することができず，金融政策のトリレンマに陥る。

解答(2) 政策 $A$ では，②資本移動の自由化と③金融政策の独立性という 2 つの政策目標を実現する代わりに，①為替レートの安定化が放棄される。日本や米国といった主要先進国では，変動為替レート制（為替レートの不安定化）を採用することによって，資本移動の自由と金融政策の独立性が維持されている。

政策 $B$ では，①為替レートの安定化と②資本移動の自由化という 2 つの政策目標を実現する代わりに，③金融政策の独立性が放棄される。香港や中東諸国では，金融政策の独立性を放棄し，自国通貨の為替レートを米国ドルと連動させるドルペッグ制度（ドルに対する固定為替レート制）が採用されている。

政策 $C$ では，①為替レートの安定化と③金融政策の独立性という 2 つの政策目標を実現する代わりに，②資本移動の自由化が放棄される。中国では，資本移動を規制することによって，固定為替レート制と金融政策の独立性を維持している。ただし，近年は資本移動の自由度を高めると共に，為替レート変動の許容幅を広げる方向にある。

第IV部　国際マクロ経済政策

## Question 13.2　中間的な為替レート制度

**問題(1)**　図13-3のターゲット・ゾーンにおいて通貨当局が為替レートの変動幅を上下2.25%から3%に拡大したとしよう。このとき，ファンダメンタルズが $C_1$ と $C_2$ の場合，均衡為替レートはどのように変化するか述べなさい。

**問題(2)**　バスケット・ペッグの数値例（250頁）で，日本の対米貿易シェアと対ユーロ貿易シェアがともに50%になったとしよう。このとき，通貨当局がバスケットレートに対して上下3%の変動幅で円レートをペッグさせると，円の対バスケットレートはどのような範囲をとるだろうか。

## Answer 13.2

**解答(1)**　通貨当局によるターゲット・ゾーンの変動幅拡大によって，民間経済主体は通貨当局による為替介入の可能性は低くなると予想する。その結果，均衡為替レートを表す曲線は，図13-5の $B_1B_2$ から $B_1'B_2'$ となる。したがって，ファンダメンタルズが $C_1$ のときの為替レートは $E_1$ から $E_1'$ となり，ファンダメンタルズが $C_2$ のときの為替レートは $E_2$ から $E_2'$ となり，為替レートの変動は大きくなる。

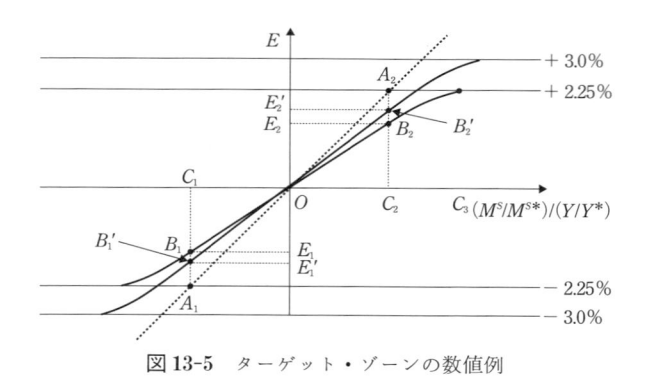

図13-5　ターゲット・ゾーンの数値例

**解答(2)**　バスケットにおけるドルの構成比を $x$，ユーロの構成比を $y$ とすると，

$$90x/(90x+110y)=0.5$$

となる。ここで $x=1$ とすると $y=0.82$ を得る。これを用いると，1単位のバスケット当たりの円レートは以下のようになる。

$$1 \text{バスケット} = 90 \times 1 + 110 \times 0.82 = 180.2 \text{円}$$

この1バスケット＝180.2円を基準に上下3％の変動幅で円レートをペッグさせると，円のバスケットレートの変動幅は174.8円から185.6円となる。

## 文献案内

Williamson, John（2000）*Exchange Rate Regimes for Emerging Markets: Reviving the Intermediate Option,* Washington D.C.: Institute for International Economics（小野塚佳光訳『国際通貨制度の選択――東アジア通貨圏の可能性』岩波書店，2005年）．
　＊為替制度について中間的な選択肢を提案している。

福田慎一・小川英治編（2006）『国際金融システムの制度設計――通貨危機後の東アジアへの教訓』東京大学出版会。
　＊東アジアにおける望ましい為替制度について検討している。

白井早由里（2002）『入門 現代の国際金融――検証 経済危機と為替制度』東洋経済新報社。
　＊アジア通貨危機と多様な為替制度について説明している。

# 第14章

# 債務危機と通貨危機

―― この章で学ぶこと ――――――――――――――――――――――

　この章では，債務危機や通貨危機について学ぶ。債務危機とは，債務国が債務の返済ができなくなることである。債務危機には，①流動性の問題，②返済能力の問題，③返済意思の問題という3つの問題がある。債務問題の解決には市場メカニズムを考慮した債務削減策が重要になる。通貨危機とは，外貨準備が急激に減少し，平価を変更せざるを得なくなることである。通貨危機の理論には，①ファンダメンタルズ・モデルや②自己実現的モデルがある。通貨危機の回避にはファンダメンタルズの管理が重要になる。

**キーワード**

　債務危機　流動性の問題　返済能力の問題　債務の維持可能性　返済意思の問題　リスケジューリング　構造調整政策　ベーカー・プラン　ブレディ・プラン　債務削減政策　過剰債務仮説　債務ラッファーカーブ　通貨危機　ファンダメンタルズ・モデル　自己実現的モデル　群衆行動　投機的アタック　予想（期待）　調整ゲーム

## 14.1 債務危機

### 14.1.1 債務危機の3つの問題

　債務危機は，債務国が債務の返済ができなくなることであり，1980年代にラテンアメリカ諸国においてにおいて発生し，1990年代には最貧国において重要な問題になった。最近では，2010年から続くギリシャの債務危機（ソブリン・クライシス）が注目を浴びている。各国は経済発展の途上で外国から資金を借り入れる。このような対外債務はそれ自体としては問題ないが，債務危機とし

て議論されるような局面に至る場合がある。ここでは，債務危機の3つの問題，すなわち①流動性の問題，②返済能力の問題，③返済意思の問題について検討しよう。

**流動性の問題**　　流動性の問題とは，債務返済の意思や能力はあるが，返済のための流動性（ドルやユーロのような国際通貨）が一時的に不足し，債権者に返済ができない状態である。固定為替レート制において，流動性問題（外貨不足）が発生すると，平価の維持が困難になり，固定為替レート制の崩壊や為替レートの大幅な下落を引き起こす場合がある。

　流動性の問題を国際収支の定義から検討しよう。国際収支の定義から，経常収支や資本収支が黒字になると外貨準備が増加する。反対に，経常収支や資本収支が悪化すると，外貨準備は減少する。

$$経常収支＋資本収支＝\varDelta 外貨準備$$

対外債務があり，経常収支の赤字を新規資本流入（資本収支の黒字）によって賄っている国を想定しよう。経常収支＝貿易収支＋貿易外収支（債務利払い）＋移転収支であるので，これを上の式に代入すると，以下のように書き換えられる。

$$貿易収支＋貿易外収支＋移転収支＋資本収支＝\varDelta 外貨準備$$
$$（債務利払い）\qquad（新規資本流入）$$

この式から，貿易収支の赤字が増大したり，債務利払いが増大したり，移転収支が減少したり，新規資本の流入が減少したりすると，外貨準備が減少する。外貨準備が急激に減少すると，固定為替レート制を維持することができなくなる。

　以上のように，流動性の問題が起きるのはつぎのような場合である。①貿易収支が悪化する。②債務の利払いが増大する。③海外からの所得移転が減少する。④新規の資本流入が減少する。貿易収支が悪化したり，債務利払いが多かったり，所得移転が少なくても，新規の資本流入が十分にあれば，流動性問題

や債務問題は発生しない。

　韓国や東南アジア諸国（タイ・マレーシア・インドネシア・フィリピン）には，1980年代後半から1990年代半ばにかけて，経済成長や経済自由化を背景として大量の資本が流入した。この資本流入は経常収支の赤字を上回り，外貨準備が増大していった。しかし，1997年後半になると，資本流入が止まり，大量の資本流出が始まり，外貨準備は急激に減少した。この種の危機を資本収支型危機という。これらの諸国は事実上の固定為替レート制にあり，外貨準備の枯渇と共に，通貨危機になり，為替レートが下落した。

　流動性問題がある場合には，その解決策として債務返済のリスケジュールが行われたり，新規のつなぎ融資が行われたりする。サックス（Sachs, J.）やスティグリッツ（Stiglitz, J.）の研究によれば，1997年のアジア通貨危機の際には，各国の債務返済能力ではなく，流動性が問題であった。

**返済能力の問題**　返済能力の問題とは，債務国が債務の元本や利子を返済するための資産を持っていなかったり，返済のための能力がなかったりすることをいう。先の国際収支の定義式を用いれば，経常収支の赤字を資本収支の黒字で賄っていたとしても，いずれは経常収支の赤字が，例えば貿易収支の黒字によって削減されるのであれば問題はない。しかし，新規借り入れが永遠に必要な場合には，返済能力に問題があることになる。

　債務の返済能力を測る1つの指標に，**債務の維持可能性**に関するものがある。この指標によれば，対外債務の現在価値が輸出額の150％を超えると，債務の維持が不可能と判断される。債務の維持が不可能な国は債務返済能力に問題があることになる。1980年代のラテンアメリカの債務国の場合には，債務返済能力に問題があったと言われている。

**返済意思の問題**　返済意思の問題とは，債務国が十分な流動性や返済能力を持っているにもかかわらず，債務の返済を行わないという問題である。債務の元利返済をするよりも債務の返済を拒否する場合に利益が大きいと判断するとき，債務国は債務不履行（デフォルト）を選択する。ここでは，債務返済は債務国の戦略的な意思決定の問題になる。

表 14-1 債務問題と解決策

| 債務問題 | 解決策 |
|---|---|
| ①流動性の問題 | リスケジューリング・新規融資 |
| ②返済能力の問題 | IMFの経済安定化政策・世銀の構造調整 |
| ③返済意思の問題 | 債務不履行のコスト・債務削減 |

　このような問題が生じる背景には以下のような要因がある。第1に，主権国家に対する国際的な貸し付けの場合には，債務国に返済を強制する法的な枠組みが存在しない。第2に，債務国が返済を拒否した場合，債権者が確保できる債務国の資産や担保が限られている。したがって，債務国が返済を拒否した場合には，関係者間の交渉が長引き，債務問題の解決に大きな取引費用がかかり，債務返済の過程は複雑になる可能性がある。

　債務国が債務を返済するか拒否するかは，返済拒否のコストと債務返済のコスト（＝債務残高）との大小関係に依存する。すなわち，以下の場合には債務の返済を拒否する。

$$返済拒否のコスト＜債務残高$$

返済拒否のコストとは，債務を返済しないことによって発生するコストであり，貿易信用の停止，債務不履行による経済活動の停滞，国際資本市場におけるアクセスの制限や信用の喪失などがある。債務残高が十分に大きい場合には，債務国は戦略的に返済を拒否することがある。

### 14.1.2　債務問題の解決策

**債務問題への対応**　債務問題の解決策は，①流動性の問題，②返済能力の問題，③返済意思の問題といった債務国の債務問題の内容に応じて異なる。

　第1に，流動性の問題がある場合には，その解決策は債務返済計画を変更（リスケジューリング）したり，新規融資を行ったりして，債務国が債務を返済できるようにすることである。ただし，流動性問題があるときには，将来の返

済能力の不確実性が影響を及ぼしている場合がある。また，新規融資の際には，債権者側にフリーライダー問題が発生し，融資が過小になる場合がある。

　第2に，債務返済能力に問題がある場合には，IMFの経済安定化政策や世界銀行の**構造調整政策**を実施し，債務国が債務返済能力を得ることが解決策になる。支出切り替え政策（通貨切り下げ）によって輸出を増大したり，緊縮的な金融政策や財政政策によって輸入を削減したりすることが重要になる。ただし，緊縮的なマクロ経済政策は失業率を上昇させたり，社会福祉関連の支出を削減したりすることによって低所得層に大きな負担を生じる可能性がある。

　第3に，債務返済の意思に問題がある場合には，債務不履行のコストを高めたり，債務返済のコストを削減したりすることが重要になる。特に，債務不履行の連鎖が起きないようにすることが重要である。このような連鎖が起きると，国際金融システム全体が機能不全に陥る可能性がある。

　1980年代のラテンアメリカ諸国の債務問題の際には，当初，債務返済計画の変更が実施された。これは1985年に米国務長官が提唱した**ベーカー・プラン**である。しかし，この計画は有効に機能しなかったので，1989年に債務国の債務返済額を削減する**ブレディ・プラン**が実施された。このような債務返済の削減は，その後の1990年代以降の最貧国の債務問題にも適用された。2012年に合意されたギリシャ国債の債務削減率は53.5%，元本削減額は1,070億ユーロである。

**債務削減政策**　以上の債務問題への解決策に対して新たなアプローチとして市場原理に基づく債務削減政策が登場した。これは，債務国が債務の買い戻し（Buy-back）——ボリビアやブラジル——，債務・株式のスワップ（Debt-equity swap）——アルゼンチン・ブラジル・メキシコ——，債務の債券化（Exit bounds）——アルゼンチンやメキシコ——などによって債務の削減を行う政策である。

　このような政策の背景には**過剰債務仮説**がある。過剰債務仮説とは，既存の債務残高が過剰になると，債務国の投資インセンティブや経済成長を損なうというものである。このような場合には，債務残高を削減すると，債務国の債務返済能力を高めたり，債務国の返済の意思を改善したりすることができる。債

図14-1 債務ラッファーカーブ

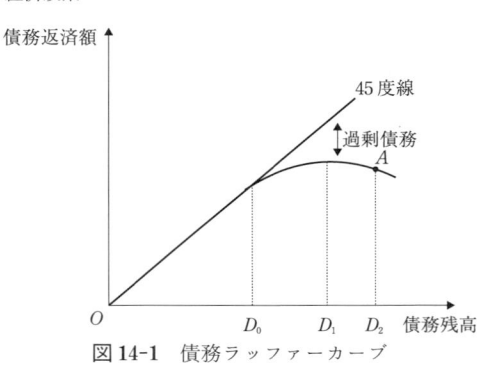

務の削減は債務国だけではなく結果的に債権国にも有益なものとなる。

　債務削減の効果は図14-1の**債務ラッファーカーブ**によって説明することができる。この図の縦軸は債務返済額，横軸は債務残高を表す。債務残高が増大すると，それに比例して債務返済の元本や利子のような債務返済額が増大する。債務返済額の増大は，緊縮政策や輸出の増大によって得た外貨の多くを債務返済に充てることを意味する。耐乏生活や輸出努力によって得た外貨が生活水準の向上のためではなく債務返済のために使われると，外貨蓄積のインセンティブを阻害することになる。この結果，債務返済額を低下させる可能性がある。

　図14-1は以上のような債務残高と債務返済額の関係を表している。債務残高が $D_0$ までは債務返済額が債務残高に比例して増大する。債務残高が $D_0$ を上回ると，債務返済額が債務残高を下回る。このとき，債務返済能力の問題が生じ，過剰債務の状態になる。債務残高がさらに増大し $D_1$ に達すると，債務の増加が債務返済額を低下させることになる。

　債務削減政策は，過剰債務が存在し，特に債務残高が $D_1$ 以上にあるような債務国には有効な政策になる。債務ラッファーカーブの右側，例えば点 $A$ のように債務残高が $D_2$ の状態は，これ以上に債務残高が増大すれば，債務返済額は減少する。反対に，債務削減政策によって債務残高を減少させれば，債務返済額が増大する。したがって，債務削減政策は債務国にとってだけではなく，債権国にとっても有益な政策になる。

## 14.2 通貨危機

　通貨危機とは，固定為替レート制を採用している諸国において，通貨の切り下げ予想に伴う取引や投機的アタックによって外貨準備が急激に減少し，平価を変更せざるを得なくなる状況をいう。通貨危機の分析には2つの理論がある。1つは，**ファンダメンタルズ・モデル**であり，通貨危機をマクロ経済政策やファンダメンタルズ（基礎的経済条件）の悪化によって説明する。もう1つは，**自己実現的モデル**であり，市場の期待や群衆行動によって起きる自己実現的なパニックによって通貨危機を説明する。

　ファンダメンタルズ・モデルは，ファンダメンタルズの値から投機的アタックが起きるタイミングを明らかにすることができるが，自己実現的モデルは経済主体の期待に依存しており投機的アタックのタイミングを特定することはできない。また，ファンダメンタルズ・モデルでは，外貨準備や金融・財政政策などの経済指標が通貨危機のシグナルになるが，自己実現的モデルでは，そのような経済指標は必ずしもシグナルにはならない。

### 14.2.1　ファンダメンタルズ・モデル

　通貨危機のファンダメンタルズ・モデルを構成しよう。この理論は通貨危機の第一世代モデルとも呼ばれる。

$$P = M^s / L(Y, i) \quad \text{①}$$
$$E = P/P^* \quad \text{②}$$

①式は貨幣数量説を表し，物価水準 $P$ は貨幣残高 $M^s$ に比例して変化する。$1/L(\cdot)$ は比例係数を表し，$Y$ は生産量，$i$ は利子率を表す。ここで比例係数 $1/L(\cdot)$ を一定と仮定する。②式は購買力平価による為替レート $E$ の決定を表す。$P^*$ は外国の物価水準を表す。

　①式を②式に代入すると，為替レートの決定を表す③式が得られる。

第IV部　国際マクロ経済政策

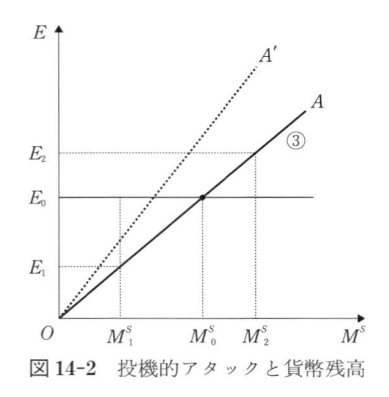

**図14-2** 投機的アタックと貨幣残高

$$E = M^S/L(Y, i)P^* \qquad ③$$

　変動為替レート制を採用しているとすれば，均衡為替レート $E$ は③式によって決定される。為替レート $E$ は，貨幣残高 $M^S$ の増大に比例して減価し，外国の物価水準 $P^*$ の上昇に比例して増価する。為替レート $E$ を一定に維持するためには，外国の物価水準 $P^*$ の上昇に合わせて，貨幣残高 $M^S$ を増大しなければならない。

　図14-2は，縦軸に為替レート $E$，横軸に貨幣残高 $M^S$ をとる。右上がりの曲線 $A$ は③式を表す。③式によれば，貨幣残高 $M^S$ が増大するとき，自国の物価水準が上昇し，均衡為替レート $E$ はそれに比例して減価する。政府が固定為替レート制を採用し，公定平価を $E_0$ に設定したとしよう。このとき，公定レート $E_0$ を維持するためには，政府は貨幣残高を $M_0^S$ に維持しなければならない。ここでは，貨幣残高 $M^S$ がファンダメンタルズの１つの指標となる。

　公定レート $E_0$ のもとで貨幣残高が $M_0^S$ と異なる場合にはどうなるだろうか。もし貨幣残高が $M_0^S$ より低い水準 $M_1^S$ にあるとすれば，均衡為替レートは $E_1$ になる。このとき，外国為替市場において公定レート $E_0$ は均衡為替レート $E_1$ よりも割安になる。為替レートが割安になると，純輸出が増大し，経常収支が黒字になり，外貨準備が増大する。その結果，貨幣残高が増大する。公定レートが割安である限り，貨幣残高は増大する。反対に，もし貨幣残高が $M_0^S$ より

大きい水準 $M_2^S$ にあるとすれば，公定レートが割高になり，経常収支が赤字になり，外貨準備が減少する。その結果，貨幣残高が減少する。公定平価 $E_0$ と均衡為替レート $E$ が一致するとき，貨幣残高の変動は止まる。

ここで，政府が外貨準備の状態に関係なく，財政赤字をファイナンスするために貨幣残高を増大し続けるとしよう。初期の貨幣残高を $M_1^S$ とする。貨幣残高が増大しても，$M_0^S$ より少ない間は外貨準備が増大する。しかし貨幣残高が増大し続け $M_0^S$ より大きくなると，外貨準備が減少する。貨幣残高が $M_2^S$ の水準で，外貨準備が枯渇するとしよう。このとき，外貨準備がなくなるので，公定平価を維持することができなくなり，固定為替レート制が崩壊すると思われる。しかし，固定為替レート制はもっと早く崩壊する。

**投機的アタック**によって固定為替レート制が崩壊するのは，貨幣残高が $M_0^S$ のときである。貨幣残高が $M_0^S$ より少ない $M_1^S$ としよう。このとき，投機的アタックによって固定為替レート制が崩れたとしても，為替レートは $E_0$ から $E_1$ に切り上がる。この場合に，国内通貨建てで借り入れをしていた投機家には損失が生じるので，為替投機は起こらない。他方，貨幣残高が $M_0^S$ より大きい $M_2^S$ としよう。このとき，投機的アタックによって固定為替レート制が崩れ，為替レートは $E_2$ まで下落し，投機家は大きな利益を得ることができる。しかし，貨幣残高が $M_2^S$ になるまで待つ必要はなく，またこの時点では他の投機家に出遅れることになる。為替投機の利益は均衡為替レートが公定レート $E_0$ を上回るときに生じるので，投機的アタックが起きるのは貨幣残高が $M_0^S$ になったときである。

図14-2の曲線 $A'$ は，投機的アタックが早まり，固定為替レート制の崩壊が早まる場合を表す。均衡為替レートを表す曲線 $A$ が原点を中心に反時計回りに回転すると，投機的アタックが起きる貨幣残高の水準が低下する。例えば，外国の物価水準 $P^*$ が低下したり，比例係数 $1/L$ の値が大きくなったりすると，このような状況になる。外国の物価水準との乖離が大きくなると，それだけ投機的アタックを受ける時期が早まり，固定為替レート制も早く崩壊する。

投機家は，貨幣残高 $M^S$ というファンダメンタルな変数の動きに注目する。

この変数の動きが公定レートと整合的でなければ,外貨準備の水準にかかわらず投機的アタックをしかける。このような投機的アタックによって固定為替レート制は崩壊する。ファンダメンタルな経済変数は投機的アタックのタイミングを明らかにする。

### 14.2.2　自己実現的モデル

　調整ゲームを用いて自己実現的な期待が通貨危機を引き起こすメカニズムについて検討しよう。このモデルは第2世代モデルとも呼ばれる。第2世代モデルの特徴は,ファンダメンタルズが悪化していない場合にも,通貨危機が起きるメカニズムを明らかにしたことである。ファンダメンタルズが良好な場合でも,外国為替市場において**群衆行動**によって投機が一斉に行われれば,外貨準備が枯渇し,固定為替レート制が維持できない場合がある。為替トレーダーはそれを期待して投機的アタックを仕掛けるのである。

　自己実現的モデルでは,政策が経済主体の行動に依存するという点が強調される。政府が固定為替レート制(公定平価)を維持するという姿勢を表明していたとしても,マクロ経済予想が良くない場合には,民間経済主体は,政府が公定平価を維持しないだろうと予想しているとしよう。このとき,経済主体が投機的アタックを仕掛ければ,政府は固定為替レート制を放棄し,変動為替レート制に移行するかもしれない。このような結果は,ファンダメンタルズに関わらず,経済主体の**予想**に依存する。

　このモデルでは,経済主体が予想する為替制度が自己実現的になり,経済主体の予想に応じて複数の均衡があり得る。先の場合でも,政府が固定為替レート制を死守するだろうと経済主体が予想すれば,投機的アタックは行われず,固定為替レート制が維持される場合もある。このように,政府が固定為替レート制を維持するかどうかは,経済主体の予想に依存している。

　**基本モデル**：自己実現的通貨投機を検討するために,為替投機ゲームを構成しよう。外国為替市場に3人のプレイヤーがいる。固定為替レート制を維持する通貨当局と,2人の為替トレーダー $A$ と $B$ である。通貨当局は,10単位の

第14章 債務危機と通貨危機

表14-2 為替投機ゲーム1

| A＼B | 待ち | 売り |
|---|---|---|
| 待ち | (0, 0)* | (0, −1) |
| 売り | (−1, 0) | (1.5, 1.5)* |

(注) 外貨準備10単位，＊はナッシュ均衡を表す。

外貨準備を持ち，公定平価を維持するために為替市場に介入する。為替トレーダーは，各6単位の国内資金を持ち，資金の売買（売り，待ち）によって利益を追求する。為替トレーダーには為替の売りについては1単位の取引費用がかかる。国内通貨の売り総額が外貨準備額を超えると，通貨当局は固定為替レートを維持することができない。このとき，50％の通貨切り下げがあるとしよう。

表14-2は，為替投機ゲームを1回限りの非協力ゲームとして表したものである。2人の為替トレーダーが待ちのとき，両者の利得は0である。為替トレーダーの1人が売りで，もう1人が待ちの場合，固定為替レート制は維持される。このとき，売りを行った為替トレーダーには利益はなく，取引費用だけがかかり，利得は−1単位になる。待ちを行った為替トレーダーは，利益も費用もないのでその利得は0である。

2人の為替トレーダーが共に売りを行うと，通貨当局の外貨準備10単位が国内資金総額12単位より少ないので，通貨当局が公定レートを維持できず，固定為替レート制は崩壊する。このとき，2人の為替トレーダーが通貨当局から得た10単位の外貨は，50％の為替減価があるので国内通貨で測って15単位になる。10単位の資金で15単位を得たので，5単位（それぞれ2.5単位）の利益になる。各為替トレーダーは，取引費用1単位を負担しているので，利得は1.5単位になる。

このゲームは複数均衡を持つ**調整ゲーム**である。このゲームにおいて純粋戦略だけを考えると，（待ち，待ち）と（売り，売り）の2つの戦略の組がナッシュ均衡になる。それぞれの均衡が自己実現的な期待の要素を持っている。どちらの均衡が実現するかは為替トレーダーの予想に依存している。例えば，両者が固定為替レート制は維持されるという予想を持ち，両者が待ち戦略をとると，

表 14-3　為替投機ゲーム 2

| A＼B | 待ち | 売り |
|---|---|---|
| 待ち | (0, 0)* | (0, −1) |
| 売り | (−1, 0) | (−1, −1) |

(注)　外貨準備20単位，＊はナッシュ均衡を表す。

（待ち，待ち）の均衡が実現し，固定為替レート制は維持される。他方，もし両者が固定為替レート制は崩壊するという予想を持ち，両者が売り戦略をとると，（売り，売り）の均衡が実現し，固定為替レート制は崩壊する。

**外貨準備の相違**：基本モデルでは通貨当局の外貨準備は10単位であった。ここで，通貨当局の外貨準備が20単位の場合と 6 単位の場合について検討しよう。この場合には，固定為替レート制の維持か崩壊が唯一の均衡になる。

表 14-3は通貨当局の外貨準備が20単位の場合を表す。この場合には，ナッシュ均衡は（待ち，待ち）であり，固定為替レート制は維持される。2 人の為替トレーダーが 6 単位の売りを行っても，通貨当局にはまだ 8 単位の外貨準備が残る。したがって，固定為替レート制が維持され，それぞれの為替トレーダーに利益はなく，1 単位の取引費用だけがかかる。それぞれの為替トレーダーにとって待ちは支配戦略であり，投機的アタックは行われない。

表 14-4は通貨当局の外貨準備が 6 単位の場合を表す。この場合には，ナッシュ均衡は（売り，売り）であり，固定為替レート制は崩壊する。1 人が売りで，1 人が待ちの場合には，売りを行った為替トレーダーは，6 単位の外貨の購入から 2 単位（$6 \times 0.5 - 1 = 2$）の純利益を得る。2 人の為替トレーダーがそれぞれ 3 単位の売りを行い，利益を分け合う場合には，それぞれの為替トレーダーは0.5単位（$3 \times 0.5 - 1 = 0.5$）の純利益を得る。それぞれの為替トレーダーにとって売りは支配戦略であり，投機的アタックが行われる。

ここでは，投機的アタックは外貨準備というファンダメンタルズと無関係ではない。自己実現的モデルでは，ファンダメンタルズ（外貨準備）が比較的良好な場合（上の例の10単位の外貨準備）でも通貨危機が起きる。しかし，外貨準備が十分に存在する場合（20単位の外貨準備）には，パニックのみで通貨危機

表14-4 為替投機ゲーム3

| A \ B | 待 ち | 売 り |
|---|---|---|
| 待 ち | (0, 0) | (0, 2) |
| 売 り | (2, 0) | (0.5, 0.5)* |

(注) 外貨準備6単位, *はナッシュ均衡を表す.

が起きることはない。通貨危機が起きるのは，ファンダメンタルズ（外貨準備）がある程度の範囲で良くない場合に限られる。

### 14.2.3 通貨危機への対応策

通貨危機への対応策について検討しよう。ここでは，アジア通貨危機への対応をみながら今後の処方箋を検討する。

**流動性の問題**：東アジア通貨危機のような流動性が問題な場合には，必要な政策対応は十分な流動性を早急に供給することである。このような措置は流動性危機を初期段階で封じ込めるために必要である。具体的には，融資の前倒し，債務のリスケジューリング，新規融資，社会的なセーフティネット支援など多様な金融支援が必要になる。東アジア通貨危機の際のIMFの対応は，この点で必ずしも十分なものではなかった。

迅速で十分な流動性支援は最後の貸し手という点では重要な措置であるが，他方では，IMF融資のモラルハザードという問題もある。IMFの救済者としての役割が増大すると，このIMF融資を見込んで安易な融資や資金管理を招き，債務危機を誘発する可能性がある。最後の貸し手とモラルハザードのバランスの問題は，国際金融制度設計において重要な問題になっている。

**金融政策と財政政策**：IMF主導の経済安定化政策では，従来，通貨危機の際に金利を引き上げ，為替レートを安定化させる政策が用いられてきた。しかし，このような高金利政策は資本収支型危機においては適切な政策ではない。高金利政策は企業の借り入れを返済する能力に制約を課し，企業倒産や銀行倒産を誘発する可能性がある。その結果，景気後退が進展し，かえって為替レートを減価させることになる。

またIMFの経済安定化政策では，通貨危機の際に財政支出を削減し総需要を抑制し，経常収支を改善する政策が用いられてきた。しかし，資本収支型危機に陥っているような場合には，財政の引き締めではなく，一時的に流動性不足の企業や銀行に対して十分な資本の供給・支援を行うことが重要になる。景気後退で深刻な影響を受けている低所得層に対しては，社会的なセーフティネットを提供するために拡張的な財政政策が必要になる。

**危機防止政策と危機管理政策**：危機防止政策とは，資本流入の抑制や管理に関する政策であり，①為替制度，②資本流入規制，③銀行部門の健全性の強化などからなる。為替制度としては，バンド付きの調整可能なバスケット・ペッグ制が提唱される場合がある。資本流入規制には，資本流入に対して一定の金額を無利子で中央銀行に預託させる制度がある。銀行部門の健全性の強化には，金融機関のリスク管理，コーポレート・ガバナンス，プルーデンシャル規制の改善などがある。

危機管理政策とは，資本の突然の流出に対処する政策である。危機管理政策には，①危機が発生する場合に，外国の民間債権者に対して危機の負担の一部を担わすことを促すベイル・イン・スキーム，②非居住者のオフショア市場での自国通貨使用への制限，③地域レベルでの最後の貸し手の創出などがある。

## Question 14.1　債務危機

債務危機の3つの問題について，以下の問いに答えなさい。

**問題(1)**　債務危機の流動性の問題について，この問題を発生させる要因を4つあげなさい。

**問題(2)**　債務危機において返済意思の問題が発生する条件を述べなさい。

**問題(3)**　債務危機の3つの問題についてそれぞれ解決策を示しなさい。

## Answer 14.1

**解答(1)**　流動性の問題を発生させる要因は，①貿易収支の悪化，②債務利払いの増大，③海外からの所得移転の減少，④新規の資本流入の減少である。

**解答(2)** 債務残高が返済拒否のコストを上回っていることである。

**解答(3)** ①流動性の問題：債務返済計画の変更（リスケジューリング）や新規融資の実施。②返済能力の問題：IMFの経済安定化政策や世界銀行の構造調整政策の実施。③返済意思の問題：債務不履行のコストを高める。債務返済のコストを削減する。

## Question 14.2 通貨危機

投資家 $A$ と投資家 $B$ による為替投機ゲームを考えよう。2人の投資家の戦略は「待ち」か「売り」のいずれかである。以下の3つの問題におけるナッシュ均衡を求め，投機攻撃が発生するか否かについて検討しなさい。各利得表の左側は投資家 $A$ の利得，右側は投資家 $B$ の利得を表す。

**問題(1)** 中央銀行が十分な外貨準備を保有している場合。

表14-5 為替投機ゲーム1

| A \ B | 待ち | 売り |
|---|---|---|
| 待ち | (0, 0) | (0, −30) |
| 売り | (−30, 0) | (−50, −50) |

**問題(2)** 中央銀行が十分な外貨準備を保有していない場合。

表14-6 為替投機ゲーム2

| A \ B | 待ち | 売り |
|---|---|---|
| 待ち | (0, 0) | (−30, 30) |
| 売り | (30, −30) | (50, 50) |

**問題(3)** 中央銀行がある程度の外貨準備を保有している場合。

表14-7 為替投機ゲーム3

| A \ B | 待ち | 売り |
|---|---|---|
| 待ち | (0, 0) | (0, −30) |
| 売り | (−30, 0) | (50, 50) |

## Answer 14.2

**解答(1)** 投資家 $A$ の最適戦略を考えよう。投資家 $B$ が待ちと売りのいずれを選択しても,投資家 $A$ の最適戦略は待ちである。同様に投資家 $B$ の最適戦略を考えると,投資家 $A$ の戦略が待ちと売りのいずれの場合でも,投資家 $B$ の最適戦略は待ちである。よって,投資家 $A$, $B$ ともに待ちを選択するのがナッシュ均衡となる。中央銀行が十分な外貨準備を保有している場合には,投機的アタックは発生しない。

**解答(2)** 投資家 $A$ の最適戦略を考えよう。投資家 $B$ が待ちと売りのいずれを選択しても,投資家 $A$ の最適戦略は売りである。同様に投資家 $B$ の最適戦略を考えると,投資家 $A$ の戦略が待ちと売りのいずれの場合でも,投資家 $B$ の最適戦略は売りである。よって,投資家 $A$, $B$ ともに売りを選択するのがナッシュ均衡となる。中央銀行が十分な外貨準備を保有していない場合には,投機的アタックが行われる。

**解答(3)** 投資家 $A(B)$ の最適戦略を考えよう。投資家 $B(A)$ が待ちを選択すれば,投資家 $A(B)$ の最適戦略も待ちである。投資家 $B(A)$ が売りを選択すれば,投資家 $A(B)$ の最適戦略も売りとなる。よって,両投資家が待ちを選択する場合と,両投資家が売りを選択する場合はともにナッシュ均衡である。中央銀行がある程度の外貨準備を保有している場合には,投機的アタックが発生する場合と発生しない場合がある。各投資家が何らかの原因で通貨危機が発生すると予想した場合に,投機的アタックが行われる。

### 文献案内

Reinhart, Carmen and Kenneth Rogoff (2009) *This Time is Different*, Princeton: Princeton University Press(村井章子訳『国家は破綻する——金融危機の800年』日経 BP 社,2011年).
　＊国家破綻に関係する金融危機を歴史的に検討している。

Eatwell, John and Lance Taylor (2000) *Global Finance at Risk: The Case for International Regulation*, New York: New Press(岩本武和ほか

訳『金融グローバル化の危機——国際金融規制の経済学』岩波書店，2001年）．
＊国際金融市場の監視と規制に関する考察。

Eichengreen, Barry（1999）*Toward A New International Financial Architecture: A Practical Post-Asia Agenda,* Washington D.C.: Institute for International Economics（勝悦子監訳『国際金融アーキテクチャー——ポスト通貨危機の金融システム改革』東洋経済新報社，2003年）．
＊アジア通貨危機後の国際金融システムの改革について検討している。

# 索　引

## あ　行

IS-LM 分析　190, 201
IS 曲線　190, 195, 202, 204, 205, 208-212
アジア通貨危機　269
アジャスタブル・ペッグ　252
アセット・アプローチ　150, 155
新しい貿易理論　35
アブソープション・アプローチ　166, 167
EMS　→欧州通貨制度
EPA　→経済連携協定
EU　126, 213, 246
異時点間モデル　173
一物一価の法則　153
移民の丘　63
＊ヴァーノン（Vernon, R.）　59
　ウルグアイラウンド農業合意　80
FTA　→自由貿易協定
　ハブ・スポーク型の――　127
M&A 投資　54
LM 曲線　191, 195, 202, 204-209, 211, 212
欧州通貨制度　247
オーバーシューティング　156, 160, 161
オーバーシュート　158
オフショア型直接投資　55, 58
オフショアリング　55
＊オルソン（Olson, M.）　136

## か　行

外貨準備　204-206, 212, 213, 243, 258, 263, 265, 268
外貨準備増減　2

外国人労働者　66
外部経済　41-43, 49, 132
開放マクロ経済モデル　193, 194
価格支配力　36, 90, 92
価格弾力性　163, 165, 175
学習曲線　44
加工組立型産業　41
風向きに逆らう介入政策　241
過少雇用均衡　181
過剰債務仮説　261
寡占市場　89
寡占レント　111
価値保存手段　150
カバー付き金利裁定条件　147, 158
カバーなし金利裁定式　151
カバーなし金利裁定条件　148, 157
ガバナンス機構　138
貨幣残高　264, 265
貨幣市場　151, 155, 156, 169, 191, 220
貨幣市場効果　224
貨幣需要　150
貨幣数量説　263
貨幣鋳造税　245, 246
貨幣の機能　150
カレンシーボード　243
為替切り下げ政策　187
為替政策　189
為替制度の選択　237
為替投機ゲーム　266-269, 271
為替リスク　244
為替レート　165, 208-211, 264
　――の安定化　238

為替レート決定理論　145
　　短期の――　155
　　長期の――　152, 155
関税　73, 91, 93-95
　　――と輸入割当の同等性　92
慣性インフレ　251
関税収入　75, 77, 85, 92, 93, 95, 128
関税政策　73, 84, 111, 117
関税同盟　125
間接投資　53
完全資本移動　212
管理フロート　240
機会主義（的）　137, 138
機会費用　17, 19
機関車論　226
危機管理政策　270
危機防止政策　270
企業の優位性　56
技術提携　57
基礎的不均衡　241, 252
期待　45
規模の経済　40, 103, 131
　　動学的な――　96, 133
　　内部的な――　35
規模の経済性　35, 36, 39, 48, 56
キャピタルゲイン　147
供給曲線　74, 85, 87
行政コスト　136
競争促進効果　129
共同市場　126
均衡企業数　38, 39, 49
均衡相対価格　21, 26, 27
金融資産市場　150
金融政策　157, 193, 206, 210, 213, 214, 222
　　――の信認　244
　　――の独立性　238, 249
　　――のトリレンマ　238, 252
　　――の有効性　212, 224
金融政策ゲーム　233

金利平価説　146, 159
近隣窮乏化　225
近隣窮乏化政策　77
空間経済学　45, 49
クールノー競争　105, 107, 109, 117, 119
クールノー・ナッシュ均衡　109
グリーンフィールド投資　54
クリーン・フロート　240
繰り返しゲーム　230
＊クルーグマン（Krugman, P.）　11, 36, 45
グローバリゼーション　212, 226
クローリング・ペッグ　251
群衆行動　266
経営管理技術　56
経営資源　54
経済効果　64
経済厚生　43, 74-77
経済・通貨同盟　246
経済的相互依存　226
経済同盟　126
経済連携協定　126
計算単位　150
経常移転収支　2
経常収支　1, 163, 202, 258
経常収支曲線　168, 184
ケインジアン　230
限界収入　37, 48, 90, 91, 93, 94, 101
限界消費性向　167, 180
限界費用　37, 48, 90, 91, 93, 94, 101, 109, 111
限界変形率　17
限界輸入性向　167, 180
現在財　173
原産地規則　126
＊ケンプ（Kemp, M. C.）　98
　　――の基準　98
合意形成のコスト　229
交易条件　76, 225
交易条件効果　129
交換手段　150

276

航空機開発競争　106
構造改革　130
構造調整政策　261
購買力平価　263
購買力平価説　152, 156, 157, 159
コーナー仮説　239
国際協調　227
国際経済学の課題　5
国際経済学の特徴　5
国際資本移動　53, 67
　　——の所得効果　60
国際労働移動　169, 170
国際収支曲線　→ $BP$ 曲線
国際収支統計　1
国際政策協調　3
国際分業　15
国際労働移動　62, 64, 66, 68
国内アブソープション　166
国内均衡　184-188
国内総生産　179
国内不均衡　166, 186-188
国民所得　179, 182, 190, 191
誤差脱漏　2
固定為替レート制　201, 212-214, 239, 242, 264, 266, 268
固定費用　37, 45-47, 50
コミットメント　230

## さ 行

サービス収支　2
最後の貸し手　243, 245, 246, 269
財市場　220
　　——の均衡条件　179, 190
財政政策　189, 192, 203, 208, 212-214, 221, 222
　　——の有効性　210
最適関税　133
最適関税率　77, 134
債務・株式のスワップ　261

債務危機　257, 270
債務削減政策　261, 262
債務残高　262
債務の維持可能性　259
債務の買い戻し　261
債務の債券化　261
債務不履行　259
債務返済額　262
債務ラッファーカーブ　262
債務利払い　258
先物為替レート　146, 149
＊サックス（Sachs, J.）　259
サプライサイド効果　225
産業間貿易　41
産業集積　41, 42, 47
産業内貿易　35, 41
J カーブ効果　165, 174, 175
死荷重　75
直物為替レート　146
資金・資源調達力　56
資源志向型直接投資　55
資源配分　62
自己実現的モデル　263, 266
支出転換政策　184, 185
市場介入　241, 251
市場拡大効果　129
市場規模　36
市場均衡　74
市場志向型直接投資　54, 58
市場統合　40, 125, 127, 129, 139
市場の失敗　96, 132
市場の信認　226, 243
次善の政策　100
実効為替レート　250
実質貨幣供給　169, 191
実質貨幣残高需要　169, 191
実質為替レート　164
実質利子率　173
支配戦略　268

資本移動　202
　　——の自由化　238
資本移動性　204-212
資本移動誘因論　63
資本市場の不完全性　99
資本収支　2, 4, 202, 258
資本収支型危機　259
資本集約的　23, 26, 29
資本所得　61, 62, 66
資本の移動性　203
資本の限界生産力　60, 67
資本の限界生産力曲線　60
資本賦存量　67
資本分配　62
資本レンタル　60, 61
資本レンタル率　28, 30
資本労働比率　23
社会的限界便益　132
社会的厚生関数　135
　　加重された——　135
　　保守的な——　135
社会的便益　132
社会的余剰　74-78, 84, 92
従価税　73
集合行為論　136
囚人のジレンマ　140, 141, 227, 230, 234, 235, 242
集積の利益　45, 47
自由貿易　75, 77, 78, 80, 81, 83, 84, 92, 95, 130
自由貿易協定　125, 126, 128, 139
自由貿易均衡　27
自由貿易擁護論　130
従量税　73
需要曲線　42, 74, 85, 87
証券投資　2
小国　90, 222, 223
　　——の関税政策　74
消費可能フロンティア　20
消費関数　180

消費支出　179
消費者物価　224
消費者余剰　74-78, 80, 81, 83-85, 92, 93, 95, 128
消費税　82, 83
消費の多様性　39
消費の歪み　130
情報の不完全性　99
将来財　173
所得移転　258
所得収支　2
所得消費曲線　26
所得分配　28, 65, 66, 134
新古典派＝マネタリスト　230
新製品　59
垂直的直接投資　55, 58
水平的直接投資　55, 58
＊スティグリッツ（Stiglitz, J.）　259
ストルパー＝サミュエルソンの定理　28
スパゲティ・ボール現象　127
スワン・ダイアグラム　184, 188, 189
静学的予想　202, 220
政策協調　226, 227, 229, 230
　　——の課題　229
　　——の利益　230
　　——の利得　235
政策協調ゲーム　227, 228, 230
政策手段　186
政策目標　186, 189
政策利得　228
生産可能性集合　24
生産可能性フロンティア　16, 23
　　異時点間の——　173, 174
生産技術　15, 23, 56
生産構造　18
生産者余剰　74-78, 80, 81, 83-85, 92, 93, 95, 97, 128
生産の歪み　130
生産補助金　80, 81, 87, 97, 110, 115

索　引

生産要素価格　28
成熟した債権国　4
成熟製品　60
静態の経済効果　129
製品差別化　36
政府介入　57
政府支出　179
絶対的購買力平価　153,155,160
絶対的購買力平価説　158
絶対優位　16,19
絶対劣位　16,19
戦略的代替性　118
戦略的貿易政策　105,121,133
戦略的補完性　118
総需要　179
総需要関数　180
総需要抑制政策　184,187
増税　168
相対価格　18
相対的購買力平価　154,159
ソブリン・クライシス　257

### た　行

ターゲット・ゾーン　247,248,254
第一世代モデル　263
対外均衡　184-188
対外不均衡　186-188
大国　92,129,222,224
　　──の関税政策　75
第三のプレイヤー　231
第二世代モデル　266
タブリータ　251
WTO　107
弾力性アプローチ　163
地域貿易協定　126
知識の蓄積　44
中心・周辺構造　47
調整ゲーム　266,267
直接支払い　80

直接投資　2,53,54,57,58,64,129
　　──の決定要因　56
　　──の貿易効果　58
貯蓄効果　225
貯蓄投資ギャップ　167
貯蓄投資曲線　168,184
賃金格差　63
賃金所得　66
賃金率　28,30
通貨危機　263,271
通貨同盟　246
出口問題　244,245
デフォルト　→債務不履行
伝統的な貿易理論　15
動学的外部性　98
動学的収穫逓増　44
投機的アタック　263,265,266
投資支出　179
投資収支　2
動態的経済効果　129
＊ドーンブッシュ（Dornbusch, R.）　156
独占企業　89,90,101
独占的競争　35,36,39
独占の弊害　131
取引特定投資　137,138
取引費用　57,137,242,267
ドル化　244

### な　行

内部化の優位性　57
ナッシュ均衡　109-111,140,141,228,229,
　　234,267,268
NAFTA　126
2国ケインズ・モデル　182,183
2国マンデル＝フレミング・モデル　219,
　　220,232
ノミナル・アンカー　243

## は 行

バスケット・ペッグ　250, 254
*バステーブル（Bastable, C. F.）　98
　　——の基準　98
*バラッサ（Balassa, B.）　126
パレート効率性　106
バンドワゴン効果　242
反応関数　108, 110, 111, 114, 119, 121
反応曲線　118
販売拠点設立型　54
BP 曲線　202-208, 210-212, 220
比較優位　19, 25, 40
比較劣位　19
非関税障壁　79, 86
非協力ゲーム　267
非自発的失業　181
非生産的な利潤追求活動　132
標準製品　60
ファンダメンタルズ　248, 249, 254, 266
ファンダメンタルズ・モデル　263
フィリップス曲線　233, 234
フォワード・プレミアム　147
不完全競争　35, 48, 89
複占競争　105
複占市場　89
双子の赤字　3
物価水準　151, 153, 170
プッシュ・プル理論　63
物品税　82
フラグメンテーション　55
プラザ合意　226
フリーライダー　261
ブレディ・プラン　261
ブレトンウッズ体制　241, 252
プロダクト・サイクル論　57, 59
分散の利益　45
平価切り下げ　170
平均費用　37, 39, 40, 42, 48, 100

ベーカー・プラン　261
ヘクシャー＝オリーン定理　25
ヘクシャー＝オリーン・モデル　22, 32
ベルトラン競争　113, 117, 121
ベルトラン・ナッシュ均衡　114, 116
返済意思の問題　259
返済拒否のコスト　260
返済能力の問題　259
変動為替レート制　207, 213, 214, 216, 219, 239, 240
貿易三角形　20, 27
貿易自由化　40, 137
　　——のジレンマ　137, 138
貿易自由化交渉　140
貿易収支　2, 180, 258
貿易乗数　179, 181
貿易障壁回避型　54
貿易創出効果　128, 139
貿易転換効果　128, 140
貿易パターン　19, 41, 42
貿易偏向効果　126
貿易利益　20, 40
保護貿易擁護論　132
補助金政策　109, 115
ボン・サミット　226

## ま 行

マーケティング技術　56
マーシャル＝ラーナー条件　165, 175, 209
マーストリヒト条約　126, 246
マクドゥーガル・モデル　60, 64
マネタリー・アプローチ　154, 155, 169, 172, 176, 248
マンデル＝フレミング・モデル　201, 207, 214, 253
未熟練労働集約的　60
*ミル（Mill, J. S.）　97
　　——の基準　97
無差別曲線　26, 27

索　引

MERCOSUR　126
モラルハザード　269

## や　行

有効需要の原理　179
ユーロ　246
輸出　57
輸出需要関数　164
輸出税　77, 78, 116
輸出代替効果　58
輸出転換効果　59
輸出補助金　83, 84
輸出誘発効果　59
輸送費　45-47, 50
輸入インフレ　225
輸入関数　180
輸入規制　100
輸入需要関数　164
輸入割当　79, 80, 87, 91, 93, 103
要素価格均等化定理　29
要素賦存　41
要素賦存比率　22, 25
幼稚産業保護政策　96, 99
幼稚産業保護論　45
予想　266
予想為替レート　147-149
予想減価率　148, 248

## ら　行

リーマン・ショック　3, 149, 231
利益集団　136
リカード・モデル　15, 30

利潤最大化条件　37, 38, 48, 101, 119, 121
利潤ゼロ条件　28
利子率　151, 190, 191
リスク回避論　63
リスクプレミアム　149, 150
リスケジューリング　260
立地選択　45-47, 49, 50
立地の優位性　56
リプチンスキー定理　24
流通ネットワーク　56
流動性の問題　258, 269
累積生産量　44
歴史的偶然　43, 45, 47
労働供給曲線　64
労働市場　64
労働集約的　23, 26, 29
労働需要曲線　64
労働所得　61, 62
労働生産性　16, 19
労働投入係数　16
労働の限界生産力　68
労働賦存量　68
労働分配　62
ロールセン＝メツラー＝ハーバーガー効果　225

## わ　行

割当問題　189
割当ルール　189
割当レント　80, 91-93
割引現在価値　98, 103

281

《著者紹介》

石 黒　馨（いしぐろ・かおる）

1954年　愛知県に生まれる。
1985年　神戸大学大学院経済学研究科博士課程修了。
現　在　神戸大学大学院経済学研究科教授。
専　攻　国際経済学，国際政治経済学，博士（経済学）。
著　書　『インセイティブな国際政治学』（日本評論社，2010年）。
　　　　『入門・国際政治経済の分析』（勁草書房，2007年）。
　　　　『開発の国際政治経済学』（勁草書房，2001年）。
　　　　『国際政治経済の理論』（勁草書房，1998年）。

国際経済学を学ぶ

2012年11月10日　初版第1刷発行　　〈検印省略〉
2015年 4月10日　初版第2刷発行
　　　　　　　　　　　　　　　　　定価はカバーに
　　　　　　　　　　　　　　　　　表示しています

著　者　　石　黒　　　馨
発行者　　杉　田　啓　三
印刷者　　田　中　雅　博

発行所　株式会社　ミネルヴァ書房
607-8494　京都市山科区日ノ岡堤谷町1
　　　　　電話代表　(075)581-5191
　　　　　振替口座　01020-0-8076

©石黒　馨，2012　　創栄図書印刷・兼文堂

ISBN978-4-623-06428-1
Printed in Japan

| | | |
|---|---|---|
| 国際経済学 | 上野秀夫／高屋定美／<br>棚池康信／西山博幸 著 | A5判360頁<br>本体 3500円 |
| EU経済 | 高屋定美 著 | A5判344頁<br>本体 3000円 |
| おもしろ経済数学 | 山﨑好裕 著 | A5判152頁<br>本体 2000円 |

## MINERVA ベイシック・エコノミクス

監修　室山義正

美装カバー・2色刷り

| | | |
|---|---|---|
| マクロ経済学 | 林　貴志 著 | A5判236頁<br>本体 4000円 |
| ミクロ経済学 | 浦井　憲・吉町昭彦 著 | A5判364頁<br>本体 3000円 |
| 財政学 | 室山義正 著 | A5判378頁<br>本体 2800円 |
| 国際経済学（国際金融編） | 岩本武和 著 | A5判304頁<br>本体 3000円 |
| 経済数学（微分積分編） | 中井　達 著 | A5判338頁<br>本体 2800円 |
| 経済数学（線形代数編） | 中井　達 著 | A5判266頁<br>本体 2800円 |
| 統計学 | 白旗慎吾 著 | A5判314頁<br>本体 2800円 |

―――― ミネルヴァ書房 ――――

http://www.minervashobo.co.jp/